Georg Eckardt (Hrsg.)
Völkerpsychologie

Georg Eckardt (Hrsg.)

Völkerpsychologie - Versuch einer Neuentdeckung

Texte von Lazarus, Steinthal und Wundt

BELTZ
PsychologieVerlagsUnion

Anschrift des Herausgebers:
Prof. Dr. Georg Eckardt
Friedrich-Schiller-Universität Jena
Institut für Psychologie
Am Steiger 3
07743 Jena

Lektorat: Katja van den Brink

Wissenschaftlicher Beirat der Psychologie Verlags Union:
Prof. Dr. Walter Bungard, Lehrstuhl Psychologie I, Wirtschafts- und Organisationspsychologie, Universität Mannheim, Schloß, Ehrenhof Ost, 68131 Mannheim
Prof. Dr. Ernst-D. Lantermann, Universität Kassel, GH, FB 3, Psychologie, Holländische Straße 56, 34127 Kassel
Prof. Dr. Rainer K. Silbereisen, Friedrich-Schiller-Universität Jena, Institut für Psychologie, Lehrstuhl für Entwicklungspsychologie, Am Steiger 3, 07743 Jena
Prof. Dr. Hans-Ulrich Wittchen, Max-Planck-Institut für Psychiatrie, Kraepelinstraße 10, 80804 München

Das Werk einschließlich aller seiner Teile ist urheberrechtlich geschützt. Jede Verwertung außerhalb der engen Grenzen des Urheberrechtsgesetzes ist ohne Zustimmung des Verlags unzulässig und strafbar. Das gilt insbesondere für Vervielfältigungen, Übersetzungen, Mikroverfilmungen und die Einspeicherung und Verarbeitung in elektronischen Systemen.

© 1997 Psychologie Verlags Union, Weinheim

Umschlaggestaltung: Dieter Vollendorf, München
Herstellung: Jutta Benedum
Druck und Bindung: Druckhaus Beltz, Hemsbach
Printed in Germany
Gedruckt auf säurefreiem Papier

ISBN 3-621-27359-X

Inhaltsverzeichnis

Einleitung in die historischen Texte
Georg Eckardt 7

1	Die Völkerpsychologie - vernachlässigbares historisches Relikt oder Ansatz von hoher Aktualität?	9
2	Die Völkerpsychologie Lazarus' und Steinthals (frühe Völkerpsychologie)	11
2.1	Darstellung der Hauptpunkte der frühen Völkerpsychologie	12
2.2	Gesellschaftlichkeit und Geschichtlichkeit des Menschen als Themen der frühen Völkerpsychologie - theoretische und methodische Möglichkeiten und Grenzen	21
2.3	Kontextbedingungen der frühen Völkerpsychologie	27
2.3.1	Bemerkungen zum allgemein-historischen Kontext	28
2.3.2	Biographisch-personaler Kontext	32
2.3.2.1	Moritz Lazarus	33
2.3.2.2	Hajim Steinthal	44
2.3.3	Problemgeschichtliche Quellen	56
2.4	Zur Wirkungsgeschichte der frühen Völkerpsychologie	69
3	Die Völkerpsychologie Wilhelm Wundts	78
3.1	Wundts Zugang zur Völkerpsychologie: Die genetische Perspektive	78
3.2	Die soziale Dimension in Wundts Völkerpsychologie	91
3.3	Die Wundtsche Völkerpsychologie als nichtexperimenteller Teil einer allgemeinen Psychologie	97
3.4	Der Rückfall in eine psychologische Interpretation der Geschichte	100
3.5	Wirkungsgeschichtliche Aspekte der Völkerpsychologie Wundts	104
4	Schlußbemerkung	113
5	Literatur	115

Texte

Einleitende Gedanken über Völkerpsychologie, als Einladung zu einer
Zeitschrift für Völkerpsychologie und Sprachwissenschaft
Moritz Lazarus & Hajim Steinthal *.. 125

Ziele und Wege der Völkerpsychologie**
Wilhelm Wundt 203

Völkerpsychologie. Eine Untersuchung der Entwicklungsgesetze von
Sprache, Mythus und Sitte***
Wilhelm Wundt 239

Elemente der Völkerpsychologie**** 271
Wilhelm Wundt

*   *Zeitschrift für Völkerpsychologie und Sprachwissenschaft, I (S. 1-73) (1860).*
**   *Philosophische Studien, 4 (1888) (S. 1-27) (1886). Auch in: Probleme der Völkerpsychologie (S. 1-35) (1911).*
*** *Band 1: Die Sprache, Einleitung (S. 1-28) (1900).*
**** *Elemente der Völkerpsychologie. Grundlinien einer psychologischen Enthüllungsgeschichte der Menschheit. Einleitung (S. 1-11) (1912).*

Einleitung in die historischen Texte

Georg Eckardt

1 Die Völkerpsychologie - vernachlässigbares historisches Relikt oder Ansatz von hoher Aktualität?

Im Verlauf der Geschichte der Wissenschaften tauchen gelegentlich Bezeichnungen für Wissenschaftsdisziplinen auf, die nur für eine begrenzte Strecke des zeitlichen Kontinuums in Gebrauch gewesen sind. Kameralwissenschaften etwa werden in keiner Systematik der Wissenschaften der Gegenwart auffindbar sein. Richten wir den Blick auf die subdisziplinäre Differenzierung der Psychologie, hat es den Anschein, als gehöre die Völkerpsychologie zu den Fachgebieten, denen nur eine relativ kurze Lebensdauer beschieden war. H. Sprung (1992, S. 94) meint gar, die Völkerpsychologie könne vielleicht als "ein lehrreiches Beispiel für eine nicht gelungene Disziplingenese" dienen. Zu Beginn der zweiten Hälfte des 19. Jahrhunderts von Moritz Lazarus und Heyman Steinthal mit hohem programmatischen Anspruch initiiert, von Wundt in revidierter Gegenstandsbestimmung als vollwertiges und notwendiges Pendant zur experimentell orientierten "physiologischen Psychologie" deklariert, aber bereits vom größten Teil der Wundt-Schüler ignoriert, von Hellpach einem letztlich nicht erfolgreichen Wiederbelebungsversuch unterzogen, immerhin in der ersten Diplomprüfungsordnung von 1941 als Prüfungsfach fixiert, auch noch nach dem 2. Weltkrieg gelegentlich im Verbund mit Sozialpsychologie in Prüfungsordnungen auftauchend, wird in Fachbibliographien (z. B. Dambauer) - offenbar in gewisser Ratlosigkeit betreffs einer Zuordnung - der Völkerpsychologie ein peripherer Platz zusammen mit der Kulturpsychologie als Zweig der Angewandten Psychologie eingeräumt. Heute wird man mehrheitlich eher geneigt sein, die Zugehörigkeit der Völkerpsychologie zum allgemein anerkannten "kanonischen"

Bestand einer wissenschaftlichen Psychologie in Frage zu stellen. Gelegentlich ist sie sogar totgesagt worden: Sie sei "mit Wundt gestorben" (Gundlach, 1983, S. 2); sie "entschlief sanft" (Hiebsch & Vorwerg, 1972, S. 18). Auf der anderen Seite ist schon auffällig, daß in neuerer Zeit von ganz unterschiedlichen psychologischen und darüber hinaus human- und sozialwissenschaftlichen Themenfeldern her auf die Völkerpsychologie verwiesen und die Aktualität völkerpsychologischen Gedankengutes beschworen wird. Ganz allgemein gewinnt etwa Lück (1996, S. 40) den Eindruck, daß das Lazarus-Steinthalsche Programm "auch heute noch modern anmutet". Galliker (1993, S. 17) meint, daß in der Völkerpsychologie - bei Lazarus/Steinthal und bei Wundt in je verschiedener Weise - tendenziell die Begriffe "Objektivation/Vergegenständlichung" und "Aneignung" vorgebildet seien, die dann später in der Kulturhistorischen Schule (Wygotski, Leontjew) in fruchtbarer Weise "für die Psychologie ... aktiviert" worden seien. In eine ähnliche Richtung zielt Keiler, der nach einer differenzierten Quellenanalyse zu dem Ergebnis gelangt, "daß der wahre Ursprung jener Vorstellungen, die dem Leontjewschen 'Vergegenständlichungs'- Aneignungs'-Konzept letztlich zugrunde liegen, offenbar nirgendwo anders als in der Lazarus-Steinthalschen 'Völkerpsychologie' zu suchen ist (Keiler, 1996, S. 57, vgl. auch entsprechende Andeutungen bei H. Sprung, 1992, S. 94). Auch neuerdings unternommene Versuche, das Anliegen der Kulturpsychologie von ihren historischen Ursprüngen her zu bestimmen, beziehen explizit Gedankengut der Völkerpsychologie in ihre Überlegungen ein (Lang, 1995). Die von Gundlach (1983, S. 4) noch vorsichtig formulierte Hypothese, " daß heute die Völkerpsychologie ... überall dort beschworen wird, wo man auf der Suche nach einer rupture épistémologique weg von der jetzt zur traditionell gewordenen, nahezu makrotheoriefreien Sozialpsychologie ist, aber eine Alternative nur undeutlich vor Augen hat", scheint sich in der Tat bestätigen zu lassen.

Um so dringlicher ist es geboten, die Voraussetzungen zu schaffen, um ein authentisches Bild von jener einerseits totgesagten, andererseits ob ihrer Modernität gelobten Völkerpsychologie zu gewinnen. Denn zum Zwecke der Bildung eines ausgewogenen Urteils sowohl über die historische Rolle der Völkerpsychologie als auch über ihren möglichen historischen Nutzen in heutiger Zeit und aus heutiger Sicht kann die Devise nur lauten: Zurück zu den Quellen! Von dieser Devise geleitet ist die Republikation einiger ausgewählter programmatischer Abhandlungen zur Lazarus/Steinthalschen und zur Wundtschen Konzeption der Völkerpsychologie. Die vorangestellte Einleitung soll das Verständnis der Texte und ihrer historischen, insbesondere psychologiehistorischen Kontextbedingungen erleichtern.

2 Die Völkerpsychologie Lazarus' und Steinthals (frühe Völkerpsychologie)

Die zentrale Abhandlung, in der das erste Programm einer Völkerpsychologie formuliert wird, ist der 1859 von M. Lazarus und H. Steinthal veröffentlichte Artikel "Einleitende Gedanken über Völkerpsychologie, als Einladung zu einer Zeitschrift für Völkerpsychologie und Sprachwissenschaft". Wie aus dem Titel hervorgeht, wurde mit diesem Artikel die von den beiden Autoren herausgegebene o.g. Zeitschrift, deren Band I auf 1860 datiert ist, eröffnet. Eine Vorformulierung dieses Programms hatte Lazarus bereits 1851 in Prutz' Zeitschrift "Deutsches Museum" unter dem Titel "Über den Begriff und die Möglichkeit einer Völkerpsychologie" veröffentlicht. Nach dem Grundsatzartikel von 1859 erschienen in den folgenden Bänden der Zeitschrift weitere programmatische Arbeiten, denen teils ergänzende, teils vertiefende, teils präzisierende, teils resümierende Funktionen zukamen. Diese Arbeiten, deren Autor jeweils M. Lazarus ist, tragen folgende Titel: "Über das Verhältniß des Einzelnen zur Gesammtheit" (ZfVS II, 1862, S. 393-

453)[1], "Einige synthetische Gedanken zur Völkerpsychologie" (III, 1865, S. 1-94) und "Über die Ideen der Geschichte" (III, 1865, S. 385-486). Gegen Ende der frühen Phase der Völkerpsychologie verfaßte Steinthal eine Replik auf kritische Rezeptionen unter dem Titel "Über den Begriff der Völkerpsychologie" (XVII, 1887, S. 233-264). Gewissermaßen schon als Retrospektive auf die Frühphase der Völkerpsychologie liest sich der Artikel "An den Leser", den Steinthal anläßlich der Beendigung der Herausgabe der "Zeitschrift für Völkerpsychologie und Sprachwissenschaft" und ihrer (vermeintlichen) Fortführung als "Zeitschrift des Vereins für Volkskunde" verfaßte (Steinthal, 1891). Um ein umfassendes Bild zu gewinnen, werden in die inhaltsanalytische Darstellung der Völkerpsychologie Lazarus' und Steinthals (im folgenden auch "frühe Völkerpsychologie" genannt) diese Arbeiten, deren Wiederveröffentlichung in diesem Band aus Raumgründen nicht möglich ist, wesentlich mit einzubeziehen sein.

2.1 Darstellung der Hauptpunkte der frühen Völkerpsychologie

Beim Versuch, die von Lazarus und Steinthal in ihren programmatischen Erklärungen zur Völkerpsychologie aufgeworfenen Problemstellungen zusammenzufassen und in Aussagesätze zu transformieren, könnte man - die Risiken eines derartigen Rekonstruktionsversuches in Kauf nehmend - folgendes formulieren (vgl. Eckardt, 1971, S. 16-28):
1. Das menschliche Individuum ist ein gesellschaftlich determiniertes.

---

[1] Aus Vereinfachungsgründen werden im folgenden bei Zitaten aus der "Zeitschrift für Völkerpsychologie und Sprachwissenschaft" jeweils nur die Nummer des Bandes und die Seitenzahl angegeben. Die Seitenzahlangaben zu den in diesem Buch aufgenommenen historischen Texten werden folgendermaßen abgekürzt: i.d.B.

2. Die Gesellschaftlichkeit des Individuums wird durch den Volksgeist bewirkt.
3. Geistige und soziale Bezugsgröße, innerhalb derer die gesellschaftliche Determination erfolgt, ist das Volk.
4. Gesellschaftlichkeit und Geschichtlichkeit des Individuums bedingen sich wechselseitig. Aus dieser Interdependenz ergibt sich die Berechtigung, geschichtliche Abläufe auf die Wirksamkeit psychologischer Gesetze zurückzuführen.

Diese vier Grundaussagen bedürfen der Explikation.

Ad 1: Die Aussage, der Mensch sei ein gesellschaftliches bzw. gesellschaftlich determiniertes Wesen, ist eine psychologische:

"Die Psychologie lehrt, daß der Mensch durchaus und seinem Wesen nach gesellschaftlich ist; d. h., daß er zum gesellschaftlichen Leben bestimmt ist, weil er nur im Zusammenhange mit seines Gleichen das werden und das leisten kann, was er soll; so sein und wirken kann, wie er zu sein und zu wirken durch sein eigenstes Wesen bestimmt ist. Auch ist tatsächlich kein Mensch das, was er ist, rein aus sich geworden, sondern nur unter dem bestimmenden Einflusse der Gesellschaft, in der er lebt" (I, S. 3; i.d.B. S. 129).

Das Prädikat der Gesellschaftlichkeit impliziert die qualitative Andersartigkeit des Menschen gegenüber dem Tier:

"Nur in der Gesellschaft und durch dieselbe ist der Mensch ein geistiges Wesen und erhebt sich über das Exemplar einer natürlichen Art von animalischen Organismen zur individuellen Persönlichkeit" (Steinthal, 1891, S. 12).

Inhalt, Form und Wertigkeit der gesellschaftlichen Determination des Individuums unterliegen historischen Veränderungen. Die historische Variabilität des Determinationsgeschehens wird exemplarisch am "geistigen Leben" des Bauern demonstriert:

"In einer Ackerbaurepublik oder in einer Handelsaristokratie, in einer constitutionellen Monarchie ... oder unter der gutsherrlichen Polizei und Gerichtsbarkeit, oder als feudaler Frohnbauer" sind "sein Bewußtsein, seine Gesinnung, seine Stellung, sein Einfluß, sein Streben" jeweils verschieden (III, S. 17).

Die gesellschaftliche Determination umfaßt die Totalität menschlicher Existenz, alle Seiten des Verhaltens und Erlebens:

"Nicht nur sein Wissen, sondern auch sein Gewissen, sein Fühlen und Wollen, sein Thun und sein Genießen, sein Empfangen und darum auch sein Schaffen, ist mit seiner Geburt an diesem Punkte der geistigen Gesammtentwickelung im Voraus bestimmt" (I, S. 4; i.d.B. S. 130).

"Es ist auch nicht bloß die Gelegenheit zur Anwendung und Bethätigung seiner individuellen Eigenschaften, durch welche der Einzelne von der Gesammtheit bedingt ist ..., sondern auch die Möglichkeit, sie zu erwerben und auszubilden, ist in gleicher Weise bedingt" (III, S. 17).

Der "Gesammtheit" (qua Gesellschaft) wird das logische, zeitliche und psychologische Primat gegenüber dem "einzelnen" (qua Individuum) zugesprochen:

"Fassen wir ... irgend einen historischen Moment ins Auge, dann werden wir ... behaupten müssen, daß logisch, zeitlich und psychologisch die Gesammtheit den Einzelnen vorangeht. In der Gesammtheit entwickelt und findet sich der Einzelne" (II, S. 419).

"Der Geist aber ist in Wahrheit, bevor er individuell und persönlich wird, ein allgemeiner Geist, ein Geist der Gesammtheiten, ein objektiver Geist" (Steinthal, 1891, S. 12). Insofern ist die Gesellschaftlichkeit des Menschen Voraussetzung für seine Individualisierung:

"Nur innerhalb der Gesellschaft, nur im Zusammenleben, in der Zusammengehörigkeit zu einem Gesammtgeist erwerben und besitzen die Einzelnen den Inhalt auch ihres Einzellebens. ... Gar nicht als Einzelne für sich betrachtet, sondern nur als Glieder der Gesellschaft, als Theile des Ganzen, als Theilhaber und Vertreter eines Gesammtgeistes besitzen sie jenes geistige Leben, vermöge dessen sie eben als individuelle Personen da sind und erscheinen. Die Gesellschaft ist die Bedingung und der notwendige Durchgangspunkt, damit die Einzelnen das werden, was sie sind, geistig begabte, auf irgend welche Höhe des geistigen Daseins gestellte Persönlichkeiten" (II, S. 419).

"Nicht in der Einzelheit schlechthin, nicht in der Absonderung und Absonderlichkeit besteht das Wesen und die Würde der Individualität; nein! vielmehr besteht sie in der Strahlenbrechung der allgemeinen Menschheitsideen" (II, S. 436).

Gesellschaftliche Determination ist nicht im Sinne einer einlinigen Bedingung-Wirkung-Relation aufzufassen, sondern schließt die Wechselwirkung zwischen Individuum und Gesellschaft ein:

"Daß sich dies Verhältniß [zwischen Gesamtheit und einzelnem, G. E.] durchschnittlich als eine Wechselwirkung darstellt, wird man auf den ersten Blick begreifen. Denn alle und jede Thätigkeit eines Individuums ... wurzelt ... in dem Geiste des Volkes, ist ein Product desselben, oder hat wenigstens in ihm einen der wesentlichsten Factoren. Andererseits wirken diese Thaten der Individuen ... wieder auf den Volksgeist zurück, sie bleiben nicht isolirt, sie werden vielmehr Eigenthum und bildendes Element desselben" (I, S. 31; i.d.B. S. 158).

Ad 2: Hauptdeterminationsfaktor für die Gesellschaftlichkeit des Individuums ist der Volksgeist. "Volksgeist" ist "das allen Einzelnen Gemeinsame der inneren Thätigkeit" (I, S. 29; i.d.B. S. 157).

An manchen Stellen wird der Begriff funktional definiert: als "das, was die bloße Vielheit der Individuen erst zu einem Volke macht" (ebda.), oder das, was "die geistige Einheit des Volkes" bildet (ebda.). Jedoch gibt es auch Hinweise darauf, daß er als eine überindividuelle geistige Substanz oder Wirkgröße aufgefaßt wird. So werden ihm etwa bestimmte Aktivitäten zugesprochen. Lazarus und Steinthal sprechen vom "Thun" oder "Wirken" des Volksgeistes, von seinen "Erzeugnissen" oder "Elementen" (I, S. 7; i.d.B. S. 133). Auch ist von einem "substantiellen Wesen des Volksgeistes" die Rede oder vom "psychischen Organismus des Volksgeistes" (II, S. 7f.), wenngleich später zur Abwehr etwaiger Hypostasierungsvorwürfe tunlichst versichert wird, der Begriff "Organismus" werde lediglich zum Zwecke der gleichnishaften Veranschaulichung verwendet (II, S. 451).

Auch die Unterscheidung zwischen Subjekt (= Geist bzw. Volksgeist) und Substanz (= Seele) und der Hinweis, daß "Geist" als Subjekt "mehr die bloße Thätigkeit bedeutet" (I, S. 28; i.d.B. S. 155), waren offenbar nicht überzeugend genug, um den Verdacht einer Hypostasierung des Volksgeistbegriffes zu zerstreuen. Denn noch 30 Jahre später glaubt Steinthal beteuern zu müssen, niemals "in den Irrtum einer mystisch substantiellen Volksseele" verfallen zu sein (Steinthal, 1891, S. 12).

Für noch zu erörternde Fragen nach der begriffsgeschichtlichen und philosophischen Herkunft (Abschnitt 2.3.3) ist von Bedeutung, daß quasi synonym für "Volksgeist" der Begriff "objektiver Geist" verwendet werden kann: "Als den bedeutendsten Erfolg alles geistigen Zusammenlebens bezeichnen wir die Entstehung eines erzeugten, erschaffenen, vorhandenen, eines objectiven Geistes". Gebräuchlich ist auch der erweiterte Begriff "objectiver Geist des Volkes". Lazarus versteht darunter die "Summe alles geistigen Geschehens in einem Volke ohne Rücksicht auf die Subjecte" (III, S. 43) oder ein "folgerichtiges System von Anschauungen, Vorstellungen, Begriffen und Ideen" (III, S. 44).

Auf dem Hintergrund des Teil-Ganzes-Problems wird schließlich der Begriff "Volksgeist" benutzt, um Individual-Psychisches ("einzelne Geister") von einem Überindividuell-Psychischen ("Geist einer Gesammtheit") abzugrenzen:
"Die menschliche Gesellschaft" sei "ein ganz anderer Gegenstand als der einzelne Mensch ... Denn innerhalb des Menschen-Vereines treten ganz eigenthümliche Verhältnisse, Ereignisse und Schöpfungen hervor, welche gar nicht den Menschen als Einzelnen betreffen, nicht von ihm als solchem ausgehen. Es sind nicht mehr sowohl Verhältnisse im Menschen, als zwischen Menschen; es sind Schicksale, denen er nicht unmittelbar unterliegt, sondern nur mittelbar, weil er zu einem Ganzen gehört, welches dieselben erfährt. Kurz es handelt sich um den Geist einer Gesammtheit, der noch verschieden ist von allen zu derselben gehörenden einzelnen Geistern, und der sie alle beherrscht" (I, S. 5; i.d.B. S. 131).

Ad 3: Der unbefangene Leser wird nicht von vornherein einsehen, warum der "neue Zweig der Wissenschaft" (I, S. 72; i.d.B. S. 202), in dem es um die psychologische Bestimmung des Verhältnisses von einzelnem und Gesamtheit gehen sollte, "Völkerpsychologie" genannt wurde. Lazarus und Steinthal rechtfertigen diese Benennung damit, daß "für jeden Einzelnen diejenige Gemeinschaft, welche eben ein Volk bildet, sowohl die jederzeit historisch gegebene als auch im Unterschied zu allen freien Culturgesellschaften die absolut nothwendige und im Vergleich mit ihnen die allerwesentlichste ist" (I, S. 5; i.d.B. S. 131); das Volk sei "das natürlichste und allzeitige Band der menschlichen Gesellung" (I, S. 6; i.d.B. S. 132). Für's erste scheint es, daß mit der Ersetzung des Begriffspaares "Individuum - Gesellschaft" durch "Individuum - Volk" ein höherer Grad von historischer Konkretheit angezielt werden sollte: "Die Form des Zusammenlebens der

Menschheit ist eben ihre Trennung in Völker, und die Entwickelung des Menschengeschlechts ist an die Verschiedenheit der Völker gebunden. Was wir aber hier als anerkannten Sachverhalt voraussetzen, hat die Völkerpsychologie als nothwendig zu erweisen" (I, S. 5; i.d.B. S. 131).

Ein Hinterfragen des Begriffes "Volk" wird erweisen, ob diese Vermutung bestätigt werden kann. Was verstehen Lazarus und Steinthal unter "Volk"? "Das, was ein Volk zu eben diesem macht, liegt wesentlich nicht sowohl in gewissen objectiven Verhältnissen wie Abstammung, Sprache usw. ..., als vielmehr bloß in der subjectiven Ansicht der Glieder des Volkes, welche sich alle zusammen als ein Volk ansehen. Der Begriff Volk beruht auf der subjectiven Ansicht der Glieder des Volkes selbst von sich selbst, von ihrer Gleichheit und Zusammengehörigkeit" (I, S. 34f. ; i.d.B. S. 162f.). In diesem Sinne erfolgt dann die Definition: "Ein Volk ist eine Menge von Menschen, welche sich für ein Volk ansehen, zu einem Volke rechnen" (I, S. 35; i.d.B. S. 162). Die die Gattung "Volk" konstituierenden Merkmale sind also subjektiver Art. Damit wird die Möglichkeit geschaffen, den Begriff "Volk" in eine ideelle Entität umzudeuten: "Das Volk ist ein geistiges Erzeugnis der Einzelnen, welche zu ihm gehören; sie sind nicht ein Volk, sie schaffen es nur unaufhörlich. Genauer ausgedrückt ist das Volk das erste Erzeugniß des Volksgeistes" (I, S. 36; i.d.B. S. 164).

Mit der Subsumtion des Begriffes "Volk" unter den Begriff "Volksgeist" kann aus der Ersetzung von "Individuum-Gesellschaft" durch "Individuum-Volk" kein Zuwachs an historischer Konkretheit erreicht werden. Das Gegenteil wird zu erwarten sein: Die Beziehung Individuum-Gesellschaft droht auf eine abstrakte geistige Ebene transformiert zu werden.

Ad 4: Im engen sachlichen Zusammenhang mit der gesellschaftlichen Determiniertheit steht die Charakterisierung des Menschen als "geschichtliches Wesen":
"Der Mensch ist ein geschichtliches Wesen; alles in uns, an uns, ist ein Erfolg der Geschichte; wir sprechen kein Wort, wir denken keine Idee, ja uns belebt kein Gefühl und keine Empfindung, ohne daß sie uns von unendlich mannichfaltig abgeleiteten historischen Bedingungen abhängig ist" (II, S. 437). Der die Gesellschaftlichkeit des Individuums bewirkende und vermittelnde Volksgeist ist eine wesentlich historische Kategorie. Er wird "in Bewegung gedacht" (II, S. 428); "allgemeine Grundzüge des Fortschrittsprozesses eines Volksgeistes" (II, S. 430) stehen zur Debatte. Unter diesem Aspekt ist es folgerichtig, die Völkerpsychologie als "historische Psychologie" zu bezeichnen. Das Gegenstück zur historischen Psychologie bildet für Lazarus und Steinthal die individuelle Psychologie. Hier wird bereits ein grundsätzliches Dilemma deutlich, das sich noch bei der Herausbildung einer einzelwissenschaftlichen Psychologie als verhängnisvoll erweisen sollte: Der Aspekt der Historizität wird lediglich im Zusammenhang mit der Gesellschaftlichkeit des Menschen hervorgehoben; bezieht sich die psychologische Analyse auf das Individuum als solches, wird der Aspekt der Historizität ausgeblendet.
Historische Relevanz erhält der Volksgeist auch zufolge der Tatsache, daß seine Elemente (Sprache, Mythos etc.) einer geschichtlichen Entwicklung unterliegen. Genauer charakterisiert wird diese Entwicklung als Stufenfolge von unten nach oben, mithin als Höherentwicklung. Mit Aussagen dieser und ähnlicher Art begibt sich die Völkerpsychologie unversehens auf das Terrain der Geschichtsphilosophie und der Geschichtswissenschaft. Sie sah sich demzufolge genötigt, ihr Verhältnis zur Geschichtsphilosophie und zur Geschichtswissenschaft zu bestimmen. Während der Geschichtsphilosophie nur eine

klassifizierende Zusammenfassung der geschichtlichen Ereignisse zugebilligt wird, nimmt die Völkerpsychologie die Erforschung der Gesetze, die dem historischen Geschehen zugrunde liegen, für sich in Anspruch. Beispielsweise ermögliche die dialektische Geschichtsphilosophie Hegels lediglich, "jene [historischen, G. E.] Erscheinungen summarisch zu betrachten und zu classificiren, nach einem Gesetze aber gar nicht zu fragen" (I, S. 20; i.d.B. S. 147).

Das Verhältnis der Völkerpsychologie zur Geschichtswissenschaft wird als das einer "rationalen" zu einer "beschreibenden" Disziplin bestimmt. Nur den "rationalen" Disziplinen aber obliegt es, "die allgemeinen Gesetze, nach welchen diese Formen der Wirklichkeit entstehen und vergehen" (I, S. 19; i.d.B. S. 146), aufzufinden. Insofern als die Völkerpsychologie die "rationale Begründung" des Geschichtsprozesses zu geben beansprucht, versteht sie sich als "Physiologie des geschichtlichen Lebens der Menschheit" (ebda.).

Aus der rationalen Begründung des Verlaufs der Geschichte glauben Lazarus und Steinthal in einem weiteren Schritt, gewissermaßen a posteriori auf "psychische Gesetze" zurückschließen zu können. Die Aspirationen der Völkerpsychologie sind somit - zunächst in den programmatischen Verlautbarungen - sowohl geschichtsphilosophischer als auch psychologischer Art: "Das Ziel, welches unserer Wissenschaft, ob auch in weiter Ferne, vorschwebt, ist ein zweifaches: erstens die Geschichte der Menschheit und der einzelnen Völker zu verstehen, sie aus ihren wirklichen Ursachen zu begreifen, sodann von den psychischen Gesetzen, welche in der Geschichte ihre Wirksamkeit offenbaren, eine besondere Erkenntniß zu gewinnen. Jenes ergibt eine Analysis der Geschichte, dieses eine Synthesis der Völkerpsychologie. Beide Erkenntnisse aber bedingen einander, jede ist nur mit Hülfe der anderen erreichbar" (III, S. 2). Hinter dem Anspruch,

eine rationale Begründung der Geschichte geben zu wollen, steckt aber eine Auflösung der historischen Entwicklung in eine Abfolge psychischer Aktivitäten. Es gehe um die "Einsicht, wie ein gegebenes historisches Ereigniß in bestimmten psychologischen Ereignissen besteht" (ebda.). "Die Thatsachen, um die es sich handelt", also die historischen Ereignisse, "sind psychische" (ebda.). Folglich müsse man auch die historischen Sachverhalte unter psychologischem Aspekt sehen: "Um von der Kenntniß der thatsächlichen Abfolge der historischen Ereignisse zur Erkenntniß ihres nothwendigen Zusammenhangs fortzuschreiten, kommt es vielmehr darauf an, in die Ereignisse selbst, wie man zu sagen pflegt, mit psychologischem Blick einzudringen" (ebda.). Es gelte, "die psychologischen Gesetze, welche in der Geschichte zur Anwendung kommen", zu erforschen.
Geschichte wird somit in Psychologie aufgelöst. Mit anderen Worten: Wir haben es mit einer Psychologisierung der Geschichte zu tun. Im übrigen trägt diese Psychologie, der Lazarus und Steinthal die Befähigung zur Kausalerklärung geschichtlicher Abläufe zuerkannten, die aber andererseits erst aus der Analyse der Geschichte ihre Gesetze ableitet, unverkennbar Herbartsche Züge. Ein Beispiel: Von der geschichtlichen Entwicklung der Sagen und Mythen wird behauptet, sie ließen "die Processe der Apperception und Verschmelzung in den großartigsten Zügen studiren" (I, S. 45; i.d.B. S. 174).

2.2 Gesellschaftlichkeit und Geschichtlichkeit des Menschen als Themen der frühen Völkerpsychologie - theoretische und methodische Möglichkeiten und Grenzen

Betrachtet man die Grundaussagen der frühen Völkerpsychologie aus der Retrospektive der bis an die Gegenwart heranreichenden Entwicklung der Sozialpsychologie als psychologischer Teildisziplin und erinnert man dabei an die nicht verstummen wollenden Klagen über den "a-sozialen" und "a-historischen" Charakter vieler empirisch orientierter Ansätze der zeitgenössischen Sozialpsychologien (Graumann, 1984) - ein Makel, der häufig mit der Herkunft aus dem behavioristischen Forschungsparadigma in Zusammenhang gebracht und als gewissermaßen nicht ausgeheilter Geburtsfehler deklariert wird -, dann ist man geneigt, die (rhetorische?) Frage zu stellen, warum ein solcher Ansatz wie der der frühen Völkerpsychologie (in dem die Prädikate "Gesellschaftlichkeit" und "Geschichtlichkeit" von vornherein als konstituierende Merkmale menschlicher Existenz deutlich zum Tragen kommen) nicht die "Kraft" besaß, einer sich gegebenenfalls herausbildenden Sozialpsychologie eine relativ angemessene theoretisch-methodologische Grundlage - zumindest in Konturen - zu bieten. Anders gefragt: Was ist aus den in der Völkerpsychologie programmatisch fixierten Bestimmungsstücken "Gesellschaftlichkeit" und "Geschichtlichkeit" des Menschen in der nachfolgenden Psychologie geworden? Sicherlich wußte Wilhelm Wundt - wie noch darzustellen sein wird - um die "geistigen Erzeugnisse ..., die aus der Gemeinschaft des menschlichen Lebens hervorgehen, und die nicht aus den Eigenschaften des einzelnen Bewußtseins allein zu erklären sind, weil sie die Wechselwirkung vieler voraussetzen" (Wundt, 1912, S. 3; i.d.B. S. 274); und wir wissen, daß Wundt aus dieser Einsicht die Notwendigkeit ableitete, der experimentellen ("physiologischen") Psychologie eine Völkerpsychologie, die im gewissen Sinne als eine modifizierte Weiterführung der Lazarus-Steinthalschen Konzeption gelten kann, als Komplement an die Seite zu stellen, freilich eine folgenschwere "duale methodische und gegenständliche Begründung ... der Psychologie" (Sprung, 1979, S. 78) in die Wege leitend. Aber schon bei Wundts Nachfolgern (z. B. W. Moede), spätestens dann bei dem einem behavioristischen Grundkonzept verpflichteten F. H. Allport als Pionier einer systematischen, experimentell arbeitenden Sozialpsychologie wird das Moment der "Geschichtlichkeit" vollkommen ausgeblendet und die "Gesellschaftlichkeit" auf die Ebene des Stimulierens bzw. Reagierens eines Individuums durch bzw. auf ein oder mehrere andere Individuen reduziert. Graumann (1984, S. 5f., 24f.) spricht in diesem Zusammenhang von der "Individualisierung des Sozialen", das seinerseits mit der "Desozialisierung des Individuums" einhergehe. Diese Erscheinungen seien Ausdruck einer Trennung zwischen dem Sozialen und dem Individuellen.

Nun - in den programmatischen Verlautbarungen der Lazarus-Steinthalschen Völkerpsychologie ist nichts von einer derartigen Trennung zu bemerken; im Gegenteil: mit der Charakterisierung der Völkerpsychologie als "Psychologie des gesellschaftlichen Menschen oder menschlichen Gesellschaft" wird explizit auf die Einheit von Individuellem und Sozialem verwiesen. Galliker (1993, S. 16f.) spricht in diesem Zusammenhang von einer "brillanten 'Synthese'" bei Lazarus. Wir sehen uns somit veranlaßt, nochmals die Frage aufzuwerfen, warum die durchaus "sozial" und "historisch" ausgerichtete frühe Völkerpsychologie so wenig - oder nahezu keine - theoretisch-methodologische "Schubkraft" für die später sich etablierende empirische Sozialpsychologie im Sinne der Vermeidung ihrer "a-sozialen" und "a-historischen" Reduktionen zu erzeugen vermochte. Bei der Suche nach Gründen für dieses "Versagen" seitens der frühen Völkerpsychologie wird man ein komplexes Gefüge von Faktoren in Rechnung zu stellen haben. Dieses Gefüge läßt sich genauer beschreiben als ein Wechselspiel von intern-konzeptionellen und extern-kontextualen Faktoren.

Wir beginnen mit den im Konzeptionellen liegenden "Schwerpunkten", die sowohl im Bereich a) der Gegenstandsbestimmung als auch b) der methodologisch-methodischen Prinzipien zu suchen sind.

Ad a: Den zahlreichen Gegenstands- und Aufgabenbestimmungen, die Lazarus und Steinthal für ihren "neuen Zweig" formuliert haben, mangelt es entschieden an präzisen

Formulierungen. Aus der bereits zitierten definitorischen Bestimmung "Psychologie des gesellschaftlichen Menschen oder der menschlichen Gesellschaft" (I, S. 5; i.d.B. S. 131) beispielsweise ist nicht klar zu erkennen, ob die Völkerpsychologie mehr in Richtung auf eine Sozialpsychologie oder mehr in Richtung auf eine Soziologie oder gar Geschichtsphilosophie angelegt ist.

Am ehesten auf ein sozialpsychologisches Profil könnte eine in dem Aufsatz "Über das Verhältniß des einzelnen zur Gesammtheit" formulierte Aufgabenstellung hindeuten: Die Völkerpsychologie habe "diejenigen Gesetze zu entdecken, welche zur Anwendung kommen, wo immer Viele als eine Einheit zusammen leben und wirken" (II, S. 396).

Halten wir uns an die zuletzt genannte Aufgabenstellung und prüfen, inwieweit ihr die in der Zeitschrift veröffentlichten Beiträge gerecht werden (vgl. Abschnitt 2.3.3 dieser Einleitung), müssen wir ein nicht zufriedenstellendes Fazit ziehen, das Woodward (1982, S. 8) mit den Worten umschrieb: "There was a tension here between what they said and did".

Im übrigen geht aus dem Briefwechsel zwischen Lazarus und Steinthal im Vorfeld der Zeitschriftengründung hervor, daß nicht psychologische, sondern ethnologische und sprachwissenschaftliche Interessen die Haupttriebfeder der publizistischen Unternehmung waren. In einem Brief Steinthals an Lazarus vom 7. April 1852 lesen wir: "Ich habe Ihnen wohl schon mitgeteilt, daß mich Mahn[2] längst zur Herausgabe einer sprachwissenschaftlichen Zeitschrift angetrieben hat. Wie wärs, wenn wir eine Zeitschrift für psychische Ethnologie gründeten? Um die Sprachforscher anzulocken, könnten wir einen Zusatz auf

---

[2] August Mahn (1802-1887) war Lektor für romanische Sprachen an der Berliner Universität.

dem Titel machen, etwa: mit besonderer Berücksichtigung der Sprachen" (zit. nach Belke, 1971, S. 255).

Ad b: Angesichts der soeben geäußerten Zweifel an der Absicht Lazarus' und Steinthals, überhaupt genuin psychologische Probleme bearbeiten oder untersuchen zu wollen, scheint die Erörterung des methodologisch-methodischen Ansatzes zur Gewinnung jener programmatisch angekündigten "Gesetze, welche zur Anwendung kommen, wo immer Viele als eine Einheit zusammen leben und wirken", gegenstandslos zu sein.

Die Frage, die bei einer Erörterung des methodologisch-methodischen Ansatzes der Völkerpsychologie zu stellen ist, muß folglich lauten, warum die Prozesse der sozialen Wechselwirkungen von Individuen n i c h t untersucht werden konnten. Bei der Beantwortung dieser Frage sind m. E. drei Aspekte geltend zu machen:

1. Die Tatsache, daß "Viele als eine Einheit zusammen leben und wirken", wird nicht als Wesenszug der gegenständlichen gesellschaftlichen Praxis der Menschen verstanden, sondern als eine rein ideelle Gegebenheit. Völkerpsychologie ist "die Lehre vom g e i s t i g e n Zusammenleben" (Steinthal, 1887, S. 248, Hervorhebung: G. E.). Die sich als konkrete Tätigkeit vollziehende interpersonelle Kooperation und Kommunikation wird auf eine "geistige Wechselwirkung" reduziert, und die Produkte dieser sozialen Wechselwirkung, wie z. B. die menschlichen Kulturgüter, werden zu Erzeugnissen des objektiven Geiste bzw. Volksgeistes erklärt. Der zum "Volksgeist" modifizierte objektive Geist Hegelscher Provenienz, gedacht als immaterielle Substanz, war alles in einem: Voraussetzung, Vermittlungsinstanz und Resultat der interindividuellen Wechselwirkung. Aufgrund dieser idealistischen Belastungen mußte notwendigerweise der Blick für die empirische Faktizität der gegenständlichen interpersonellen Wechselbeziehungen versperrt bleiben.

2. Das "Zusammenleben und -wirken" der Individuen wird auf das Wirken des Volksgeistes zurückgeführt. Dieser Volksgeist ist eine von den "Einzelgeistern" verschiedene, qualitativ neue G a n z h e i t . Dieser Ganzheit werden gewissermaßen "übersummative" Qualitäten zugeschrieben. Der Einsicht, daß das Ganze mehr ist als die Summe seiner Teile, steht allerdings eine unbefriedigende Antwort auf die Frage, w i e diese qualitative Besonderheit des Ganzen zu erklären ist, gegenüber. Statt die spezifische Qualität der Ganzheit aus der Struktur derselben zu erklären, werden metaphysische Zusatzannahmen zu Hilfe genommen. Zur Summe der Elemente tritt ein immaterielles Plus hinzu. Die qualitative Andersartigkeit der Ganzheit gegenüber der Summe der Teile wird auf die Wirksamkeit eines übernatürlichen, empirisch nicht nachweisbaren Faktors zurückgeführt.
Bei Aristoteles war es die Entelechie (ἐντέλεχεια), bei Lazarus und Steinthal das "innere Band", "Prinzip", die "Idee des Volkes".
3. Lazarus und Steinthal setzten ihre Untersuchungen nicht bei der interindividuellen Wechselwirkung selbst an, sondern bei den Objektivationen, die aus der als Wirken des Volksgeistes beschriebenen Wechselwirkung der Individuen hervorgegangen sind. Sie versuchten, das "Wesen" des Volksgeistes aus der Untersuchung von Sprache, Mythus, Religion, Volksdichtung usw. zu "erklären". Vor allem in der Sprache prägt „sich die Eigenthümlichkeit des Volksgeistes ... scharf und vollkommen" aus (I, S. 40; i.d.B. S. 168). Abgesehen von der Herleitung der Objektivationen interindividueller Wechselwirkungen aus dem "Volksgeist" ist zu fragen, ob es überhaupt möglich ist, von den Ergebnissen der Wechselwirkungen auf die diesen zugrundeliegenden psychischen Prozesse schließen zu können. Anders formuliert würde die Frage lauten: Sind wir berechtigt, von der Analyse der Kooperationsfolgen her gesicherte Aussagen über Struktur und psychische Regulationsmechanismen der Ko-

operation selbst zu gewinnen? Es hat den Anschein, als ginge es hier um ein methodentheoretisches Problem: die Anwendbarkeit und Berechtigung contentanalytischer Methodiken (Dokumenten- und Werkanalyse), denn faktisch läuft ja z. B. Steinthals programmatisch angekündigtes Vorhaben, aus der Untersuchung von Sprache als Objektivation psychischer "Vorstellungen" Aufschlüsse über Merkmale und Eigenschaften der "psychischen Vorstellungswelt" der Sprachproduzenten zu gewinnen, auf eine Art von "Ex-post-facto-Analysen von Verhaltensprodukten zur Rekonstruktion der Bedingungen des Verhaltens" (Sprung & Sprung, 1984, S. 250) hinaus. Berechtigung und Grenzen contentanalytischer Verfahren können an dieser Stelle nicht näher erörtert werden (vgl. dazu Sprung & Sprung, 1984, S. 255ff., S. 420ff.). Nur dies sei vermerkt: Der Schluß von Objektivationen psychischer Tätigkeit auf Merkmale und Bedingungen der psychischen Tätigkeit selbst läßt keine gesicherten Aussagen zu.

Indes ist die hier andiskutierte methodentheoretische Problematik bezogen auf die Lazarus-Steinthalsche Völkerpsychologie insofern relativ belanglos als es den Autoren letztlich - wie die Darstellung der Hauptpunkte bereits gezeigt hat - gar nicht primär um die Gewinnung psychologischer ex-post-facto-Aussagen ging. In Ansehung der in der Völkerpsychologie prinzipiell enthaltenen Erkenntnis m ö g l i c h k e i t e n schien es dennoch geboten, diese Fragestellungen wenigstens anzureißen.

2.3 Kontextbedingungen der frühen Völkerpsychologie

Die Feststellung, daß in der Bestimmung des Gegenstandes und der Untersuchungsinhalte sowie im methodologisch-methodischen Ansatz wesentliche Beschränkungen der frühen Völkerpsychologie hinsichtlich der Ausarbeitung eines genuin sozialpsychologischen Forschungsprogramms liegen, gibt noch sozialpsychologischen Forschungsprogramms liegen, gibt noch keine hinreichende Auskunft über die tieferliegenden Gründe für die beklagte Unergiebigkeit. Um diese Gründe zu eruieren, müssen wir in erster Linie die Kontextbedingungen beleuchten, unter denen die Völkerpsychologie entstand und sich etablierte. Wenn von Kontextbedingungen die Rede ist, müssen wir ein breites Spektrum möglicher Ebenen von "Kontext" in Betracht ziehen. Wir begrenzen die Darstellung auf drei Ebenen: (1) die allgemein-historische, (2) die biographische und (3) die spezifisch-problemgeschichtliche.

2.3.1 Bemerkungen zum allgemein-historischen Kontext

Als die großen Markierungspunkte, die den die Entstehung und Frühentwicklung der Lazarus-Steinthalschen Völkerpsychologie umspannenden Abschnitt der Geschichte Deutschlands begrenzen, können die Revolution von 1848/49 und die Reichsgründung 1871 betrachtet werden. Es ist hier nicht der Ort, die wesentlichen Charakteristika und Entwicklungslinien dieses historischen Abschnittes zu elaborieren. Wir beschränken uns vielmehr auf einige historische Reminiszenzen, deren thematischer Zusammenhang mit der frühen Völkerpsychologie evident ist. Zum einen ist dabei hinzuweisen auf die von breiten Teilen der Bevölkerung getragenen Bestrebungen zur Bildung eines deutschen Nationalstaates, zum anderen auf das vom Bürgertum vehement verfolgte Ziel, seine ökonomische Macht im Kampf gegen den Feudaladel um die politische zu erweitern.
Zum erstgenannten Punkt ist anzumerken, daß sich seit den Befreiungskriegen 1813/14 - in den einzelnen deutschen Teilstaaten zwar in unterschiedlicher Intensität, aber im ganzen doch unübersehbar - das allgemeingesellschaftliche Denken in zunehmendem Maße um solche Begriffe wie "Volk" und "Nation" bewegte. England und Frankreich hatten bereits ihre Nationalstaaten. In Deutschland hingegen herrschte übelste

Kleinstaaterei. Zwar wurden mit der Gründung des Deutschen Zollvereins, der 1834 aus dem Zusammenschluß des preußischen und des süddeutschen Zollvereins hervorging, gewisse wirtschaftliche Erleichterungen erzielt, indem der Bourgeoisie ein unbeschränkter innerdeutscher Markt gesichert wurde, aber an der politischen Zersplitterung Deutschlands änderte sich vorläufig nichts. Auch die Revolution von 1848/49 konnte eines ihrer Hauptziele, die Herstellung der staatlichen Einheit Deutschlands auf demokratischem Wege, nicht erreichen. Bekanntlich weigerte sich der preußische König Friedrich Wilhelm IV., von der Frankfurter Nationalversammlung die mit dem "Ludergeruch der Revolution" behaftete Kaiserkrone anzunehmen. Indes waren im Gefolge der Revolution die Einheitsbestrebungen in breiten Schichten beträchtlich angewachsen. Den nach wie vor im Volke tief verwurzelten Wunsch nach nationaler Einheit versuchte die preußische Monarchie nach der Revolution für sich auszunutzen, indem sie 1849/50 eine sogenannte "Unionspolitik" betrieb. Friedrich Wilhelm IV. wollte einen Bund aller deutschen Staaten unter Ausschluß Österreichs herstellen, der unter preußischer Vorherrschaft stehen sollte. Eine Randbemerkung hierzu soll bereits an dieser Stelle eingefügt werden (ausführlicher unter 2.3.2): Der junge Moritz Lazarus unterstützte in jener Zeit mit dem von ihm verfaßten Traktat "Die sittliche Berechtigung Preußens in Deutschland" (1850) leidenschaftlich die politischen Intentionen des preußischen Königs. Nach ersten Erfolgen dieser Bemühungen (Dreikönigsbündnis vom Mai 1849 zwischen Preußen, Hannover und Sachsen) stieß die Unionspolitik jedoch bald auf Widerstand innerhalb (Feudaladel) und außerhalb (Österreich, Rußland) Preußens, da man eine Verbindung des Unionprojekts "mit nationalen und liberalen Aspirationen der Großbourgeoisie" (Engelberg 1964, S. 8) befürchtete. In der Olmützer Punktion (November 1850) verpflichtete sich Preußen schließlich, seine Hegemoniebestrebungen in Deutschland aufzugeben. Die preußische "Unionspolitik" war "der erste Versuch, die nationale Einigung von oben durchzusetzen" (a. a.

O., S. 11). Die ökonomische, politische und militärische Macht Preußens war aber noch nicht so stark entwickelt, daß dieser Versuch erfolgreich abgeschlossen werden konnte. In den 50er Jahren mußte Preußen seine dynastischen Vorherrschaftspläne fallen lassen. Erst nach der Niederlage Österreichs im Italienischen Krieg 1859 konnte es seine Ansprüche erneut geltend machen. Diese wichen jedoch von den Vorstellungen breiter Teile des Volkes, auch des liberalen Bürgertums, beträchtlich ab. Im November 1859 fanden anläßlich des 100. Geburtstages Friedrich Schillers Festlichkeiten statt, die unter breiter Beteiligung des Volkes eng mit der Forderung nach nationaler Einheit verknüpft waren. In einigen Städten (Berlin, Frankfurt/Main) trugen diese Feiern den Charakter politischer Demonstrationen. 1862 forderten auf dem "Frankfurter Schützenfest" 80 000 Teilnehmer ein einiges und freies Deutschland, wobei sie sich auf die Traditionen von 1848 beriefen und die Hegemonie Preußens ablehnten. In den 60er Jahren entfalteten zwei nationalpolitische Organisationen mit einander entgegengesetzter Zielstellung eine rege Tätigkeit. 1862 wurde der Deutsche Nationalverein als politische Organisation der mittel- und norddeutschen Bourgeoisie gegründet. Er setzte sich für die sogenannte kleindeutsche Lösung ein und agitierte für einen liberalen deutschen Bundesstaat unter preußischer Hegemonie und ohne Beteiligung Österreichs. Als Gegenorganisation entstand der Deutsche Reformverein, der für die sogenannte großdeutsche Lösung (Staatenbund aus Österreich, Preußen und den mitteldeutschen Kleinstaaten) plädierte. Eine Vorentscheidung zwischen groß- und kleindeutscher Lösung fiel durch das Ergebnis des preußisch-österreichischen Krieges 1866. Das bislang vorwiegend oppositionelle liberale Bürgertum stellte sich auf die Seite Bismarcks. Es kam zum Bündnis zwischen Bürgern und Junkern. Am 18.1.1871 wurde das Deutsche Reich gegründet und Wilhelm I. von Preußen in Versailles zum deutschen Kaiser proklamiert.

Die kurze Skizzierung der politischen Entwicklungen, die in die Reichsgründung mündeten, ist für unser Thema insofern relevant als sich die frühe Völkerpsychologie - wie noch zu zeigen sein wird - explizit auch als Beitrag zur Stärkung des deutschen Nationalbewußtseins verstanden wissen wollte. Zum zweitgenannten Punkt - dem Streben des Bürgertums nach politischer Macht - ist generell zu sagen, daß "in den 50er und 60er Jahren die entscheidenden Grundlagen dafür gelegt (wurden), daß Deutschland aus einem vorwiegend agrarischen Land zu einer der stärksten Industriemächte mit einem umfangreichen Industrieproletariat wurde" (Engelberg, 1964, S. 37). Die ökonomische Überlegenheit des Bürgertums gegenüber dem Feudaladel war offensichtlich. Indes verfügte der Feudaladel nach wie vor über die entscheidenden politischen Machtpositionen. Die innenpolitische Kräftekonstellation war aber nicht nur durch den Machtkampf zwischen Bürgertum und Feudaladel beherrscht, sondern wurde in zunehmendem Maße durch das Gewicht des zahlenmäßig schnell anwachsenden und lokal sich konzentrierenden sog. "vierten Standes", des Industrieproletariats, mitbestimmt. Im Maschinenbau stieg in Preußen die Zahl der Arbeiter von 1849 bis 1861 um 97% (Kuczynski, 1962, S. 130). 1851 hat allein Preußen 680 000 Fabrikarbeiter. Alfred Krupp beschäftigt 1862 ca. 2000 Arbeiter, Borsig 1867 ca. 1600. Die politischen Aktivitäten der Industriearbeiterschaft waren aber zunächst vergleichsweise gering. Erst 1863 kam es mit der Gründung der Allgemeinen Deutschen Arbeitervereins, dessen politisches Profil wesentlich durch F. Lassalle geprägt wurde, zur Schaffung einer selbständigen Organisationsform und 1869 zur Gründung einer eigenständigen Partei, der Sozialdemokratischen Arbeiterpartei (SDAP), die zum Gründungstermin bereits über 10 000 Mitglieder hatte. Wir werden noch sehen, daß die frühe Völkerpsychologie die rasanten Veränderungen der Sozialstruktur, insbesondere das als bedrohlich empfundene enorme Anwachsen des "vierten Standes", in spezifischer Weise reflektiert. Wenn Lazarus von der "Masse" oder den "Massen" spricht, meint er in erster Linie diesen "vierten Stand". Diese "Massen" aber, "unfähig der positiven Gedankenarbeit, ohne Klarheit schlechthin verneinende und vernichtende Bewegung" (II, S. 431).

2.3.2 Biographisch-personaler Kontext

Nach der Skizzierung dieser wenigen, für unseren Untersuchungsgegenstand relevanten Aspekte des allgemein-historischen Kontextes, in dem die Völkerpsychologie entstand und sich ausbreitete, wollen wir in einem zweiten Schritt einige personale Kontextbedingungen beleuchten, indem wir Leben und Werk der Begründer der frühen Völkerpsychologie, Moritz Lazarus und Hajim Steinthal, darstellen. Da uns zunächst die Entstehung und Frühentwicklung der Völkerpsychologie interessiert, konzentrieren wir uns bei den biographischen Informationen auf den Zeitraum bis etwa 1870. Weiterhin ist die Bemerkung voranzustellen, daß das verfügbare biographische Material zu Lazarus hinsichtlich direkter, häufig auch publizierter Stellungnahmen zu und Reflexionen von politischen und geistig-kulturellen Ereignissen und Entwicklungen jener Zeit wesentlich ergiebiger und reichhaltiger ist als das zu Steinthal vorhandene. Während Lazarus ein Mann war, der gern an die Öffentlichkeit trat, sie suchte und brauchte, verkörpert Steinthal den seinerzeit gerade unter Philologen nicht selten anzutreffenden Gelehrtentyp, der sich in stiller Selbstbescheidung und mit heiligem Ernst seinen wissenschaftlichen Ambitionen hingibt und den das allgemeine gesellschaftliche Treiben um ihn herum nur mäßig interessiert (allenfalls in privater Sphäre oder in Briefen äußert er sich dazu).

Die im folgenden zu gebende Darstellung der vita Lazarus' wird gegenüber der Steinthals recht unterschiedliche Akzentuierungen aufweisen. Daraus lassen sich selbstverständlich keine Schlüsse über verschieden hohe Anteile beider Gelehrter an der Begründung der frühen Völkerpsychologie ziehen (zur Frage einer unterschiedlichen Bewertung der Verdienste Lazarus' und

Steinthals in bezug auf die Völkerpsychologie vgl. Belke, 1971).

2.3.2.1 Moritz Lazarus

Wir beginnen entsprechend der alphabetischen Reihenfolge mit Lazarus. Symptomatisch für seine Biographie ist bereits, daß es von seinem Vornamen zwei Versionen gibt: Moses - die jüdische, Moritz - die deutsche. Letztere hat sich in der Literatur durchgesetzt. Moritz Lazarus wurde am 15. September 1824 geboren. Der Vater, Aaron Leb Lazarus (1790-1874), war ein angesehener Kaufmann. Die Familie stand fest in jüdisch-konfessionellen Traditionen: Der Großvater, Leser Lazarus, war Rabbiner in Hannover, der Vater ehrenamtlich zweiter Vorsitzender des Filehner Rabbinatskollegiums und Mitvorsteher der Talmudschule. Der ältere Bruder von Moritz, Leiser Lazarus, wurde später Rabbiner in Prenzlau und Rektor des jüdisch-theologischen Seminars in Prenzlau. Der Geburtsort Filehne (heute polnisch: Wielen), ein Städtchen von 3000 Einwohnern, gehörte zum Großherzogtum Posen, das Bestandteil Preußens war. Ein Biograph Lazarus' bezeichnete Filehne als einen "konfessionell-nationalen Mikrokosmus" (Stein, 1905, S. 124), der zu je einem Drittel aus Katholiken, Protestanten und Juden bestand. Nach autobiographischen Notizen Lazarus' sollen die frühkindlichen Eindrücke der "nationalen Entwicklung in der Verschiedenheit der Kultur in allen Lebensformen" ihn später "kristallisiert zur Entdeckung des Begriffs der Völkerpsychologie geführt" haben (Stein, ebda.). Benachteiligungen aus ethnisch-konfessionellen Gründen mußte er bereits früh in Kauf nehmen. Der Besuch der 1834 gegründeten deutschen Schule blieb ihm als jüdischem Kind verwehrt. Statt dessen genoß er eine gründliche talmudische Bildung, die ihm insbesondere durch den Vater vermittelt wurde, der seinen Sohn dann auch veranlaßte, eine Kaufmannslehre anzutreten. Erst im Alter von 20 Jahren erhielt der junge Mann die Gelegenheit, ein

Gymnasium fern der Heimat zu besuchen: das Gymnasium in Braunschweig, in dem er durch die Vermittlung seines Lehrers Griepenkerl (1782-1849) mit dem philosophischen Gedankengut Johann Friedrich Herbarts (1776-1841) in Berührung kam. Die Gymnasialzeit scheint - soweit dies Briefe und schulische Arbeiten belegen - eine geistig sehr bewegte gewesen zu sein. In einem Brief an seine Kusine in Kopenhagen entwirft er ein aus Hegelschen und Herbartschen Gedankenelementen gemischtes, schillerndes Gemälde von der Einheit des Volksgeistes (vgl. Belke, 1971, S. 7); ein Schüleraufsatz "Über den deutschten Nationalstolz" läßt beachtliches "patriotisches Interesse" erkennen und enthält bereits Überlegungen zum Begriff der "Nationalität" und zum Verhältnis von einzelnem und Gesellschaft; zugleich hat er die Absicht, Rabbiner zu werden. Nach dem Abitur 1846 läßt er sich jedoch an der Universität in Berlin immatrikulieren. Seine maßgeblichen akademischen Lehrer sind die Sprachwissenschaftler August Boeckh (1785-1867) und Carl Wilhelm Heyse (1797-1855). Heyse vermittelt ihm eine vertiefte Kenntnis des philosophischen Systems Hegels. In die Studienzeit Lazarus' fällt die Revolution von 1848/49. Im Gegensatz zu vielen seiner Kommilitonen (vgl. Griewank, 1949, Obermann, 1960) nahm Lazarus nicht direkt an den revolutionären Kämpfen teil. Unmittelbar vor der Revolution, in der Zeit des Vormärz, hielt er Vorträge im "Hutverein", einem lockeren Zusammenschluß junger Männer des Berliner Bürgertums, der "politische und literarische Belehrung zu seiner Aufgabe machte" (N. Lazarus, 1906, S. 302). In seinen Jugenderinnerungen schreibt er: "In den Märztagen 1848 war ich bereits in die Ferien gereist. Ich habe deshalb auch an den politischen Demonstrationen der Studenten äußerlich keinen Anteil genommen. Der Eindruck, vielleicht auch der Einfluß, welchen ich von Herbart und vollends von seiner posthumen Schrift über die Göttinger Erhebung empfangen, war vielleicht zu tief, um an dem Gebaren der Studenten in der Aula Freude oder auch nur rechtes Interesse zu finden. Meine innerliche Teilnahme an der politischen Bewegung aber war so groß,

Moritz Lazarus (1824-1903). Nach einer Radierung von Hermann Struck

daß ich es nicht unterlassen konnte, in den letzten März- und ersten Aprilwochen ein und den anderen Artikel in Berliner Zeitungen zu schreiben. Der Erfolg derselben war, daß ich eines Tages gegen Ende April zum General der Bürgerwehr, Major Mosson, bestellt wurde, um an seiner Stelle, der bisher die Bürgerwehr-Zeitung redigiert hatte, die Redaktion derselben zu übernehmen. Im Sinne des liberalen Berliner Bürgertums habe ich die Zeitung etwa vier Monate lang redigiert. Mit der Bürgerwehr hörte auch das Organ derselben auf. Für lange Zeit war es damit in bezug auf meine politische Tätigkeit und für immer mit meiner journalistischen im engeren Sinne vorüber. Erst mit meiner Schrift: Über die sittliche Berechtigung Preußens in Deutschland, ein Beitrag zu einer philosophischen Begründung des Völkerrechts, regte sich wieder der politische Gedankenkreis in meinem Innern" (Lazarus 1913, S. 121f.).

Die politischen Absichten jenes "liberalen Bürgertums", in dessen Dienst sich Lazarus bewußt stellte, waren auf der einen Seite auf Machtzuwachs gegenüber Junkertum und Feudalbürokratie, auf der anderen auf Niederhaltung radikaldemokratischer Bestrebungen des sog. "vierten Standes" gerichtet.

Bei der Suche nach Gründen für den doch recht verhaltenen revolutionären Elan des ansonsten so begeisterungsfähigen Studenten dürfte die Entwicklung seiner persönlichen Verhältnisse möglicherweise eine gewisse Rolle spielen. Während in bezug auf den Zeitraum 1844-1846 noch von "Entbehrungen der Gymnasialzeit" (N. Lazarus 1906, S. 276) die Rede ist - z. B. mußte er dem Sohn seines Wirtes Privatunterricht in Mathematik erteilen, um wenigstens ein heizbares Zimmer zu haben-, kann er "seit Winter 1847 ... endlich von finanziellen Sorgen unbeschwert studieren", denn "die Familie seiner späteren Frau, Sara(h) Lebenheim, die ebenfalls aus Filehne stammte, unterstützte ihn und gab ihm ... den Rückhalt und den Mut, ganz den eigenen Neigungen und Interessen nachzugehen" (Belke, 1971, S. XXI). Der spätere Schwiegervater, Elias

Moses Lebenheim (1778-1850), war Besitzer einer Lederwarenhandlung in Brandenburg und lebte als Rentier in Berlin. Lazarus heiratete die 31jährige, mithin fünf Jahre ältere Sara(h) Lebenheim im Frühjahr 1850. Zuvor jedoch (1849) promovierte er in Halle mit der Dissertationsschrift "De educatione aesthetica" zum Dr. phil. Anknüpfend an Gedanken Lessings und Schillers über ästhetische Erziehung, behandelt er die bereits in Richtung auf eine spätere Völkerpsychologie zielende Frage, was die einzelnen Völker originell zur Entwicklung des Schönen beigetragen haben (vgl. Stein, 1905, Belke, 1971). Nach der Promotion führt er zehn Jahre lang das Dasein eines Privatgelehrten. In seinen autobiographischen Erinnerungen schreibt er:
"Ostern 1850 habe ich mich verheiratet und in Berlin als Privatgelehrter niedergelassen ... Mit meiner Verheiratung und dem Übergang in die fast sorgenlose und durchaus freie Stellung eines Privatgelehrten trat ich in eine mir ganz neue Sphäre des Behagens. Die Oranienburger Straße, wo ich in meiner studentischen Bude die letzten Semester gehaust, und der Königsplatz vor dem Brandenburger Tor (damals Exerzierplatz geheißen) sind das Symbol dieser Wandlung. Die erste Frucht meiner Muße war die ... Abhandlung: 'Über die sittliche Berechtigung Preußens in Deutschland'" (Lazarus, 1913, S. 123f.). In einem Brief an seinen Braunschweiger Gymnasiallehrer G. Th. A. Krüger vom 8.12.1850 bedauert er, daß seine erste gedruckte Publikation keine "strengwissenschaftliche" habe sein können. Dennoch sei diese Schrift "nicht bloß eine politische Tagespflanze", der zweite Teil enthalte nämlich "einen Grundriß der Idee des Völkerrechts auf einer ... neuen Begründung" (zit. nach Belke, 1971, S. 58). Er wolle aber in Kürze eine "mehr wissenschaftliche Form" seines Gedankens erarbeiten. Mit der Ankündigung einer Arbeit in "mehr wissenschaftlicher Form" bezieht sich Lazarus auf den Aufsatz "Über den Begriff und die Möglichkeit einer Völkerpsychologie", der mit der Datumsangabe 15.6.1851 in Prutz' Zeitschrift "Deutsches Museum" erschien. Der von Lazarus selbst im o. g. Brief bestätigte

Zusammenhang zwischen beiden Abhandlungen ist für das Verständnis der historisch-konkreten Bedingungen für die Begründung der Völkerpsychologie von großer Bedeutung. Belke (1971, S. XLVII) vertritt die Auffassung, daß in der Schrift von 1850 bereits "alle Vorstellungen" vorhanden seien, die Lazarus später genauer definierte, "wenn auch noch vage und nur im Zusammenhang mit einer ziemlich hymnisch gehaltenen Verteidigung Preußens". Es scheint daher geboten zu sein, näher auf dieses Traktat einzugehen. Lazarus plädiert für die politische Vormachtstellung Preußens in Deutschland und begründet diesen Anspruch mit der kulturellen Priorität dieses Staates. Es ist die Rede von einem "Volkskörper" oder einem "Staatskörper", dem eine "Seele" innewohne, von einem "germanischen Nationalgeist" usw. Dem "germanischen Nationalgeist" entspreche in religiöser Hinsicht der Protestantismus, der Katholizismus sei ihm dagegen unangemessen.

Der "Geist der deutschen Nation" sei einzigartig verkörpert im preußischen Staat. Preußen wird als "Staat der Intelligenz" sowie als "Schutzherr der protestantischen Kirche" apostrophiert. Jegliches "egoistisches und particularistisches Streben nach Selbständigkeit und Eigenmacht" sei dem preußischen Staat fremd. Als "ächt nationalsittlicher Macht" komme Preußen, das "der deutscheste, ja der erste reindeutsche Staat" sei, die dominierende Stellung unter den deutschen Staaten zu. Bezeichnend ist, daß Lazarus an keiner Stelle dieser Schrift auf die Ereignisse und die demokratischen Forderungen von 1848 Bezug nimmt. Ein geeintes Deutschland unter preußischer Vorherrschaft kann also für Lazarus durchaus um den Preis eines Verzichts auf politisch progressive Umgestaltungen und auf bürgerlich-demokratische Freiheiten erkauft werden. Der Kampf um demokratische Rechte wird sogar den nationalen Einigungsbestrebungen gegenübergestellt, indem Hegel gegen Kant ausgespielt wird:

"Der Inhalt dieses sittlichen Lebens und sein Werth darf sich aber nicht blos - wie bei Kant - auf die Würde des Einzelnen, sondern muß sich vielmehr auf den Bestand und Fortentwicklung des Allgemeinen, zumal des Staates, beziehen" (Lazarus, 1850, S. 55, zit. nach Belke, 1971). An die Stelle einer Verbindung des Kampfes um ein einheitliches Deutschland mit demokratischen Forderungen setzt Lazarus eine restaurative Liaison von Nationalgefühl und Fürstenliebe: In Preußen seien "das Nationalgefühl und die Fürstenliebe zur einen und untheilbaren Kraft des Patriotismus zusammengeschmolzen" (a. a. O., S. 20). Die "innige Treue und Anhänglichkeit an den Fürsten" und "der willige Gehorsam gegen ihn" (den Fürsten, G. E.) werden als hohe sittliche Werte propagiert.

Die Schrift "Zur sittlichen Berechtigung Preußens in Deutschland" aus dem Jahre 1850 bildet - wie bereits angedeutet - eine direkte Vorstufe für das Programm der Völkerpsychologie, wie es zunächst 1851 und dann in endgültiger Form 1859 vorgestellt wurde. Belke (1971, S. XLVII) meint, Lazarus habe "zuerst angewandt" (1850), "dann begrifflich definiert" (1851 und 1859). In der Tat spricht Lazarus bereits in der ersten Fassung seines Programms von der "praktischen Seite" der Völkerpsychologie. Mit der "praktischen Seite" meint er die Nutzbarmachung der Völkerpsychologie für die Bildung und Erhaltung eines Nationalstaates. Wie die Individualpsychologie "für die Pädagogik die Elemente und Fundamente bereitet", so könne die Völkerpsychologie "uns die Gesetze zeigen, nach denen eine wahre und echte Nationalbildung und Nationalerziehung einzurichten ist; ja sie allein kann uns die Formen und Bedingungen lehren, in und unter denen der Nationalgeist erhalten und erhoben werden kann. Wie schwankend, vage und phrasenhaft das bisherige Reden von Nationalgeist noch ist, wie wenig die Erinnerung an ihn auf die Einrichtung der öffentlichen Erziehungsanstalten eingewirkt hat und einwirken konnte, ist jedem bekannt; wie viel wir von einer psychologisch-wissenschaftlichen Erkenntniß über das Leben, Wirken, Wachsen und Gedeihen des Volksgeistes an Belehrung und Ermunterung erwarten und hoffen dürfen - wer mag dies im Voraus bestimmen?" (Lazarus, 1851, S. 126). Im gleichen Sin-

ne ist die Mahnung zu verstehen, daß "der Begriff des Volks- oder Nationalgeistes ... nicht eine bloße Phrase, ein sachleerer Name ..., nicht ein bloß unbestimmtes willkürliches Zusammenfassen oder ein phantastisches Bild der inneren Eigenthümlichkeit eines Volkes sein" dürfe (a. a. O., S. 113). Offenbar war es diese mit den Anfängen der Völkerpsychologie verbundene politische Programmatik, die Bismarck später veranlaßte, in Lazarus den "geistigen Stifter der gesamtdeutschen Idee" zu sehen (nach Natorp, 1985, S. 12).
Trotz seiner "deutschnationalen" Gesinnung blieb er aber als Jude "ohne ein von ihm erhofftes akademisches Amt in Berlin" (Natorp, ebda.).
Die nennenswerte literarische Frucht seiner mehr als zehnjährigen Privatgelehrtentätigkeit war das zweibändige Werk "Das Leben der Seele in Monographien über seine Erscheinungen und Gesetze" (1856/57). Das umfassende Werk enthält wenig Originäres. Im wesentlichen lehnt es sich an die philosophisch-psychologischen Auffassungen Herbarts an.

Das Thema Völkerpsychologie als Gegenstand einer speziellen Abhandlung greift Lazarus erst 1859 zusammen mit seinem Freund und nachmaligen Schwager Hajim Steinthal wieder auf, und zwar im Zusammenhang mit der Begründung der "Zeitschrift für Völkerpsychologie und Sprachwissenschaft" und dem diese Zeitschrift eröffnenden Aufsatz "Einleitende Gedanken über Völkerpsychologie". Die generelle Verflechtung der Völkerpsychologie mit gesellschaftspolitischen Zielstellungen ist zwar gesichert nachzuweisen. Es kann aber kaum angenommen werden, daß speziell der Zeitpunkt des Wiederaufgreifens der völkerpsychologischen Problematik (Zeitschriftengründung) in direkter Abhängigkeit zu politischen Tagesforderungen steht. Dennoch ist die Tatsache registrierenswert, daß - wie bereits erwähnt - Preußen ebenfalls im Jahre 1859 seine Dominanzansprüche in bezug auf einen einheitlichen deutschen Staat nach einer etwa neunjährigen relativen Pause wieder geltend zu machen beginnt. Bei aller Begeisterung für Preußen - eine gesicherte akademische Stellung hatte dieser Staat seinem glühenden Verehrer Moritz Lazarus nicht zu bieten. Statt dessen war es eine Schweizer Universität, die der Hauptstadt Bern, die ihm 1860 zunächst eine außerordentliche Professur anbot. Lazarus nahm das Angebot an und hielt am 23. März 1860 seine Antrittsvorlesung "Über den Ursprung der Sitten". Seine akademische Lehrtätigkeit scheint allgemeine Anerkennung gefunden zu haben, denn 1862 wird er zum ordentlichen Professor für Völkerpsychologie - das erste Ordinariat für Psychologie überhaupt - berufen und bereits 1863 zum Rektor gewählt. Die Rektoratsrede hatte den Titel "Über die Ideen in der Geschichte" (zu Lazarus' Wirksamkeit in der Schweiz vgl. N. Lazarus, 1910, Heller, 1986 und 1987). Unter dem Einfluß der Schweizer Verhältnisse scheint er seine monarchistisch-deutschnationale Gesinnung zugunsten einer wohlwollenden Haltung gegenüber einer republikanischen Staatsform - zumindest zeitweilig - relativiert zu haben. Immerhin erkennt er an, daß sich in der Republik "von unten auf, rein aus den objektiv gegebenen Beziehungen eine geordnete Einheit des Gesamtlebens" ergibt (Lazarus, 1865, S. 13). Im übrigen sind Äußerungen dieser und ähnlicher Art kein hinreichend beweiskräftiges Argument, um Lazarus als "theoretischen Vertreter einer national-demokratischen Einigung" (Jaeger & Staeuble, 1978, S. 318) zu charakterisieren.

Im Dezember 1865 gab Lazarus "zu seinem Unglück" und "ohne triftigen Grund" (Stein, 1905) die Professur in Bern auf. Es kann vermutet werden, daß er auf eine Berufung an eine deutsche Universität hoffte. Tatsächlich bemühte sich der aus der Berner Zeit kollegial verbundene Altphilologe Otto Ribbeck (1827-1898) zweimal (1867 und 1871) um eine Berufung Lazarus' an die Universität Kiel. Jedoch scheiterten diese Versuche "am Widerstand der Theologen" (Stein, 1905). So sah sich Lazarus wiederum genötigt "zu privatisieren", vorwiegend in seinem Landhaus in Schönfeld bei Leipzig. Erst 1868 erhielt er den Auftrag, an der preußischen Kriegsakademie in Berlin das Lehrgebiet Philosophie zu vertreten. Dem Brief eines ehemaligen Offiziersschülers zufolge weckte er durch seine Lehrtätigkeit "Begeisterung für ideale Ziele" (N. Lazarus, 1906, S. 514f.). Mit dem Wechsel der Leitung der Kriegsakademie wurde das Lehrgebiet Philosophie gestrichen, und Lazarus war wiederum ohne feste Anstellung (1872). Auf Empfehlung des preußischen Kultusministers Adalbert Falk (Brief vom 18.2.1873) wurde er trotz Bedenken der Philosophischen Fakultät zum ordentlichen Honorarprofessor für Philosophie an der Berliner Universität berufen (Archiv HUB, Best. UK 323,5; 1459-1460). Die ordentliche Honorarprofessur lag statutsmäßig zwischen Extraordinariat und Ordinariat. Die 1877 seitens des Ministeriums in Erwägung gezogene Umwandlung der ordentlichen Honorarprofessur in das dritte philosophische Ordinariat, in dem die Pädagogik besondere Berücksichtigung finden sollte, wurde durch die Fakultät abgelehnt mit der Begründung, Lazarus habe sich auf dem Gebiet der Pädagogik wissenschaftlich nicht ausgewiesen und "seine wissenschaftlichen Arbeiten beschränken sich ... auf eine Auswahl großenteils populärwissenschaftlicher Abhandlungen aus dem Gebiet der Psychologie" (Archiv HUB, Best. UK 1460, Bl. 133). Obwohl die Fakultät mit dieser Beurteilung nicht ganz unrecht hatte, ist nicht auszuschließen, daß die ablehnende Haltung gegenüber Lazarus mit dem sich anbahnenden sog. "Antisemitismus-Streit" in Berlin im Zusammenhang steht. Bekanntlich nahmen bei der Suche nach einem "Sündenbock", dem die Schuld für die wenige Jahre nach der Reichsgründung einsetzende ökonomische Depression ("Gründerkrach" 1873) zugeschrieben werden konnte, antisemitische Kampagnen in der zweiten Hälfte der 70er Jahre ein beängstigend breites Ausmaß an (vgl. Boehlich, 1965; Pulzer, 1966; Rosenberg, 1967). Lazarus nahm mehrfach in Reden und Schriften ("Was heißt national?, 1880; "Unser Standpunkt", 1881) zu den antisemitischen Strömungen, insbesondere zu den Ausfällen des preußischen "Hofhistorikers" Heinrich von Treitschke (1834-1896) Stellung. Er trat keineswegs militant auf, sondern war den "liberalen Stimmen" (Belke, 1978) zuzurechnen, die auf Versöhnung bedacht waren. Statt die Antisemitismus-Kampagne als gezielte Ablenkung von innen- und wirtschaftspolitischen Schwierigkeiten im Reich zu demaskieren, versuchte er wortreich den Nachweis zu führen, daß die jüdischen Bevölkerungsteile als verdienstvolle und legitime Angehörige des deutschen Volkes zu betrachten seien, da sie ihr deutsches Nationalgefühl mehrfach unter Beweis gestellt und stets treue Pflichterfüllung gegen den Staat geübt hätten:

"Sieben Menschenalter hindurch hat sich ihr [= der jüdischen Vorfahren, G. E.] Wille bewährt, durch eine nie vermißte treue Pflichterfüllung gegen den Staat, durch eine gemeinsame Arbeit mit dem Volke, durch gemeinsames Schicksal. ... Im Felde haben wir mitgekämpft, in den Parlamenten mitberathen, derweil auch auf den communalen Rathsstühlen gesessen, in den Laboratorien mitgearbeitet, in den Krankenhäusern mitgeheilt und mitgepflegt, auf den Kathedern mitgelehrt. Aber auch an allen nationalen Werken des Friedens, an allen idealen Interessen des Volkes nahmen wir längst und je länger einen breiten und vollen Antheil. Was wir thun und was wir treiben, thun und treiben wir als Deutsche; und wenn wir, worauf man so gern hinweist, auf dem Weltmarkt Vermögen erwerben, so ist dieß eine Vermehrung des Nationalreichthums. Handel und Gewerbe, Handwerk und Fabrikation, Kunst und Wissenschaft erfüllen unser Leben, und was und wie wir arbeiten, jeder nach seinem Maße: wir mögen wollen oder nicht so arbeiten wir als Deutsche" (Lazarus, 1880, S. 27).

Erst in jüngster Zeit hätten die Juden ihr deutsches Nationalgefühl durch ihre Mitwirkung bei der Bildung des deutschen Nationalstaates (1870/71) unter Beweis gestellt:

"Daß an diesem letzten, höchsten Bildungsact des deutschen Volkes wir deutschen Juden in jedem Sinne und im vollen Maße bereits Theil nehmen durften, ist für uns ein stolzes Bewußtsein, eine unvergleichliche Befriedigung" (ebda). Unter Beibehaltung ihrer spezifischen Elemente seien die deutschen Juden

angehalten, "vollkommene, im höchsten Maße leistungsfähige Deutsche zu seyn" (a. a. O., S. 38).
Das Engagement für die Belange der Juden in Deutschland nahm auch nach dem sog. Antisemitismus-Streit breiten Raum in Lazarus' Tätigkeit ein. Neben den Verpflichtungen, die sich aus der ordentlichen Honorarprofessur ergaben, widmete er sich häufig öffentlichen Auftritten aus diversen Anlässen. Er hielt sich vorwiegend auf seinem Landsitz in Schönfeld bei Leipzig auf und nahm wesentlichen Einfluß auf das religiöse Leben der Leipziger jüdischen Gemeinde. Nachdem er sich ohnehin seit 1865 von der Mitarbeit an der "Zeitschrift für Völkerpsychologie und Sprachwissenschaft" de facto zurückgezogen hatte, richtete sich seine literarische Tätigkeit in erster Linie auf theologisch-ethische und religionsphilosophische Fragen des Judentums ("Der Prophet Jeremias", 1894; "Die Ethik des Judentums", Bd. 1, 1898, Bd. 2, 1911 [Nachlaß]; vgl. dazu Meyer, 1966, Rotenstreich, 1968).
Seine stets propagierte und praktizierte Staatstreue wurde schließlich doch anläßlich seines 70. Geburtstages (1894) mit der Verleihung des Titels "Königlich-preußischer Geheimer Regierungsrat" durch kaiserliches Dekret gewürdigt (Archiv HUB, Phil. Fak., 1462/159). Im gleichen Jahr starb seine erste Ehefrau Sara. 1895 heiratete er in zweiter Ehe die Schriftstellerin Nahida (Ruth) Remy (1849-1928), die nach seinem Tod mehrere biographische Publikationen über ihren Ehemann in hymnisch-verklärter Diktion verfaßte (N. Lazarus, 1910, 1913). Lazarus emeritierte 1897. Seinen Lebensabend verbrachte er in Meran, wo er am 13.4.1903 starb.

2.3.2.2 Hajim Steinthal

Der alphabetisch an zweiter Stelle zu nennende Mitbegründer der frühen Völkerpsychologie war Hajim (Chajim) oder Heymann oder Heinrich Steinthal. Er wurde am 16.5.1823 in Gröbzig geboren. Gröbzig war eine in Anhalt-Dessau gelegene

Kleinstadt mit einer relativ starken jüdischen Gemeinde. In seinen Jugenderinnerungen schrieb Steinthal später über die Lebensverhältnisse der jüdischen Einwohner:
"Das Verhältnis zwischen Juden und Christen war zwar - insoweit man einander bedurfte - ein ziemlich freundliches; aber alle offiziellen Schranken ... bestanden immer noch; nur, wenn ein Handwerk in der Stadt nicht vertreten war, konnte ein Jude als Böhnhase (Pfuscher) es betreiben.
... In keiner Stadt Anhalt-Dessaus konnten die jüdischen Kinder die christlichen Schulen besuchen, auch als Soldaten wurden sie nicht genommen, bis das Revolutionsjahr 1848 in allen diesen Punkten Änderung brachte" (zit. nach Belke, 1971, S. 371-376).
Der Vater, David Steinthal (1790-1832), war Kaufmann, "nicht reich, aber wohlhabend", und "betrieb einen kleinen Manufaktur-Weiß- und Wollwarenhandel" (Belke, 1971, S. LXXXII). Als er starb, war Hajim neun Jahre alt. Die Mutter, Henriette Steinthal geb. Heinemann, mußte das Geschäft aufgeben und lebte seither mit ihren drei Söhnen "in dürftigen Verhältnissen" (Holzman, 1908, S. 467). An der Vermittlung einer gediegenen jüdisch-talmudischen Bildung durch den Lehrer und den Kantor der Gemeinde ließ man es dennoch nicht fehlen. Im Gegensatz zu Lazarus, der erst im Alter von 20 Jahren eine Gymnasialbildung fern der Heimat erhielt, bezog Steinthal bereits als 13jähriger (1836) das Gymnasium im nahegelegenen Bernburg. 1842 legte der die Reifeprüfung ab. Ein Jahr später ließ er sich an der Universität zu Berlin immatrikulieren und widmete sich intensiv breiten philologischen und sprachphilosophischen Studien. Der akademische Lehrer, der den größten Einfluß auf ihn ausübte, war der hochangesehene August Boeckh, ein Altphilologe, der seit den Gründungsjahren ein Ordinariat an der Berliner Universität innehatte, eng mit Wilhelm von Humboldt (1767-1835) zusammenarbeitete und mehrfach als Dekan und Rektor fungierte. Im Geiste Humboldts hat Boeckh die Altertumsforschung wesentlich befruchtet, indem er auf der Grundlage sprachwissenschaftlicher Analysen globale Untersu-

chungen zu den materiellen und geistigen Lebensverhältnissen der Griechen anstellte. Sprache war also der Indikator zur Untersuchung des gesellschaftlichen Lebens. Boeckh dürfte auch der entscheidende Vermittler der enthusiastischen Verehrung des jungen Steinthal für Wilhelm von Humboldt gewesen sein.
In welcher Weise knüpft Steinthal an Humboldt an? Es sind im wesentlichen zwei Grundgedanken aus Humboldts postum veröffentlichter sprachtheoretischer Grundsatzschrift "Über die Verschiedenheit des menschlichen Sprachbaues und ihren Einfluß auf die geistige Entwicklung des Menschengeschlechts " (1836), die Steinthal aufgriff und weiterführte:
1. Sprache trägt Prozeßcharakter. Sie ist - so Humboldt - "kein fertiges ruhendes Ding", sondern "in jedem Augenblicke Werdendes, Entstehendes und Vergehendes"; sie ist kein Werk (ergon), sondern Wirksamkeit (energeia).
2. Sprache und Denken bilden eine wesensmäßige Einheit, die ihre spezifische Gestaltung durch die "innere Sprachform" erfährt. Dem Begriff der "inneren Sprachform" kommt insofern für die Vorbereitung des völkerpsychologischen Denkansatzes ein zentraler Stellenwert zu als er letztlich die differentielle Betrachtung von ethnologisch unterschiedlichen Wahrnehmungs-, Urteils-, Denkweisen usw. impliziert. Die "innere Sprachform" ist verschieden bei den Völkern, was z. B. darin zum Ausdruck kommt, daß die einzelnen Völker die Gegenstände von verschiedenen Seiten, mit verschiedenen Vorstellungen wahrnehmen. Humboldt meinte, daß die Verschiedenheit der Sprache "nicht eine von Schällen und Zeichen, sondern eine Verschiedenheit der Weltansichten selbst" sei (zit. nach Belke, 1971, S. CXI).

Es sei hier schon vorweggenommen, daß Steinthal später aus derartigen Überlegungen die Konsequenz ableitete, der Sprachwissenschaft die Psychologie als Basis zugrunde zu legen.
Das früheste Zeugnis der Begeisterung Steinthals für Humboldt ist die Inaugural-Dissertation mit dem Titel "De pronomine relativo-commentatio philosophico-philologica, cum excurso

de nominativi particula" (1847). Nach der Promotion setzte er seine Studien in Berlin fort; neben philologischen (afrikanische und chinesische Sprachen) waren es insbesondere sprachphilosophische. In mehrfacher Hinsicht bedeutsam für die weitere Entwicklung Steinthals erwiesen sich die von dem Extraordinarius Carl Wilhelm Ludwig Heyse ausgehenden Anregungen. Zum einen lernte er über Heyse den Studenten Moritz Lazarus kennen. Zum anderen führte ihn Heyse in das Studium der philosophischen Dialektik Hegels und der Vorstellungsmechanik der Psychologie Herbarts ein. Der Versuch, die neuartigen Anregungen mit dem Humboldtschen Gedankengut zu verbinden, führte zu der kleinen Abhandlung "Die Sprachwissenschaft Wilhelm von Humboldts und die Hegelsche Philosophie" (1848). Im übrigen scheinen die revolutionären Ereignisse des März 1848 an Steinthal vorbeigegangen zu sein. Nach der Habilitation 1849 begann er als Privatdozent für allgemeine Sprachwissenschaft mit akademischer Lehre und entfaltete eine produktive wissenschaftliche Publikationstätigkeit ("Die Classification der Sprachen dargestellt als die Entwicklung der Sprachidee", 1850; "Der Ursprung der Sprache im Zusammenhange mit den letzten Fragen alles Wissens", 1851 [2. Aufl. 1858a]; "Die Entwickelung der Schrift, nebst einem offenen Sendschreiben an Herrn Prof. Pott, 1852). 1852 erhält er für eine Abhandlung über vier Sudan-Sprachen den Volney-Preis des Institut de France, der ihm einen mehrjährigen Studienaufenthalt in Paris ermöglicht (Sommer 1852 bis Anfang 1856 nach zweiter Vergabe des Preises 1854). In Paris lernt er aus erster Hand den Positivismus Auguste Comtes (1798-1857) kennen. Obwohl er selbst sich brieflich gegenüber seinem Freund Moritz Lazarus recht zurückhaltend zu Comtes Lehren äußerte (Brief vom 12.9.1852, s. Belke, 1971, S. 265-268), kann "eine nicht unbeträchtliche Wirkung des Positivismus auf Steinthal" (Belke, 1983, S. XXI) durchaus angenommen werden. Belke begründet ihre Einschätzung mit dem Hinweis darauf, daß Steinthal als Philologe "auch Empiriker sein" mußte (a. .a. O.).

Der sprachtheoretische Hauptertrag seines Pariser Aufenthaltes ist die Monographie "Grammatik, Logik und Psychologie, ihre Principien und ihr Verhältniß zu einander" (1855). In dieser Schrift versuchte er nachzuweisen, daß der Gegenstand der Sprachwissenschaft "ganz und gar psychologischer Natur sey und wie darum alle Sprachtheorie von der Psychologie aus Licht empfangen müsse, nicht aber von der Logik" (Steinthal, 1858 b, S. 69f.). In Darstellungen zur Geschichte der Sprachwissenschaft wird die Schrift Steinthals als Dokument einer konzeptionellen Wende bewertet, nämlich des neuartigen Trends, "innerhalb der Sprachwissenschaft den Herrschaftsanspruch der Logik zu beseitigen und diesen Herrschaftsanspruch an die Psychologie zu übergeben" (Helbig, 1986, S. 21, vgl. auch Kainz, 1967, S. 12ff., 1965, S. 97ff.). Neben der Charakterisierung dieses Werkes als Prototyp einer Abkehr vom Logizismus zugunsten einer Hinwendung zum Psychologismus ist aus sprachtheoretischer Perspektive hervorzuheben, daß Steinthal in dieser Abhandlung jene Unterscheidung zwischen Sprechen, Sprachfähigkeit und Sprachmaterial einführte, von der später Ferdinand de Saussure die bekannte Trias von langage, language und parole ableitete (Bumann, 1965).

Bereits vor seinem Pariser Aufenthalt schlug Steinthal - in Kenntnis des programmatischen Aufsatzes von Lazarus aus dem Jahre 1851 - vor, eine Zeitschrift für "psychische Ethnologie ... mit besonderer Berücksichtigung der Sprachen" zu gründen. In einem Brief an Moritz Lazarus vom 7.4.1852 schreibt er, welche Überlegungen er im Ergebnis der Lektüre des Briefwechsels zwischen Goethe und Schiller angestellt hat:
"Ich habe heute morgen noch einen Gedanken gefaßt. Wir müssen noch viel zusammen arbeiten. Ich habe Ihnen wohl schon mitgeteilt, daß mich Mahn längst zur Herausgabe einer sprachwissenschaftlichen Zeitschrift angetrieben hat. Wie wärs, wenn wir eine Zeitschrift für psychische Ethnologie gründeten? Um die Sprachforscher anzulocken, die doch einen bedeutenden Leserkreis bilden würden, könnten wir einen Zusatz auf dem

Hajim Steinthal (1823-1899). Nach einer Radierung von Hermann Struck

Titel machen, etwa: mit besonderer Berücksichtigung der Sprachen ... Was meinen Sie? Ich werde, so bald ich kann, vielleicht in Halle, zunächst zur Verständigung unter uns, ein Programm ausarbeiten" (zit. nach Belke, 1971, S. 255f.).

Er selbst müsse zwar noch seinen Studienaufenthalt in Paris absolvieren, und seinem Freund Lazarus empfiehlt er, "vorher noch erst einen Grundriß der Psychologie oder sonst etwas, was Ihre [= Lazarus'; G. E.] Grundsätze enthält", zu veröffentlichen (ebda.). Nach der Rückkehr aus Paris nehmen die Pläne zum Ausbau der Völkerpsychologie und eines Publikationsorgans für diese konkretere Formen an. Für das Wintersemester 1856/57 kündigt er die Vorlesung "Über den Zusammenhang zwischen Sprache und Nationalgeist, nebst systematischer Übersicht der bekanntesten Sprachen der Erde und Darlegung der Prinzipien der Völkerpsychologie" an (Belke, 1971, S. CXIV).

In der Vorrede und am Schluß der 2. Auflage seiner Abhandlung "Der Ursprung der Sprache ..." (1858a) fordert er Sprachwissenschaftler und Psychologen gleichermaßen zur Mitarbeit an einer einschlägigen Fachzeitschrift auf:

"Ich fordere die Sprachforscher und Psychologen auf, gemeinsam Hand anzulegen an den Aufbau einer psychischen Ethnologie oder Völkerpsychologie, und biete ihnen als Organ für diese Bestrebungen eine 'Zeitschrift für Sprachwissenschaft und Völkerpsychologie', welche, wie ich hoffe, noch in diesem Jahr unter meiner und meines Freundes Lazarus Redaction erscheinen wird" (Steinthal, 1858a, S. 142).

Die Reihenfolge Sprachwissenschaft - Psychologie dürfte mit Bedacht gewählt worden sein und den Intentionen der in der Traditionslinie Humboldts stehenden Sprachforscher entsprochen haben. "Durch den Buchstaben zum Geist" lautete die von August Friedrich Pott (1802-1887) verkündete Parole (vgl. Helbig, 1986).

Steinthal geht es um die "Kritik und Fortführung der Humboldtschen Ansicht", und zwar Fortführung im Sinne von Hinführung zur Psychologie:

"Wir meinen vielmehr, daß man allen Antinomien Humboldts dadurch zu entgehen habe, daß man den metaphysischen Boden überhaupt, auf welchem Humboldts Dialektik die Antinomien findet, gänzlich verläßt und die Frage auf das Gebiet der Psychologie hinüberspielt" (Steinthal, 1858a, S. 113f.).
Humboldt habe das Verhältnis von Geist und Sprache zwar als Problem aufgeworfen, aber die Beziehung dieses Problems zur Psychologie verbleibe bei ihm auf der Ebene von Andeutungen. "Er [= Humboldt; G. E.] hat die Sprache ... eine 'Energeia' genannt, eine 'Arbeit des Geistes'; daraus lernen wir, daß ihre Betrachtung in die Psychologie gehört" (a. a. O., S. 119).

Beispielsweise gehöre die Frage nach dem Ursprung der Sprache in das Gebiet der Psychologie. Die Zuweisung des Problems "Ursprung der Sprache" an die Psychologie wird damit begründet, daß letztere (im Gegensatz zur Logik) g e n e - t i s c h vorgehe, d. h. die Frage der "Entstehung des Geistes aus der Natur" aufwerfe: "Die Frage von dem Ursprung der Sprache erhält also jetzt die Geltung der psychologischen Aufgabe, die Entstehung des Geistes aus der Natur darzulegen" (a. a. O., S. 121).

Die Folgerungskette Steinthals läßt sich etwa folgendermaßen beschreiben: Sprache kann nur in ihrer Entwicklung erfaßt werden, folglich muß sie sich auf die Psychologie stützen. Der Humboldtsche Begriff der "inneren Sprachform", dem dieses Moment der Entwicklung eigen ist, wird demzufolge als ein psychologischer Begriff gedeutet. "Der Humboldtsche Begriff wird nicht nur erläutert, sondern ... zugleich psychologisiert und auf das menschliche Seelenleben zurückgeführt" (Helbig, 1986, S. 21).
Die genetische Ausrichtung sprachwissenschaftlicher Untersuchungen ist bei Steinthal eine generelle. Sie bezieht sich nicht nur - was naheliegt - auf die Frage nach der Entstehung der Sprache, sondern z. B. auch auf solche Themen wie die Klassifikation der gesamten Sprachenvielfalt. In der "Klassifikation

der Sprachen" stellt sich Steinthal etwa die Aufgabe, "den in den verschiedenen Sprachen sich kund gebenden F o r t - s c h r i t t , in welchem die Völker die Sprachidee verwirklicht haben, darzulegen" (Steinthal, 1860, S. 105). Die verschiedenen Sprachen der Völker seien "S t u f e n oder Fußstapfen der Sprachidee der Menschheit" (ebda.). "So wird sich also in der Eintheilung der Sprachen im Ganzen und Großen eine S t u - f e n l e i t e r ergeben" (a. .a. O., S. 106; Hervorhebungen: G. E.).

Die Deklarierung der Psychologie als Ausgangsbasis der Sprachwissenschaft ergibt sich somit aus der Prämisse, daß Sprache nur als ein aus seiner Entwicklung begreifbares Phänomen untersucht werden kann. Unter diesen Umständen erhebt sich natürlich die Frage, a) welche Art von Psychologie die Basiswissenschaft für die Untersuchung der Sprache bilden sollte und b) ob diese Psychologie geeignet war, der Untersuchung von Sprache als genetisch zu erfassendem Phänomen dienlich zu sein. Die erste Teilfrage ist leicht zu beantworten: "Soll ... der psychologische Prozeß [der Sprachentstehung und des Sprachgebrauchs, G. E.] in seiner Lebendigkeit erkannt werden, so müssen wir uns an die Herbartsche Psychologie wenden, und zwar an die Lehre von der Apperception. Denn das allerdings ist Sprechen nach der Seite der inneren Form: einen sinnlichen Eindruck, eine Wahrnehmung, Anschauung appercipiren" (Steinthal, 1858a, S. 132). Bereits Lazarus hat im 2. Band seines Werkes "Das Leben der Seele" (1857) das Psychologie-System Herbarts als Leitfaden für die Behandlung der Sprache verwendet. Steinthal nennt in einer ausführlichen Besprechung der Lazarusschen Arbeit drei psychologische Kategorien Herbarts, die bei der Behandlung der Sprache in Betracht zu ziehen sind: "Apperception, Vorstellung, Verdichtung des Denkens".

"Mit der Ergründung dieser drei geistigen Processe wird auch die volle Einsicht in das Wesen der Sprache eröffnet" (Steinthal, 1858b, S. 70). Es müßte freilich geprüft werden - und damit kommen wir zur zweiten Teilfrage -, ob die Herbart-

sche Psychologie die am besten geeignet war, um dem Bedürfnis der Sprachwissenschaftler nach einer weiterführenden g e n e t i s c h e n Behandlung ihres Gegenstandes gerecht zu werden. Anders gefragt: War Herbarts Konzeption der ihr zugewiesenen Aufgabe, Sprache psychologisch aus ihrer Entwicklung zu begreifen, gewachsen? Bekanntlich war Herbarts "Philosophie-Psychologie" als "Statik und Mechanik der Vorstellungen" konzipiert. Verwendet man für die Bewertung der Herbartschen Psychologie-Konzeption das bipolare Kategorienpaar "staticism vs. developmentism" (nach R. I. Watson, 1977, S. 98f), so wird man zweifelsohne die Zuordnung zum Pol "staticism" vornehmen. Wir vermuten, daß die unzureichende Ausprägung der "developmentism" - Komponente bei Herbart mit dazu beitrug, Hegelsches Gedankengut in die Konzeption der Völkerpsychologie aufzunehmen, denn die dialektische Methode Hegels war natürlich par excellence dazu prädestiniert, Erscheinungen des gesellschaftlichen Lebens aus ihrer Entwicklung zu begreifen. Das in der Sekundärliteratur gelegentlich mit Verwunderung oder gar Unverständnis aufgenommene Bestreben Lazarus' und Steinthals, zwei so divergente "Schulen" wie die Statik und Mechanik Herbarts und die Dialektik Hegels in der Völkerpsychologie miteinander zu konfundieren, erweist sich letztlich als ein naheliegender, sich mehr oder weniger zwangsläufig ergebender Synthetisierungsversuch. Genau so sicher wie die auf "Erfahrung, Metaphysik und Mathematik" gegründete Psychologie Herbarts für Lazarus und Steinthal als die beste und entwickeltste aller zu jener Zeit möglichen galt, genau so direkt führte die Notwendigkeit, psychologische Gegenstände - Sprache wurde als ein solcher angesehen - dem Aspekt der Entwicklung oder "historischen Gewordenheit" zu erschließen, geraden Weges zu Hegel.
Das Bemühen, Herbart und Hegel in der Völkerpsychologie "unter einen Hut zu bekommen", bereitete zumindest dem Sprachwissenschaftler Steinthal zeitweise gewisse Schwierigkeiten. In der bereits erwähnten Rezension von Lazarus' "Leben der Seele" werden sie andeutungsweise sichtbar: Steinthal ver-

tritt die Auffassung, daß "das Verstehen der Keim des Sprechens" sei (Steinthal, 1858b, S. 209). Dies impliziert insofern eine indirekte Kritik an Herbart (und dem ihm unkritisch folgenden Lazarus), als das Bewußtsein als etwas Aktives, Tätiges betrachtet wird, mithin also nicht als ein passiv-mechanisches Gebilde von einfachen Elementen (vgl. dazu die differenzierten Analysen von Woodward, 1982, S. 5f).

In diesem Sinne spricht Steinthal dann später etwa auch vom "sprach s c h a f f e n d e n Geist" oder vom "Volksbewußtsein, insofern es sprach e r z e u g e n d ist" (Steinthal, 1860, S. 316; Hervorhebungen: G. E.).

Sprache wird zum Volksgeist in Beziehung gesetzt und umgekehrt. Die Brücke zwischen Sprachwissenschaft und Völkerpsychologie als Volksgeistlehre war damit vorgezeichnet. Neben dem Kriterium der Geschichtlichkeit war es noch eine weitere wichtige Voraussetzung, die für den Bau dieser Brücke von Belang war: die Einsicht, daß Sprache an Beziehungen zwischen Individuen gebunden ist und nicht aus dem isoliert betrachteten individuellen Bewußtsein erklärt werden kann. Die dem Phänomen Sprache wesenseigene historische und soziale Komponente bilden somit einen untrennbaren Gesamtzusammenhang. In einer seltsam anmutenden Herbart-Hegelschen Terminologie-Mixtur wird die für Steinthal wesentliche Beziehung zwischen Sprachwissenschaft und Völkerpsychologie beschrieben: "So ist denn die Sprache auch in dem Sinne Apperceptionsmittel, daß durch sie nicht bloß in einem individuellen Bewußtseyn größere, mächtigere Vorstellungsmassen schwächere appercipiren, sondern daß Personen einander appercipiren und einen gemeinsamen einheitlichen Geist bilden. Dies ist der Punct, wo die Sprachwissenschaft auf die Völkerpsychologie verweist" (Steinthal, 1858b, S. 95).

Wir sind damit chronologisch und inhaltlich an dem Punkt angelangt, an dem Lazarus und Steinthal die "Zeitschrift für Völkerpsychologie und Sprachwissenschaft" herauszugeben beginnen. Im programmatischen Einleitungsartikel dieser Zeitschrift wird das bisher zum Verhältnis von Sprache und Volks-

geist Gesagte noch einmal formuliert: Die Sprache ist "der vollkommenste Ausdruck des Volksgeistes" (I, S. 40; i.d.B. S. 168). Die gemeinsame Erarbeitung der "Einleitenden Gedanken" erfolgte Ende 1858/Anfang 1859.
Die weiteren Stationen im Leben und Werk H. Steinthals sollen im Kontext unserer Problemstellung nur kurz skizziert werden. Nachdem eine zeitlich noch vor der Zeitschriftengründung liegende Bewerbung Steinthals um ein Extraordinariat in Berlin erfolglos blieb (1857, s. UA der HUB, Best. Phil. Fak., 1433), mußte er immerhin noch fünf Jahre lang warten, bis er endlich 1862 zum außerordentlichen Professor berufen wurde. Ein Jahr vor der Berufung (1861) heiratete er Jeanette Lazarus, die Schwester seines Freundes und Kollegen Moritz Lazarus. Steinthal trug die Hauptlast der redaktionellen und organisatorischen Arbeiten, die mit der Herausgabe der Zeitschrift verbunden waren. Den weitaus größten Teil seiner wissenschaftlichen Tätigkeit widmete er nach wie vor philologischen und sprachphilosophischen Gegenständen.
In den 60er und Anfang der 70er Jahre erschienen zu diesen Themen unter anderem "Geschichte der Sprachwissenschaft bei den Griechen und Römern, mit besonderer Rücksicht auf die Logik" (1863, 2. Aufl. 1890/91), "Philologie, Geschichte und Psychologie in ihren gegenseitigen Beziehungen" (1864), "Die Mande-Neger-Sprachen, psychologisch und phonetisch betrachtet" (1867), "Abriß der Sprachwissenschaft, Band 1: Die Sprache im Allgemeinen" (1871). Hinzu kommen überarbeitete Neuauflagen früherer sprachwissenschaftlicher Werke. Neben seiner Lehrtätigkeit an der Berliner Universität übernahm er 1872 an der neueröffneten Hochschule für die Wissenschaft des Judentums einen Lehrstuhl für Bibelwissenschaften und Religionsphilosophie. Die Verpflichtungen an dieser Hochschule veranlaßten ihn, sich neben der sprachwissenschaftlichen Arbeit auch religionsphilosophischen, religionsgeschichtlichen, ethischen und jüdisch-theologischen Themen zuzuwenden: "Allgemeine Ethik" (1885), "Haman Bileam und der jüdische Nabi" (1885), "Zu Bibel und Religionsphilosophie" (1890),

"Neue Folge" (1895). Sogar zu Fragen einer pädagogischen Didaktik hat er sich im Zusammenhang mit seiner Lehrtätigkeit an der o. g. Hochschule geäußert ("Zur psychologischen Grundlage der Unterrichtslehre", 14. Bericht über die Lehranstalt für die Wissenschaft des Judentums in Berlin, 1896). Eine Aufgabe, der sich Steinthal zeitlebens verpflichtet fühlte, war die Würdigung und Weiterführung des Werkes von Wilhelm von Humboldt. Beginnend mit der Inauguraldissertation von 1847, kommt diese Verpflichtung in allen seinen sprachwissenschaftlichen Hauptwerken zum Ausdruck. 1867 hielt er die "Gedächtnisrede auf Wilhelm von Humboldt an seinem hundertjährigen Geburtstage", 1883 die Rede "Über Wilhelm von Humboldt bei Gelegenheit der Enthüllung der Humboldt-Denkmäler". 1884 gab er "Die sprachphilosophischen Werke Wilhelm von Humboldts" heraus. Steinthal, "ein Mann der stillen Studierstube" (H. Sprung, 1992, S. 85), starb nach längerer Krankheit am 14.3.1899 in Berlin.

2.3.3 Problemgeschichtliche Quellen

Eine einigermaßen systematische Rekonstruktion der problemgeschichtlichen Quellen der frühen Völkerpsychologie müßte Dimensionen annehmen, die den Rahmen dieses Einleitungsbeitrages bei weitem überschreiten würden. Zudem müßten zur Aufhellung des damaligen zeitgeschichtlichen Kontextes parallel laufende Ansätze, die inhaltlich dem völkerpsychologischen Problemkreis nahestehen, erörtert werden, etwa Theodor Waitz' (1821-1864) "Anthropologie der Naturvölker" (1859 ff.) oder Adolf Bastians (1826-1905) völkerkundliche Forschungen und seine Lehre vom gesamtmenschheitlichen "Elementargedanken". Angesichts dieses "weiten Feldes" beschränken wir uns auf einen - allerdings zentralen - Aspekt, nämlich das Selbstverständnis der Völkerpsychologie als Volksgeistlehre, und konzentrieren uns in diesem Sinne vor allem auf eine begriffsgeschichtliche Analyse von "Volksgeist" (vgl. dazu Eck-

ardt, 1971, S. 84-102). Freilich scheinen wir auch hier vor dem Dilemma des Unüberschaubaren zu stehen, denn bereits Rothacker wies darauf hin, daß der Volksgeistbegriff "in die verschiedensten Wissenschaften: Philosophie, Jurisprudenz, Philologie, Geschichte, Politik" eindrang und "den allerverschiedensten Individualitäten geläufig" wurde und weiß einen umfangreichen Katalog von Wissensgebieten, Richtungen und Schulen aufzuzählen, die sich dieses Begriffs bedienen:
"rein staats- und gesellschaftswissenschaftliche, deutschrechtliche, und römischrechtliche, ja naturrechtliche, ethische und religionssoziologische, schlicht patriotische, staatsbewußte, 'volkstümliche', sprachwissenschaftliche, anthropologische, klassisch-philologische, 'historische', geschichtstheoretische, 'organische', nationalistisch-kulturphilosophische und publizistisch-liberal-politische (Zeitgeist, öffentliche Meinung bis zur 'kochenden Volksseele') ... Konzeptionen, [die] teils nebeneinander lagen, teils sich mischten, teils bekämpften" (Rothacker, 1930, S. 80f.).
Leider ließ es Rothacker selbst dabei bewenden, die facettenreiche Ausbreitung des Volksgeistbegriffs als "ein ganz großartiges geistesgeschichtliches Phänomen" (a. a. O.) zu bewundern. Eine gewisse analytische Aufhellung ist wenigstens in groben Zügen zu geben.
Im 17. Jahrhundert wurde durchaus noch nicht der Begriff Volks g e i s t gebraucht, um interethnische Unterschiede zu bezeichnen, sondern man sprach einfach von der Natur der Völker (natura populorum, Bezold 1619) oder von der Gegensätzlichkeit ihrer Gemütsarten ("la contrariété d' humeurs qui se trouve entre certaines nations" bei F. de la Mothe le Vayer 1636, vgl. dazu Schüling, 1964). In der 1. Hälfte des 18. Jahrhunderts wird vorwiegend im romanischen Sprachbereich die Frage reflektiert, wie und wodurch die Einheit, die die einzelnen als Volk bilden, zustande komme.
Giambattista Vico (1668-1744), von einigen Autoren (Klemm, 1906; Pongratz, 1984, S. 12) bereits als Vorläufer der Völkerpsychologie tituliert, äußert in seinen "Principi di una

Scienza Nuova d' intorno alla commune natura delle nazioni" (1725) den Gedanken, daß der Geist bzw. der Charakter der Völker, dessen Einheit in Sprache, Kunst und Mythus zum Ausdruck komme, als wesentliche Triebkraft geschichtlichen Geschehens anzusehen sei. Schärfere Konturen nimmt dieser Gedanke dann in dem berühmten Werk des Charles de Montesquieu (1689-1755) "De l'esprit des lois" ("Vom Geist der Gesetze", 1748), an. Die schärferen Konturen manifestieren sich in einer ausgeprägteren Begrifflichkeit: Montesquieu spricht vom esprit général bzw. konkreter vom esprit général d' une nation oder ... de la nation. Hervorzuheben ist das 19. Buch seines Werkes, das den Titel trägt: "Des lois dans le rapport qu'elles ont avec les principes qui forment l'esprit général, les moeurs et les manières d'une nation" ("Von den Gesetzen in ihrer Beziehung zu den Prinzipien, die den allgemeinen Geist, die Sitten und Gebräuche einer Nation bilden"). "Physische" und "geistige" Faktoren konstituieren den esprit général. Bemerkenswert ist, daß unter den Konstituenten des esprit général zwischen Gesetzen auf der einen Seite, Sitten und Gebräuchen auf der anderen unterschieden wird. Die Unterscheidung ist grundsätzlicher Art: "Les lois sont établies, les moeurs sont inspirées; celles-ci tiennent plus à l'esprit général, celles-là tiennent plus à une institution particulière" (Buch 19, 12).
["Die Gesetze werden festgelegt, die Sitten sind inspiriert; diese hängen vorwiegend mit dem esprit général, jene mit einer gesonderten Institution zusammen."]
"Nous avons dit que les lois étaient des institutions particulières et précises du législateur, les moeurs et les manières des institutions de la nation en général" (Buch 19, 14).
["Wir haben gesagt, die Gesetze beruhen auf gesonderten, vom Gesetzeber bestimmten Institutionen, die Sitten und Gesetze (aber) sind Institutionen der Nation als Ganzes".]
Die Polarisierung zwischen "inspiriert durch den esprit général" und "festgelegt durch Institutionen" hatte natürlich im feudalabsolutistischen Frankreich des 18. Jahrhunderts eminent

gesellschaftskritische Relevanz. Der Zusammenhang zwischen Sitte und esprit général ist kein einliniger, sondern wird als dialektisches Wechselwirkungsverhältnis beschrieben. Einerseits sind die Sitten einer der Faktoren, die den esprit général bedingen (Buch 19, 4), andererseits entspringen aus dem esprit général die Sitten (Buch 19, 12).
Im Rahmen unserer begriffsgeschichtlichen Erörterung kann dem " esprit général (d' une nation)" die Funktion eines Vorläufers des Volksgeistbegriffs zuerkannt werden: Esprit général bezeichnet die Gesamtheit der Merkmale, die ein Volk als solches und somit als je spezifische Gesamtheit kennzeichnen. Eine metaphysische Überhöhung des Begriffs findet sich an keiner Stelle. Das ethnologisch-differentielle Moment spielt die tragende Rolle.

Montesquieus Wirkungen gingen weit über die Grenzen Frankreichs hinaus. Bereits 1753 lag eine deutsche Übersetzung seines Hauptwerkes vor. Insbesondere die deutsche Aufklärung stand unter seinem Einfluß. F.C. von Moser, der Montesquieu tief verehrte, verfaßte 1765 eine Abhandlung unter dem Titel "Vom deutschen Nationalgeist". Johann Jacob Bülau ließ 1766 eine Erwiderung folgen: "Noch etwas zum deutschen Nationalgeiste". Bei beiden Autoren wird der Begriff "Nationalgeist" mit politischen Vorstellungen verbunden. Bülau definiert "Nationalgeist" als "die besondere Eigenschaft, oder der Inbegriff, complexus, aller der besonderen Eigenschaften, wodurch ein Volk sich von den anderen unterscheidet" (zit. nach Tilgner, 1966, S. 18).

Die Anknüpfung an Montesquieu ist ebenso unübersehbar wie bei jenem Gelehrten, der die Aufklärung mit der Klassik verband: Johann Gottfried Herder (1744-1803). Eine Vielzahl von Wortbildungen Herders weist die Anlehnung an Montesquieus esprit général auf: Allgemeingeist, Geist der Nation, Geist eines Volkes, Nationalgeist, Denkart des Volkes, Genius eines Volkes, Nationalgenie (vgl. Moser, 1956/57, S. 12f.). Auch

hinsichtlich der den "Charakter des Volkes" konstituierenden Faktoren werden die Parallelen zu Montesquieu sichtbar:
"Wie eine Quelle von dem Boden, auf dem sie sich sammelte, Bestandteile, Wirkungskräfte und Geschmack annimmt, so entsprang der alte Charakter der Völker aus Geschlechtszügen, der Himmelsgegend, der Lebensart und Erziehung, aus den frühen Geschäften und Taten, die diesem Volke eigen wurden" (Herder, 1965, Bd. II, S. 88f.).

Die Bemerkungen über das Alter sind mit zwei Implikationen verbunden: 1. Als von alters her gegeben ist der Nationalcharakter Produkt göttlicher Schöpfung. 2. Der Nationalcharakter unterliegt einer Entwicklung und übt seinerseits bestimmenden Einfluß auf den Verlauf der Geschichte aus.
Die Möglichkeit, beide Aussagen zu machen, ohne in unüberbrückbare Widersprüche zu geraten, ergibt sich nur auf der Grundlage einer deistischen Weltauffassung. Einerseits wird der "Charakter der Völker" für "u n e r k l ä r l i c h" gehalten, gilt als "wunderbare, seltsame Sache", in der sich das "Gesetz des Schöpfers" bekundet (a. a. O., S. 42), andererseits aber werden reale Faktoren benannt, die den Charakter der Völker bestimmen und ihn demzufolge durchaus e r k l ä r l i c h machen müßten - "Geschlechtszüge", "Himmelsgegend", "Lebensart", "Erziehung" werden genannt. Zufolge Herders Deismus ist der Nationalgeist bzw. Nationalcharakter also göttliches Schöpfungsprodukt und selbsttätige Determinante geschichtlicher Entwicklung zugleich.
Im Kontext dieser geschichtsphilosophischen Ausrichtung der Begriffe Nationalgeist, Nationalcharakter usw. liegt die Zuordnung zu den Begriffen Raum (bzw. Ort) und Zeit nahe. Die Trias von Ort, Zeit und Nationalcharakter spielt in den "Ideen zur Philosophie der Geschichte der Menschheit" (1784/91) eine wichtige Rolle:
"Endlich kommt es bei allen irdischen und menschlichen Dingen auf Ort und Zeit sowie bei den verschiedenen Nationen auf ihren Charakter an, ohne welchen sie nichts vermögen"

(Herder, 1965, Bd. II, S. 42). "Was ist das Hauptgesetz, das wir bei allen großen Erscheinungen der Geschichte bemerken? Mich dünkt dieses: daß allenthalben auf unserer Erde werde, was auf ihr werden kann, teils nach Lage und Bedürfnis des Orts, teils nach den Umständen und Gelegenheiten der Zeit, teils nach dem angeborenen oder sich erzeugenden Charakter der Völker" (a. a. O., S. 88).
"Nur Zeiten, nur Örter und Nationalcharaktere, kurz das ganze Zusammenwirken lebendiger Kräfte in ihrer bestimmtesten Individualität entscheidet, wie über alle Erzeugungen der Natur, so über alle Ereignisse im Menschenbereiche. Lasset uns dieses herrschende Gesetz der Schöpfung in das Licht stellen, das ihm gebührt" (ebda.).
Die Einbindung in eine deistische Geschichtsphilosophie hat zur Folge, daß der Begriff "Nationalcharakter" mit metaphysischen Elementen angereichert wird. Als von außen (Gott) verursachter Gegebenheit kommt ihm das Moment des Übernatürlichen, "Überempirischen" (Moser) zu. Mit diesen metaphysischen "Beimengungen" werden die Voraussetzungen geschaffen, auf denen sich später deutlicher artikulierte Vorstellungen von einem Volksgeist als einer überindividuellen geistigen Substanz aufbauen konnten. Derartige Tendenzen werden dann vor allem in der Romantik sichtbar, die bekanntlich durch Herder wesentliche Impulse erhielt. Solche die gefühlsmäßig - verinnerlichenden Komponenten hervorhebenden Ausdrücke wie "Nationalgeheimnis" oder "Seele des Volkes" finden wir gelegentlich bereits bei Herder und werden dann von der Romantik ins Zentrum gerückt. E.M. Arndt gebrauchte erstmalig 1806 den Begriff "Volksseele". Überhaupt verwenden die Romantiker gern den Begriff "Seele" als Äquivalent für das menschliche Individuum schlechthin, wobei dem Moment der Innerlichkeit besonderer Nachdruck verliehen wird. Ebenso charakteristisch für die Romantik ist die Vorstellung vom Volk bzw. von der Nation als Organismus, Individuum oder Individualität. Beispielsweise stammt aus einer Vorlesung F. Schlegels im Jahre 1804 der folgende Satz: "Der Begriff Nation be-

zeichnet, daß alle Mitglieder gleichsam nur ein Individuum bilden sollen" (zit. nach Tilgner, 1966, S. 43). Mit den Organismus-Vorstellungen von Volk korrespondiert eine mystifizierend-verschwommene Personifizierung des Volksgeistes oder der Volksseele. Im übrigen finden wir auch in der Romantik die enge Verknüpfung des Volksgeistbegriffs mit politischen Aspirationen, die einerseits auf die Forderung nach nationaler Einheit gerichtet sind ("deutscher Volksgeist"), andererseits aber auch auf die restaurative Legitimation des herrschenden Regenten als eines begnadeten Trägers oder als Verkörperung des Volksgeistes hinauslaufen (letzteres z. B. bei Novalis).

Eine ganz und gar durch den Geist der Romantik bestimmte rechtsphilosophische Richtung, in der der Volksgeistbegriff zu einer zentralen Kategorie avanciert, breitet sich am Anfang des 19. Jahrhunderts - nicht zuletzt im Gefolge der Befreiungskriege und der auf diese folgenden Restaurationsperiode - aus: die historische Rechtsschule.

Friedrich Karl von Savigny (1779-1861) gab eine erste programmatische Darstellung seiner Rechtsauffassung in der Schrift "Vom Beruf unserer Zeit für Gesetzgebung und Rechtswissenschaft" (1814). Er vertrat die Meinung, das Recht sei "nicht wie ein Kleid, das willkürlich gemacht worden ist und ebenso willkürlich abgelegt und gegen ein anderes vertauscht werden kann", sondern etwas organisch Gewordenes. Es habe seinen eigentlichen Sitz in dem "gemeinsamen Bewußtsein der Volkseigentümlichkeit" verloren; Savigny plädiert deshalb für ein Gewohnheitsrecht, denn alles Recht wird "erst durch Sitte und Volksglaube, dann durch Jurisprudenz erzeugt ..., überall also durch innere, stillwirkende Kräfte, nicht durch die Willkür eines Gesetzgebers (zit. nach Kantorowicz, 1912).

In einer zweiten Programmschrift, dem einleitenden Aufsatz zum Band 1 der "Zeitschrift für geschichtliche Rechtswissenschaft" (1815) äußert er, das Recht werde "hervorgebracht von der höheren Natur des Volkes als eines stets werdenden, sich entwickelnden Ganzen" (zit. nach Kantorowicz, 1912, S. 313).

Nachdem der Mitbegründer der historischen Rechtsschule, Georg Friedrich Puchta (1798-1846) bereits 1828 ("Gewohnheitsrecht", Band 1) den Begriff "Volksgeist" in rechtsphilosophischen Zusammenhängen verwendete, greift ihn dann 1840 Savigny als Bezeichnung für die Quelle alles Rechts auf: "Vielmehr ist es der in allen Einzelnen gemeinschaftlich lebende und wirkende Volksgeist, der das positive Recht erzeugt" (zit. nach Kantorowicz, S. 319).

Die potentiell demokratieförderliche Gründung des Rechts auf den Volksgeist (Volksgeist als Antithese zu despotischer Willkür) wird in der Interpretation Savignys jedoch mit restaurativantidemokratischen Folgerungen verknüpft: Dem Volksgeist in Form "innerer stillwirkender Kräfte" ist die Tendenz des Beharrens, des Festhaltens am Althergebrachten eigen, und diese Tendenz impliziert Skepsis gegenüber dem kodifizierten Recht (Napoleons code civil!) und gegenüber bürgerlich-demokratischen Reformbestrebungen jener Zeit.

Beim Versuch, die historische Rechtsschule hinsichtlich des Gebrauchs des Volksgeistbegriffs in Entwicklungslinien einzuordnen, ist festzustellen, daß der von Herder eingeleitete Trend zur Hypostasierung forciert wird. Zeitgenossen Savignys setzen genau an diesem Punkt ihre Kritik an. Als Beispiel sei auf die Stellungnahme des Juristen Reinhold Schmid verwiesen:

"Das Charakteristische in der Anschauungsweise der historischen Schule möchte nämlich wohl darin zu suchen sein, daß sie sich von der subjektiven Begründung der Rechtsideen gänzlich lossagte und den Begriff eines objektiven Willens, eines sittlichen Organismus, annahm, indem sie den Volksgeist personificirte und so den Grund des Ethos und der geschichtlichen Bewegung außer dem Menschen und seinem Denken suchte" (Schmid, 1848, S. 173f.).

An anderer Stelle kritisiert Schmid "die Übertragung der Bedeutung einer Wesenheit auf ein bloßes Begriffsding, die wir mit dem Namen einer Hypostasis bezeichnen ... Die Art, wie er [Savigny, G. E.] seine Gedanken durchführt und wie er seine

Theorie von der Entstehung des positiven Rechts construirt, beruht wesentlich darauf, daß er den Volksgeist wie ein lebendiges Wesen betrachtet ..." (a. a. O., S. 224). Noch dazu werde diesem Wesen "Volksgeist" ein apriorischer Charakter zugeschrieben: "Er [Savigny] betrachtet das Volk nicht als einen Inbegriff einzelner Wesen, die durch eine gemeinsame Abstammung, Sprache, Geschichte usw. verbunden sind, also als ein bloßes Gedankending, eine Abstraktion, sondern schreibt ihm im eigentlichen Sinne eine Individualität mit eigenthümlichen Funktionen zu, und er versteht demgemäß unter Volksgeist nicht bloß eine gemeinsame Eigenschaft der Geistesbildung der Glieder eines Volkes, sondern eine ursprüngliche Wesenheit" (a. a. O., S. 174).

Der Volksgeistbegriff war damit vollends ins Reich der Metaphysik aufgestiegen.

Ihre philosophische "Weihe" im Sinne einer kategorialen Bestimmung erhielten die Tendenzen zur Hypostasierung des "Volksgeistes" durch Georg Wilhelm Friedrich Hegel (1770-1831). Hegel polemisierte zwar gegen Savignys Absicht, "einer gebildeten Nation oder dem juristischen Stande in derselben die Fähigkeit abzusprechen, ein Gesetzbuch zu machen" und charakterisierte ein solches Unterfangen als "einen der größten Schimpfe, der einer Nation oder jenem Stande angetan werden könnte" (Hegel-Werke, Bd. 7, S. 289), aber ungeachtet dieser Kritik verwendet er den Volksgeistbegriff ähnlich wie Savigny im Sinne einer geschichtsbestimmenden Wirkungsgröße. Nur die Folgerungen sind andere: "Sitten und Verfassung machen das organisierte innere Leben eines Volksgeistes aus" (Werke 3, S. 222).

Der übergeordnete Begriff zu "Volksgeist" bzw. "Volksgeister" ist bei Hegel der "Weltgeist":

"Die konkreten Ideen, die Völkergeister haben ihre Wahrheit und Bestimmung in der konkreten Idee wie sie die absolute Allgemeinheit ist, - dem Weltgeist, um dessen Thron sie als Vollbringer seiner Verwirklichung und als Zeugen und Zieraten seiner Herrlichkeit stehen" (Werke 7, S. 541).

"Die Prinzipien der Volksgeister in einer notwendigen Stufenfolge sind selbst nur Momente des Einen allgemeinen Geistes" (Werke 11, S. 119).
"Als beschränkter Geist ist seine [bezieht sich auf Volksgeist, G. E.] Selbständigkeit ein Untergeordnetes" (Werke 10, S. 427).
Die Beziehung zwischen den Volksgeistern und dem Weltgeist wird als eine dialektische begriffen: "Schicksale und Taten" der Volksgeister "in ihrem Verhältnis zueinander" sind "die erscheinende Dialektik der Endlichkeit dieser Geister, aus welchen der allgemeine Geist, der Geist der Welt, als unbeschränkt ... sich hervorbringt" (Werke 7, S. 446).
Die Dialektik von Volksgeist (Volksgeistern) und Weltgeist (allgemeiner Geist) erscheint als Dialektik vom Besonderem und Allgemeinem, Beschränktem und Unbeschränktem, Endlichem und Unendlichem. Damit ist zugleich der Volksgeist als ein Besonderes, Endliches und Beschränktes charakterisiert. Hegel spricht von "b e s o n d e r e n Volksgeistern" (Werke 7, S. 85 und 10, S. 432) bzw. von der "Besonderheit" der Volksgeister (Werke 7, S. 446), vom "b e s t i m m t e n Volksgeist" (Werke 10, S. 426 und 11, S. 87), davon, daß der Volksgeist ein "b e s c h r ä n k t e r" sei (Werke 7, S. 446; 10, S. 427 und S. 448) bzw. von "jenen Beschränktheiten der besonderen Volksgeister", der "immanenten Beschränktheit des Volksgeistes" (Werke 10, S. 433) sowie von der "E n d l i c h k e i t dieser Geister" (Werke 7, S. 446). Die "Beschränktheit" und "Besonderheit" des Volksgeistes bzw. der Volksgeister besteht in zeitlicher, räumlicher und inhaltlicher Hinsicht. Bekanntlich ist für Hegel alles Wirkliche Veräußerlichung oder Entäußerung des Geistes; Volksgeist ist somit etwas Wirkliches, eine Substanz immaterieller Art: Die Volksgeister haben "als existierende Individuen ihre objektive Wirklichkeit und ihr Selbstbewußtsein" (Werke 7, S. 446).
An anderer Stelle heißt es:

"Das Volk, das allgemeine Bewußtsein, der Geist eines Volkes, ist die Substanz, dessen Akzidenz das einzelne Bewußtsein ist" (Werke 17, S. 292).
Zufolge der Gleichsetzung vom Geistigem und Wirklichem sind für Hegel schließlich die Begriffe "Volk" und "Volksgeist" austauschbar:
"Das Volk als Staat ist der Geist in seiner substantiellen Vernünftigkeit und unmittelbaren Wirklichkeit" (Werke 7, 441).
"Das athenische Volk ... war die Gegenwart der Athene, der Geist des Volks und dies Volk ist der belebte Geist, der alle Geschicklichkeit, Tat der Athene, an sich darstellt" (Werke 16, S. 142). Worin manifestiert sich nun die Wirklichkeit oder "Bestimmtheit" des Volksgeistes? Sie "ist das gemeinschaftliche Gepräge seiner Religion, seiner politischen Verfassung, seiner Sittlichkeit, seines Rechtssystems, seiner Sitten, auch seiner Wissenschaft, Kunst und technischen Geschicklichkeit ... In diesem seinem Werke, seiner Welt genießt sich nun der Geist des Volks und ist befriedigt" (Werke 11, S. 101).
Faktisch sind wir damit bei dem angelangt, was Lazarus und Steinthal später als "Elemente" des Volksgeistes bezeichnen.
Bei Hegel und bei Lazarus-Steinthal wird gleichermaßen die Gesamtheit der im Gefolge zwischenmenschlicher Kommunikation und Kooperation entstandenen und sich entwickelnden Kulturgüter auf das Wirken eines substantiell gedachten Volksgeistes zurückgeführt. Generell kann gesagt werden, daß die Anklänge der Lazarus-Steinthalschen Auffassungen an die Lehre vom objektiven Geist an Deutlichkeit nichts zu wünschen übrig lassen. Die Hegelsche Koppelung von Geist und Geschichte wird voll und ganz nachvollzogen: "Wer nicht aus der Völkerpsychologie den Begriff des 'objectiven Geistes' gewonnen hat, versteht nichts von der Geschichte" (Steinthal, 1887, S. 255).
Exemplarisch, aber durchaus repräsentativ soll ein Textvergleich die Parallelität des denkmethodischen Vorgehens Hegels und Lazarus'/Steinthals belegen:

	Hegel	Lazarus/Steinthal
Position	"Das Höchste aber für den Geist ist, sich zu wissen, sich zur Anschauung nicht nur, sondern zum Gedanken seiner selbst zu bringen. Dies muß und wird er auch vollbringen.	"Die Volksgeister ... verändern sich in der Geschichte ... In dieser Veränderung der Volksgeister nun ist ein Fortschritt
Negation	Aber diese Vollbringung ist zugleich sein Untergang	und ein Verfall ... erkennbar. Beim Verfall, der einen Volksgeist im Allgemeinen trifft,
Negation der Negation	und das Hervortreten eines anderen Geistes, eines anderen welthistorischen Volkes, einer anderen Epoche der Weltgeschichte." (Werke 11, S. 111)	sind ... doch auch positive Fortschritte in einzelnen Richtungen sehr wohl möglich, wie dies in der Geschichte vor Augen liegt. Dem tieferen Blicke aber offenbart sich im Verfall die Vorbereitung zu einer neuen Erhebung, die Entstehung neuer Keime zu einer neuen Entwickelungsbahn." (I, S. 63; i.d.B. S. 192f.)

Zusammenfassend können wir somit feststellen: Lazarus und Steinthal stehen mit ihrer Verwendung des Volksgeistbegriffs als zentraler Kategorie ihrer Völkerpsychologie in der Tradition eines idealistisch-dialektischen geschichtsphilosophischen Denkens. "Volksgeist" ist nicht mehr vordergründig - wie ursprünglich - eine Metapher zur Charakterisierung ethnischer Besonderheiten im interethnischen Vergleich, sondern fungiert als geschichtswirksame immaterielle Substanz. Hegel bietet mit seiner dialektischen Methode Lazarus und Steinthal den sicheren Leitfaden, wie die Entwicklung des Volksgeistes p h i l o - s o p h i s c h zu interpretieren ist. Allerdings erweist sich in dieser Hinsicht zugleich die eingeschränkte "Brauchbarkeit" des Hegelschen Systems. Denn entsprechend dem Lazarus-

Steinthalschen Selbstverständnis war die Völkerpsychologie zwar Volksgeistlehre, aber doch ein Zweig der Psychologie - und noch dazu einer solchen, die mit dem Anspruch auf Wissenschaftlichkeit auftrat. In dieser Hinsicht mußte Hegel versagen. Seinen psychologischen Anschauungen haftete das Stigma des spekulativen Konstruierens an; sie hielten den damaligen Kriterien von Wissenschaftlichkeit (vgl. Bumann, 1965) nicht stand. Unter diesen Voraussetzungen nahm die Völkerpsychologie - fast möchte man sagen: folgerichtig - Zuflucht bei einem p s y c h o l o g i s c h e n System, das sich als wissenschaftlich ausgab und auch in seiner Zeit für wissenschaftlich gehalten wurde: Johann Friedrich Herbart (1776-1841). Lazarus und Steinthal knüpfen aber nicht nur deshalb an Herbart an, weil seine Psychologiekonzeption seinerzeit eine hohe akademische Reputation besaß, sondern auch aus inhaltlichen Gründen. Immerhin war es Herbart, der darauf hinwies, daß die Psychologie "immer einseitig bleibt, so lange sie den Menschen als alleinstehend betrachtet" (Herbart, 1824/25, Bd. 2, S. 20). An anderer Stelle: "Der Mensch ist nichts außer der Gesellschaft. Den völlig Einzelnen kennen wir gar nicht; wir wissen nur so viel mit Bestimmtheit, daß die Humanität ihm fehlen würde" (Herbart, ebda.). Angesichts dieser und vieler ähnlicher Äußerungen dürfte es schwerfallen, dem Urteil Wundts, der Herbart eines "einseitigen Individualismus" bezichtigt (Wundt, 1900, S. 17; i.d.B. S. 258f.) beizupflichten. Auf der anderen Seite ist die Vorläufer-Funktion, die Lazarus und Steinthal dem Psychologen Herbart in bezug auf die Völkerpsychologie zuschreiben, kritisch zu hinterfragen. Nach Lazarus und Steinthal war Herbart "nahe daran, die Völkerpsychologie zu finden", sei aber letztlich doch "an ihr vorüber gegangen" (I, S. 7; i.d.B. S. 134). Letztlich handelt es sich bei Herbart um nichts anderes als um die formale Übertragung eines quasi als Universalie gehandelten Prinzips der "Statik und Mechanik" von der psychologischen Ebene (Statik und Mechanik der Vorstellungen) auf eine gesellschafts- und staatstheoretische Ebene (Statik und Mechanik der im Staat wirkenden gesellschaftlichen und politischen

Kräfte), also um eine Art Mikrokosmos-Makrokosmos-Analogie. Lazarus und Steinthal führen selbst ein Beispiel für Herbarts Verfahren der Analogiebildung an: Das "Gleichgewicht der Mächte Europas" wird mit dem "Gleichgewicht der Vorstellungen in uns" in Analogie gesetzt (I, S. 9; i.d.B. S. 135). Anders ausgedrückt: Bei Herbart war "der (bestehende) Staat ... vergrößertes Abbild des Individuums" (Jaeger & Staeuble, 1978, S. 316). Dabei muß ausdrücklich betont werden, daß diese Analogieschlüsse nicht von einer individualpsychologischen auf eine irgendwie kollektivpsychologische Ebene gezogen wurden. In diesem Punkte muß übrigens Galliker (1993, S. 13), der bei Herbart "eine Art 'Isomorphismus' zwischen den innerpsychisch lokalisierten und gesellschaftlich vermittelten Vorstellungen" glaubt konstatieren zu können, widersprochen werden. Nicht um Analogiebeziehungen zwischen Vorstellungen unterschiedlicher Ebenen, sondern um die Analogie zwischen "Statik und Mechanik der Vorstellungen" und "Statik und Mechanik des Staates" geht es bei Herbart. Herbart stellte also letztlich ein formales, noch nicht einmal explizit psychologisches Interpretationsprinzip für die Völkerpsychologie zur Verfügung, ein Prinzip, das - bei Lichte besehen - von Lazarus und Steinthal nur in einer äußerlich-formalen Art und Weise Verwendung fand bzw. nur so Verwendung finden konnte.

2.4 Zur Wirkungsgeschichte der frühen Völkerpsychologie

Nachdem die Analyse der allgemein-historischen, personal-biographischen und problemgeschichtlichen Kontextbedingungen ein differenziertes Bild von der frühen Völkerpsychologie zu gewinnen ermöglichte, kann auf diesem Hintergrund nunmehr die Frage nach den Wirkungen, Anregungen, Einflüssen, die von ihr ausgingen, erörtert werden. Der unter 2.3.3 gegebene Rückblick soll gewissermaßen eine Umkehrung in die Zukunft erfahren. Aus der am Volksgeistbegriff ausgerichteten

Darstellung der Vorgeschichte der frühen Völkerpsychologie dürfte deutlich geworden sein, daß eine Beschränkung der wirkungsgeschichtlichen Untersuchungen auf den Bereich der Psychologie zu unzulässigen Reduktionen führen würde. Es wird sich - wie wir noch sehen werden - sogar zeigen, daß die nachweisbaren Einflüsse auf die Psychologie relativ gering waren gegenüber denen auf nichtpsychologische Wissenschaftsdisziplinen. Ferner ist beim Versuch einer wirkungsgeschichtlichen Analyse zu bedenken, daß neben unmittelbaren, quellenmäßig belegbaren Einflüssen natürlich auch indirekte, möglicherweise mehrfach vermittelte Anregungen in Rechnung zu stellen sind.

Die unmittelbaren Wirkungen, die das Programm der frühen Völkerpsychologie ausübte, lassen sich im Lazarus-Steinthalschen Publikationsorgan selbst, in der "Zeitschrift für Völkerpsychologie und Sprachwissenschaft", verfolgen. Wer hat in dieser Zeitschrift mit welchen Beiträgen aktiv mitgearbeitet? Wie entwickelte sich das inhaltliche Profil der Zeitschrift? Überblickt man die Gesamtheit der genau 200 Originalarbeiten, die in den 20 Bänden der Zeitschrift im Laufe von 31 Jahren publiziert wurden, muß man ernste Zweifel anmelden, ob es sich hier - wie Graumann (1969, S. 54) behauptet - um eine psychologische Fachzeitschrift handelt. Ordnet man die einzelnen Beiträge von ihrer Thematik her den entsprechenden Wissenschaftsbereichen zu, ergibt sich folgende Häufigkeits-Rangreihe:

Wissenschaftsbereich	Anzahl der Originalarbeiten	Angabe in %
1. Vergleichende Sprachwissenschaft und Sprachgeschichte	67	33,5
2. Religionsgeschichte und Mythologie	26	13
3. Literaturgeschichte (einschließlich Volksdichtung)	25	12,5
4. Philosophie und Philosophiegeschichte	18	9
5./6. Ethnologie und "psychologische Anthropologie"	17	8,5
5./6. Kultur- und Sittengeschichte	17	8,5
7. Wissenschaftsgeschichte	8	4
8. Programmatisch-theoretische Arbeiten	7	3,5
9. Rechtsgeschichte	5	2,5
11./12. Psychologie	3	1,5
11./12. Edition von Sprachquellen und -texten	3	1,5
	200	100 %

Die drei Arbeiten, die der Psychologie zugeordnet werden konnten, sind keine Untersuchungsberichte, sondern eine Art philosophisch-psychologischer Essays.[3]

Weder Lazarus noch Steinthal hatten zu den seit den 60er Jahren sich abzeichnenden Tendenzen, die auf die Begründung einer experimentellen (physiologischen) Psychologie hinausliefen, eine direkte Beziehung. Lazarus war seinem Selbstverständnis nach zwar Psychologe, blieb aber dem nicht mehr ganz aktuellen System der Herbartschen Vorstellungsmechanik verhaftet. Steinthal, von Haus aus Philologe, versprach sich von einer historisch-vergleichenden Untersuchung der Sprache Aufschlüsse über die Charakterisierung der "psychischen Vorstellungswelt" der die Sprache Gebrauchenden. Indes verblie-

---

[3] Die dem Gebiet der Psychologie zugeordneten Beiträge haben folgende Verfasser und Titel:
1. Lazarus, M.: Zur Lehre von den Sinnestäuschungen. ZfVS V, 1868, S. 113-152.
2. Meyer, J.B.: Das Wesen der Einbildungskraft. ZfVS X, 1878, S. 26-41.
3. Meyer, J.B.: Genie und Talent. Eine psychologische Untersuchung. ZfVS X, 1878, S. 269-302.

ben seine Fragestellungen auf der Ebene einer psychologisch orientierten Sprachwissenschaft; es waren keine psychologischen. Zweifelsohne wurden im Rahmen dieses sprachwissenschaftlichen Programms Probleme aufgegriffen, die psychologisch relevant waren. Als Beispiel sei auf den Aufsatz von Kleinpaul "Zur Theorie der Geberdensprache" (VI, S. 353-375) hingewiesen, in dem das Problem der nonverbalen Kommunikation reflektiert wird. Aber insgesamt nahm die Zeitschrift die Entwicklungen, die sich in Richtung auf die Einführung des Experiments in die Psychologie vollzogen, nicht zur Kenntnis. Bedenkt man, welche bedeutenden Fortschritte zwischen 1860 und 1890 auf diesem Gebiet erreicht wurden, so wird das Ausmaß der Ignoranz hinreichend deutlich. Unter den zahlreichen Rezensionen, die in der Zeitschrift publiziert wurden, befindet sich keine einzige über die bahnbrechenden Arbeiten von Fechner, Helmholtz, Wundt, Ebbinghaus und anderer Pioniere der experimentellen Psychologie. Lazarus, von dem entsprechend seinem Selbstverständnis als Psychologe am ehesten eine Stellungnahme zu diesen Entwicklungen hätte erwartet werden können, zog sich nach dem V. Band fast völlig von der Mitarbeit an der Zeitschrift zurück und beschränkte sich weitgehend auf die Publikation populärwissenschaftlicher Vorträge und einiger religionsgeschichtlicher Arbeiten über das Judentum. Abgesehen von den theoretisch-programmatischen Aufsätzen in den ersten drei Bänden, wo zum Verhältnis zwischen Völkerpsychologie und "individueller Psychologie" einige Aussagen gemacht werden, wird in den folgenden Bänden nur an zwei Stellen zu den Entwicklungen in der Psychologie peripher (innerhalb von Rezensionen) Stellung bezogen.[4]

---

[4] In der Rezension zu M. Bréal: Les idées latentes du langage (Paris 1868) im Band VI vertritt Steinthal die Auffassung, daß in der Psychologie noch kein allgemein verbreitetes Bewußtsein "von der Natur und dem Umfange ihrer Aufgaben, von den Mitteln und der Methode der Lösung" bestehe (ZfVS VI, S. 281). Eine zweite Stellungnahme zur zeitgenössischen Entwicklung der Psychologie gibt Steinthal anläßlich einer Rezension zu J.B. Meyers Monographie über "Kants Psychologie" (Berlin 1870) ab. Bislang hätten - "abgesehen von der rein physiologischen Psychologie" (!)

Diese Stellungnahmen weisen auf eine abwartend-neutrale bis skeptische Haltung zu den Erfolgsaussichten einer sich naturwissenschaftlicher Methoden bedienenden Psychologie hin (vgl. Eckardt, 1979, S. 184-186).
"Daß man aber mit der reinen erklärenden Psychologie nicht weiter komme, hat wenigstens Steinthal deutlich empfunden", so kommentiert Frankenberger (1914, S. 153) die Situation. Es ist somit zu konstatieren, daß sich die Entwicklung der Lazarus-Steinthalschen Völkerpsychologie n e b e n und u n a b - h ä n g i g von den Bemühungen um die Begründung einer experimentellen Psychologie, die sich zunächst in Gestalt der Psychophysik (1860), dann der Physiologischen Psychologie (1873/74) manifestierten, vollzog. Allerdings kann der Vorwurf, die Verbindung zu den seinerzeit modernen, auf eine einzelwissenschaftliche Verselbständigung hinauslaufenden Entwicklungen in der Psychologie nicht hergestellt zu haben, nicht allein an die Adresse der Völkerpsychologie gerichtet werden. Vielmehr nahmen Psychophysik und Physiologische Psychologie von vornherein eine derartig enge Begrenzung des Gegenstandsbereichs, auf den diese an den Naturwissenschaften orientierte Methodik angewendet wurde, vor, daß für die Einbeziehung jener historischen und sozialen Variablen, die die Völkerpsychologie im Auge hatte, kein Raum war.
Sehr früh hat der junge Wilhelm Dilthey (1833-1911) die Inkompatibilität von Völkerpsychologie und empirisch-naturwissenschaftlicher Untersuchung psychophysischer Elementarprozesse erkannt. Dilthey, der zu Lazarus und Steinthal während der Phase der Erarbeitung der "Einleitenden Gedanken" persönliche wissenschaftliche Kontakte pflegte, meinte, das entscheidende Problem, das mit der Etablierung einer Völkerpsychologie aufgeworfen wurde, sei nicht das psychologi-

---

- "die Materialisten, allerdings aber auch die meisten Idealisten, noch nicht gezeigt, daß sie eine Ahnung von dem Mechanismus des Bewußtseins mit seinen unzähligen, in vielfacher Wechselwirkung stehenden Momenten haben, und daß sie wüßten, wie diese Analyse einer verwickelteren psychologischen Thatsache anzugreifen sei" (ZfVS VII, 1871, S. 110f.).

sche, sondern ein geschichtsphilosophisches. Steinthal schreibt in einem an Lazarus gerichteten Brief vom 1.12.1860, in dem er von einem Gespräch mit Dilthey berichtet: "Und dann meint Dilthey, solche geschichtsphilosophischen Entwicklungen seien die Hauptsache und die ganze Sache; die psychologischen Gesetze, die wir hinzufügten, seien sehr gleichgültig. ... Ich fürchte, viele, viele denken so wie Dilthey, und unser Unternehmen kommt 10 bis 15 Jahre zu früh" (zit. nach Belke, 1971, S. 318f.). Dilthey versuchte sogar, Lazarus dazu zu bewegen, den Namen Völkerpsychologie für seine Konzeption zu streichen. In Briefen an seinen Bruder Karl (November 1858) und an seinen Vater (November 1860) spricht Dilthey vom "vertra(c)kten Begriff 'Völkerpsychologie'" (cf. Belke, 1971, S. LIIIff.). Als geschichtsphilosophische Konzeption hält er dagegen die Völkerpsychologie für diskussionswert. Die Tatsache, daß die Völkerpsychologie im Bereich der Geschichtsphilosophie vielfältig diskutiert wurde, zeigt, daß Dilthey durchaus das richtige Gespür für die zu erwartende Resonanz auf Lazarus' und Steinthals Programm hatte.

Die von Lazarus und Steinthal in Aussicht gestellten "psychologischen Gesetze" (die ohnehin niemals gefunden wurden) interessierten die wissenschaftliche Öffentlichkeit weit weniger als der geschichtsphilosophische Gehalt der Völkerpsychologie.

Die ursprüngliche Lazarus-Steinthalsche Bestimmung des Verhältnisses zwischen Völkerpsychologie und Geschichtsphilosophie wurde bald außer acht gelassen und die Völkerpsychologie als eine geschichtsphilosophische Richtung unter vielen gewertet.

Bereits R. Rocholl widmet in seinem ausführlichen Überblick über die geschichtsphilosophischen Ansätze und Lehren von der Antike bis zum dritten Viertel des 19. Jahrhunderts Lazarus immerhin $4^1/_2$ Seiten (R. Rocholl I, 1878, S. 323-327). W. Wundt weist darauf hin, daß Lazarus und Steinthal sehr wohl um "die nahe Beziehung" wußten, "in welcher das Programm ihrer Völkerpsychologie zu den Aufgaben einer Geschichtsphilosophie steht" (Wundt, 1886, S. 6; i.d.B. S. 211). Ch. Rappoport (1896) ordnet der Völkerpsychologie eine Zwischenstellung zwischen der "physiologisch-psychologischen" und der "positiv-realistischen Geschichtsphilosophie" zu. P. Barth (1897) behandelt sie unter der Rubrik der "ideologischen Geschichtsauffassungen". Im Rahmen der Kritik am Herbartianismus bei Lazarus/Steinthal stellt im Jahre 1900 wiederum Wundt fest, daß die "psychische Mechanik" Herbartscher Prägung "von der [Lazarus-Steinthalschen, G. E.] Völkerpsychologie zur Interpretation der verschiedenen Erscheinungen geschichtlichen Lebens verwendet werden" sollte (Wundt, 1900, S. 18; i.d.B. S. 259). Für J. Goldfriedrich (1902) ist die Völkerpsychologie ein wichtiger Bestandteil der "historischen Ideenlehre in Deutschland". A. Lewkowitz schließlich spricht in einem Gedenkartikel anläßlich des 100. Geburtstages von Moritz Lazarus 1924 expressis verbis von der "Geschichtsphilosophie von Lazarus" und schreibt ihm, zweifellos die Verdienste des verstorbenen Jubilars überschätzend, "eine Reform der Geschichtswissenschaft durch die Psychologie" zu (A. Lewkowitz, 1924, S. 185).

Wie bei den letztgenannten Autoren die Völkerpsychologie nicht als Bestandteil der Psychologie rezipiert, sondern unter die Geschichtsphilosophie subsumiert wurde, so bestreitet auch der Sprachwissenschaftler Hermann Paul (1846-1921) die Möglichkeit einer Völkerpsychologie als psychologischer Disziplin, allerdings mit andersartigen Begründungen und andersartigen Folgerungen. Der orthodoxe Herbartianer H. Paul bestimmt die Psychologie als eine "Gesetzeswissenschaft"; Entwicklungsphänomene können nach seiner Meinung nicht Gegenstand von "Gesetzeswissenschaften" sein. Die Völkerpsychologie könne, insofern als die entwicklungsgeschichtliche Problematik eines ihrer konstitutiven Momente sei, keine Existenzberechtigung als psychologische Disziplin beanspruchen.

Im einzelnen erhebt Paul folgende Einwände:

1. Die Betrachtung des Verhältnisses zwischen Individuum und Gesamtheit bedarf einer Erweiterung, wobei zwischen psy-

chischem, physischem und historischem Aspekt streng zu unterscheiden ist.
2. Eine Völkerpsychologie, die sich einer historischen Betrachtungsweise bedient, kann nicht als Bestandteil der Psychologie anerkannt werden, da letztere eine Gesetzeswissenschaft ist und als solche eines historischen Aspektes entbehrt.
3. Der Volksgeistbegriff als überindividuelle psychische Einheit ist abzulehnen, da "alle rein psychische Wechselwirkung sich nur innerhalb der Einzelseele vollzieht".

Der dritte Punkt bedarf genauerer Erläuterung. Paul hält Lazarus-Steinthal entgegen, die theoretische Basierung der Völkerpsychologie auf den Volksgeistbegriff bedeute, "durch Hypostasierung einer Reihe von Abstractionen das wahre Wesen der Vorgänge verdecken" (Paul, 1880, S. 13). Statt dessen habe man davon auszugehen, daß sich "alle psychischen Processe ... in den Einzelgeistern und nirgends sonst ... vollziehen" (ebda.). Es sei "eine Tatsache von fundamentaler Bedeutung, die wir niemals aus dem Auge verlieren dürfen, daß alle rein psychische Wechselwirkung sich nur innerhalb der Einzelseele vollzieht" (a. a. O., S. 14). Die "concrete Existenz der Einzelseelen" wird im ausschließlichen Sinne behauptet; alles andere wird als unbrauchbare "Abstraction" verworfen:
"Weder Volksgeist noch Elemente des Volksgeistes wie Kunst, Religion, haben eine concrete Existenz und folglich kann auch nichts in ihnen und zwischen ihnen vorgehen. Daher weg mit diesen Abstractionen! Denn 'weg mit allen Abstractionen' muß für uns das Losungswort sein, wenn wir irgendwo die Factoren des wirklichen Geschehens zu bestimmen versuchen wollen" (a. a. O., S. 13).
Die Ursache für den "Fehler", "die Abstraction des menschlichen Verstandes für relativ existierende Dinge zu erklären", sieht Paul darin, daß Lazarus/Steinthal - ebenso wie viele andere ihrer Zeitgenossen - unter der "Herrschaft des Wortes" standen; von dieser aber gelte es sich zu befreien:

"Wer nicht die nötige Gedankenanstrengung anwendet, um sich von der Herrschaft des Wortes zu befreien, wird sich niemals zu einer unbefangenen Anschauung der Dinge aufschwingen. Die Psychologie ward zur Wissenschaft in dem Augenblicke, wo sie die Abstractionen der Seelenvermögen nicht mehr als etwas Reelles anerkannte. So wird es vielleicht noch auf manchen Gebieten gelingen, Bedeutendes zu gewinnen lediglich durch Beseitigung der zu Realitäten gestempelten Abstractionen, die sich störend zwischen das Auge des Beobachters und die concreten Erscheinungen stellen" (a. a. O., S. 14).

Mit dem Vorwurf, unter der "Herrschaft des Wortes" zu stehen, kritisierte Paul die Hegelschen Elemente in der Völkerpsychologie, denn bei Hegel fungiert der Begriff als etwas Reales, als "Einheit des Seins und des Wesens", und folglich wurde auch der Volksgeistbegriff als real existierende Substanz aufgefaßt. Hinter Pauls Polemik dürfte somit das Bestreben stehen, die Hegelschen Elemente aus der Völkerpsychologie zu eliminieren, die Herbartsche Auffassung von der Psychologie dagegen zu bekräftigen:

"Fassen wir daher die Psychologie im Herbartschen Sinne als die Wissenschaft von dem Verhalten der Vorstellungen zu einander, so kann es nur eine individuelle Psychologie geben, der man keine Völkerpsychologie oder wie man es sonst nennen mag gegenüber stellen darf" (a. a. O., S. 14ff.).

Die bisher erörterten Rezeptionsmuster - Subsumtion unter eine andere Disziplin (Geschichtsphilosophie) bzw. generelles Infragestellen der Existenzberechtigung (Paul) - waren nicht geeignet, die Idee einer Völkerpsychologie als eines originär psychologischen Gegenstandes in irgendeiner Weise konstruktiv weiterzuführen. Derjenige, der eine in vielem zwar kritische, im ganzen aber doch positive Stellung zum Grundanliegen der frühen Völkerpsychologie einnahm, war ausgerechnet ein Gelehrter, zu dessen Konzeption einer Physiologischen Psychologie Lazarus und Steinthal ein eher reserviertes Verhältnis hatten: Wilhelm Wundt (1832-1920).

3 Die Völkerpsychologie Wilhelm Wundts

Der Völkerpsychologie Wilhelm Wundts wird man nicht hinreichend gerecht, wenn man sie lediglich als Ergebnis der Rezeption von Lazarus und Steinthal oder als Weiterführung dieser Konzeption versteht bzw. verständlich machen will. Wundt bildet nicht einfach den (chronologischen und inhaltlichen) Anschluß an Lazarus und Steinthal. Vielmehr ist zum einen sein Zugang zur Völkerpsychologie ein originärer, und zum anderen unterscheidet sich der Stellenwert, den die Völkerpsychologie im Gesamtsystem einer Psychologie als Wissenschaft bei Wundt einnimmt, erheblich von diesbezüglichen Auffassungen bei Lazarus und Steinthal. Die Notwendigkeit einer Darstellung der Wundtschen Völkerpsychologie als eigenständige Analyseeinheit ergibt sich somit zwingend. Verzichten kann man hingegen im Falle Wundts auf eine detaillierte Erörterung biographisch-personaler Kontextbedingungen. Anders als in bezug auf Lazarus und Steinthal gibt es zur Person und zum Werk Wundts umfangreiche Literatur älteren und neueren Datums, auf die hier nur selektiv verwiesen werden soll (König, 1902; Petersen, 1925; Meischner und Eschler, 1979; Arnold, 1980; Bringmann und Tweney, 1980; Oelze, 1991; Lamberti, 1995).

3.1 Wundts Zugang zur Völkerpsychologie: Die genetische Perspektive

Wundt äußert sich zu seinem Zugang zur Völkerpsychologie kurz vor seinem Tode (1920) in seiner Autobiographie "Erlebtes und Erkanntes":
"Als ich ebenfalls um das Jahr 1860 den Gedanken faßte, der experimentellen Psychologie, die sich ihrer urprünglichen Absicht wie den ihr zur Verfügung stehenden Hilfsmitteln gemäß auf die Tatsachen des individuellen Seelenlebens zu beschränken hatte, eine Art von Oberbau beizufügen, der sich, von die-

sen Tatsachen als unentbehrlichen Grundlagen ausgehend, die Erscheinungen des menschlichen Zusammenlebens, namentlich in ihren Anfängen, zur Aufgabe setzen müsse, da erschien mir nun bald diese Aufgabe als die höhere und in Wahrheit als die eigentlich abschließende der Psychologie" (Wundt, 1921, S. 201).

Mit dem "ebenfalls" bezieht er sich auf Theodor Waitz' "Anthropologie der Naturvölker" (Bd. 1, 1859) und auf das Erscheinen des 1. Bandes der "Zeitschrift für Völkerpsychologie und Sprachwissenschaft" (1860). Die völkerpsychologische Thematik habe ihn aber bereits vor diesen um 1860 entstandenen Plänen beschäftigt. Seine ersten schriftstellerischen Versuche in der Kindheit seien einer "allgemeinen Geschichte der Religionen" gewidmet gewesen. Wenn er diese "phantastischen Pläne" von einem "späteren Standpunkte aus beurteilen sollte", so müsse er sie "eigentlich völkerpsychologische Versuche nennen" (a. a. O., 199f., vgl. dazu Volkelt, 1922). Geht man von der Authentizität dieser autobiographischen Erinnerungen aus, ist das, was man als die völkerpsychologische Perspektive in Wundts Denken bezeichnen könnte, nicht erst das Ergebnis des Studiums der Arbeiten von Waitz und Lazarus/Steinthal. Wohl aber dürften Waitz und Lazarus/Steinthal die wesentlichen Anregungen für Wundt gegeben haben, um seinen zunächst noch diffus um die völkerpsychologische Thematik kreisenden Überlegungen eine konkrete Gestalt insoweit zu geben, als sie in das Bild von der Struktur einer künftigen Psychologie als Wissenschaft integriert wurden.

Ein erster Hinweis auf die Notwendigkeit, die Ergebnisse von "Vorarbeiten" in das Gesamtsystem der Psychologie zu integrieren, findet sich in der Vorrede zu den 1862 herausgegebenen "Beiträgen zur Theorie der Sinneswahrnehmung". Zur Begründung für diese Einbeziehung völkerpsychologischer Ergebnisse in die von der Psychologie beanspruchte wissenschaftliche Analyse individueller Bewußtseinsphänomene wird in etwa folgende Argumentation aufgebaut (Wundt, 1862, S. XIVf.): Das Bewußtsein sei ein Zusammenhang "verwickelter

Wilhelm Wundt (1832-1920).
Nach einem Foto von G. Brokesch, zwischen 1875 und 1880

Phänomene"; "das Einfache" sei "zunächst verborgen", nicht unmittelbar beobachtbar. Das Einfache aber müsse man erfassen, um "die Prinzipien zur Erforschung dieser zusammengesetzten Erscheinungen" zu gewinnen. Dieses Einfache seien in der Psychologie "die Anfänge des Seelenlebens" und zwar in zweifacher Weise:
a) "die Anfänge der einzelnen beseelten Wesen", b) "die ganze Stufenleiter beseelter Geschöpfe". Die wissenschaftlichen Disziplinen, die sich mit diesen Gegenständen befassen, seien daher unverzichtbare "Hülfswissenschaften der Psychologie". Es sind dies a) "die Entwicklungsgeschichte der Seele",
b) "die vergleichende Psychologie".[5] Die vergleichende Psychologie untersuche "die Verschiedenheit des Seelenlebens in der Thierreihe und in den Völkerracen des Menschengeschlechts", sie umfaßt somit Tierpsychologie und Völkerpsychologie. An dieser Stelle wird explizit u. a. auf die Völkerpsychologie Bezug genommen: "Ferner steht in der Völkerpsychologie ein reiches Gebiet offen, für das in Sprachkunde, Cultur- und Sittengeschichte schon grosse Vorarbeiten vorhanden sind, die aber für die Psychologie noch fast gar nicht verwerthet wurden" (Wundt, 1862, S. XV). Folgende Anmerkung wird angefügt: "Erst in der 'Zeitschrift für Völkerpsychologie und Sprachkunde' von Lazarus und Steinthal ist neuerdings ein trefflicher Anfang hierzu gemacht worden" (a. a. O., Anm.).
Für's erste ist nach diesem Rekonstruktionsversuch zweierlei festzuhalten:
1. Konstitutiv für Wundts Konzeption einer wissenschaftlichen Analyse psychischer Phänomene ist die g e n e t i s c h e Herangehensweise. Um psychische Erscheinungen in ihrer "Verwickeltheit" der wissenschaftlichen Analyse zu erschlie-

---

[5] Ein paar Seiten weiter wird ferner auf die Nationalökonomie von Adam Smith Bezug genommen, da sie "mit unserem Gegenstand innig zusammenhängt". Es sei durchaus berechtigt, die Nationalökonomie Smiths "als Psychologie der Gesellschaft (zu) bezeichnen" (Wundt, 1862, S. XVIII, vgl. Oelze, 1991, S. 21). Später wird die Nationalökonomie im Zusammenhang mit Völkerpsychologie nicht mehr erwähnt.

ßen, müssen sie von ihren einfachen Anfängen her in ihrer Entwicklung betrachtet werden.

2. Die Forderung nach Einbeziehung genetischer Gesichtspunkte in die psychologische Analyse (Kinderpsychologie, Tierpsychologie, Völkerpsychologie) wird nicht als Antithese einerseits zu einer experimentellen Forschungsmethodik, andererseits zu einem philosophischen Zugang zur Psychologie verstanden. Was das Experiment betrifft, plädiert Wundt 1862 für seine Anwendbarkeit auf den Gesamtbereich der Psychologie:
"Sobald man einmal die Seele als ein Naturphänomen und die Seelenlehre als eine Naturwissenschaft auffasst, muss auch die experimentelle Methode auf diese Wissenschaft ihre volle Anwendung finden" (Wundt, 1862, S. XXVII).
Wie wir noch sehen werden, hat Wundt seine Positionen hinsichtlich dieses Punktes im Lauf seines weiteren Entwicklungsganges erheblich verändert. Was die Philosophie betrifft, soll die Psychologie als treibende Kraft und Katalysator für eine Zurückdrängung abstrakter Spekulation zugunsten einer erfahrungsgeleiteten Reflexion in der Philosophie fungieren: Psychologie als Säule einer induktiven Metaphysik. "Es lässt sich nicht verkennen, dass in der heutigen Psychologie ein grosser Fortschritt zum Bessern gelegen ist. Dieser Fortschritt hängt zusammen mit einer wesentlichen Reform der Ansichten über das Wesen und die Aufgabe der Philosophie überhaupt. Mehr und mehr bricht sich die Anschauung Bahn, die Philosophie müsse wie alle Wissenschaften von dem Boden der Erfahrung ausgehen" (a. a. O., S. XIII). Insofern ist van Hoorn und Verhave zuzustimmen, wenn sie bezüglich der Völkerpsychologie beim j u n g e n Wundt feststellen: "The project of the Völkerpsychologie, not seriously undertaken until after works on philosophy and ethics were completed, is not to be looked at as a turn away from philosophy and back to psychology. Völkerpsychologie was one more important pillar of Wundt's inductive metaphysics" (van Hoorn und Verhave, 1980, S. 84).

Immerhin war die Überzeugung Wundts von der Notwendigkeit, völkerpsychologische Aspekte in die Untersuchung von "Bewußtseinsphänomenen" einbeziehen zu müssen, so stark ausgeprägt, daß er in seinen ein Jahr später erschienenen zweibändigen "Vorlesungen über die Menschen- und Thierseele" einen Band weitgehend völkerpsychologischen Themen widmete. Zugleich nutzt Wundt in den "Vorlesungen" die Gelegenheit, an die Stelle des peripheren Hinweises auf das Lazarus-Steinthalsche Programm in den "Beiträgen" eine differenziertere Bewertung und zugleich Abgrenzung vorzunehmen. Initialfunktion und Berechtigung des Lazarus-Steinthalschen Programms werden durchaus anerkannt, aber ihm (Wundt) gehe es nicht um "psychologische Probleme der Geschichte und Anthropologie", sondern er stehe "auf dem Boden der Individuellen oder ... Allgemeinen Psychologie". "Es ist uns darum zu thun die allgemeinen Gesetze des psychischen Geschehens zu ermitteln, von denen auch die Völkerpsychologie nur besondere Anwendungen bieten wird. Hierzu halten wir uns zunächst an das individuelle Bewußtsein ... " (Wundt, 1863, Bd. 2, S. 452). Völkerpsychologie ist nicht Volksgeistlehre, sondern Bestandteil einer Völkerpsychologie des individuellen Bewußtseins. Was die Ergänzungs- bzw. "Hülfsmittel"- Funktion der Völkerpsychologie im Gesamtrahmen der Psychologie betrifft, geht Wundt 1863 noch einen Schritt weiter als 1862: Für "bestimmte psychologische Gebiete" müsse man "Hülfsmittel" verwenden, die "an die Stelle des Experimentes treten". "Wo das absichtliche Experiment aufhört, da hat die Geschichte für den Psychologen experimentirt" (Wundt, 1863, Bd. 1, S. IX). Trotz dieser Bewertung kann allerdings zu diesem Zeitpunkt noch nicht von einer prinzipiellen Dichotomisierung der Psychologie nach Gegenstand und Methode gesprochen werden (vgl. van Hoorn und Verhave, 1980, S. 84-89). Solche Fragestellungen, bei denen nur die "ethnologische Untersuchung" als Methode der Wahl zu gelten habe, seien vor allem die nach der "Entwicklung der sittlichen und religiösen Ideen" (Wundt, 1863, Bd. 2, S. 452). Erstaunlicherweise wird die Sprache, die später den Hauptanteil am völkerpsychologischen Monumentalwerk ausmacht, noch nicht genannt. Bezüglich der Entstehung und des Wesens sittlicher Werte etwa gibt Wundt in der 41. Vorlesung zu bedenken, daß "die Thatsachen des individuellen Bewußtseins ... unzureichend (seien), um die Entstehung der sittlichen Ideen erschöpfend darzuthun". Deshalb sei es notwendig, die Entstehungsweise der Sitten "aus dem umfassenden Entwicklungsprozeß verständlich zu machen, den sie in dem Bewußtsein der Völker zurücklegen". Nur auf diese Weise sei es möglich, "auf die Grundphänomene des sittlichen Lebens zurückzukommen" und "die allmälige Weiterentwicklung aus diesen Grundphänomenen heraus zu verfolgen" (Wundt, 1863, Bd. 2, S. 182). Aus der Untersuchung der Entwicklung der Sitte bei verschiedenen Völkern zu verschiedenen Zeiten versucht er dann, eine Wesensbestimmung dessen, was sittlich ist, abzuleiten. Auf eine inhaltliche Darlegung dieser Ableitung, die den Gegenstandsbereich der Psychologie überschreitet und in den der Ethik hineinreicht, kann an dieser Stelle verzichtet werden (vgl. Wundt, 1863, Bd. 2, S. 183, vgl. auch Oelze, 1991, S. 36-42). Für uns wichtig ist aber die Feststellung: Die genetische Betrachtungsweise ist der Schlüssel zur Analyse und Wesensbestimmung von "Bewußtseinserscheinungen". In der Einbringung der genetischen Perspektive liegt von Anfang an der Stellenwert begründet, der der Völkerpsychologie in der Psychologie Wundts zukommt.

Angesichts der nachdrücklichen Plädoyers von 1862 und 1863 für die Berechtigung der Völkerpsychologie im Rahmen einer wissenschaftlichen Psychologie mag es vielleicht verwundern, daß Wundt in den folgenden ca. $3^{1}/_{2}$ Jahrzehnten dieses Anliegen dem äußeren Anschein nach weitgehend aus den Augen verliert. Die wenigen registrierwürdigen Anlässe für Erwähnungen der Völkerpsychologie sind Übersichten über das Gesamtgebiet der Psychologie (z. B. in den "Grundzügen der Physiologischen Psychologie", 1. Auflage, 1873/74), die akademische Lehrtätigkeit (Vorlesungen über Völkerpsychologie ab

1875 in Zürich, danach in Leipzig), die wissenschaftstheoretische Legitimation der Völkerpsychologie als "historische Psychologie" in der "Methodenlehre" seiner "Logik" (Bd. 2, 1883), die Kennzeichnung der Völkerpsychologie als "Vorhalle der Ethik" in seiner "Ethik" (1886a, S. III) und der Aufsatz "Über Ziele und Wege der Völkerpsychologie" im Band 4 der "Philosophischen Studien" (Heft 1 erschien bereits 1886, der Gesamtband erst 1888; im folgenden als Wundt, 1886 zitiert). Spezielle Abhandlungen über originär völkerpsychologische Inhalte und Themenstellungen fehlen dagegen bis 1899 durchgängig. Eine Begründung für diese Vernachlässigung gibt Wundt selbst im Vorwort zur 2. Auflage der "Vorlesungen" im Jahr 1892, also 29 Jahre nach der 1. Auflage. In außergewöhnlich selbstkritischer Haltung gibt er zu bedenken, er habe schon vor dem Erscheinen der "Grundzüge der Physiologischen Psychologie" Klarheit darüber gewonnen, "daß der Inhalt dieser Vorlesungen nicht bloß durch die Entwicklung der Wissenschaft, die er behandelt, sondern nicht minder durch die Entwicklung meiner eigenen wissenschaftlichen Erkenntnisse und Überzeugungen veraltet" sei (Wundt, 1892, S. IV). In der Retrospektive lernte er die völkerpsychologischen Partien der "Vorlesungen" als eine "Jugendsünde (zu) betrachten, an die ich mich ... zuweilen unliebsam erinnert sah" (ebda). Es wäre allerdings ein grobes Mißverständnis bzw. eine Fehlinterpretation, wollte man aus dieser häufig zitierten Abwertung des völkerpsychologischen Teils der "Vorlesungen" als "Jugendsünde" den Schluß ziehen, das Programm einer Völkerpsychologie sei damit generell in Frage gestellt oder aufgegeben worden. Aufschlußreich dürfte in diesem Zusammenhang die folgende Stelle, ebenfalls aus dem Vorwort zur 2. Auflage, sein: "In der That ist das der Völkerpsychologie zu Gebote stehende Material heute ein so überaus reiches, zugleich aber der Stand der Wissenschaft auf allen hier in Betracht kommenden Gebieten ein so gänzlich veränderter geworden, daß eine Neubearbeitung von völlig neuen Grundlagen ausgehen müßte" (a. a. O., S. VI). Trotz des Streichens der völkerpsychologischen Kapitel aus der

1. Auflage hält Wundt am Gedanken einer Völkerpsychologie fest, indem er die Notwendigkeit einer Neubearbeitung betont. Die Annahme, daß Wundt auch während der relativen Latenzperiode von 1863 bis 1899 das Anliegen der Völkerpsychologie niemals aus den Augen verloren hat, wird insbesondere nahegelegt durch jene bereits genannte Abhandlung "Über Wege und Ziele der Völkerpsychologie" von 1886. Das, was Wundt seinerzeit primär auf den Plan rief, war die Kritik Pauls an der Lazarus/Steinthalschen Konzeption. Die Abhandlung ist also in erster Linie als eine Kritik der Kritik zu verstehen. Obwohl Wundt selbst erhebliche Einwände gegenüber Lazarus/Steinthal geltend zu machen hat, hält er es doch für geboten, die prinzipielle Existenzberechtigung der Völkerpsychologie zu betonen. Warum? Weil die Völkerpsychologie den für die Psychologie unverzichtbaren Entwicklungsgedanken zur Geltung bringt! Pauls Argumentation aber lief auf ein Verständnis von Psychologie als einer ahistorischen Gesetzeswissenschaft und damit auf eine Verbannung des Entwicklungsaspekts aus der Psychologie hinaus. Dies konnte Wundt nicht unwidersprochen hinnehmen! Wir wollen im folgenden sowohl die Kritik Wundts an Lazarus/Steinthal als auch die Auseinandersetzung mit dem ersten Einwand Pauls, daß die Psychologie als Gesetzeswissenschaft "die Gesetze des geistigen Lebens, wie sie an sich selbst sind, also unabhängig von physischen Einflüssen", festzustellen habe, zunächst ausblenden und die Passagen, in denen es um die Entwicklungsproblematik geht - auf diese bezieht sich Pauls zweiter Einwand -, einer detaillierteren Analyse unterziehen. Paul kritisiert, daß im Lazarus-Steinthalschen Programm der Völkerpsychologie "der fundamentale Unterschied zwischen Gesetz- und Geschichtswissenschaften nicht festgehalten wird, sondern beides immer unsicher ineinander überschwankt" (Paul, 1880, S. 11). Für Paul ist die Psychologie eine Gesetzeswissenschaft. Als Gesetzeswissenschaft habe sie es mit einem rein Psychischen als "ewig sich gleich Bleibendem", das keiner Entwicklung unterliegt, zu tun. Sofern sich die Psychologie mit der Entwicklung sogenannter

"complicierterer Vorstellungsmassen" (man beachte die Herbartsche Terminologie!) beschäftige, sei sie keine reine Psychologie mehr, sondern historische Darstellung, denn die "complicierteren Vorstellungsmassen" seien sogenannte zusammengesetzte Erscheinungen, mithin keine rein psychischen. "Man fügt nun aber wol in der Darstellung der individuellen Psychologie diesem allgemeinen einen zweiten speciellen Teil hinzu, welcher die Entwicklungsgeschichte der complicierteren Vorstellungsmassen behandelt. ... Dagegen ist nichts einzuwenden, so lange man sich nur des fundamentalen Gegensatzes bewußt bleibt, der zwischen beiden Teilen besteht. Der zweite ist nicht mehr Gesetzeswissenschaft, sondern Geschichte" (Paul, 1880, S. 15). Ferner habe die Psychologie "niemals mit der concreten Gestaltung einer einzelnen Menschenseele, sondern nur mit dem allgemeinen Wesen der seelischen Vorgänge zu tun" (a. a. O., S. 12). Das "allgemeine Wesen der seelischen Vorgänge" aber ist von vornherein gegeben und unterliegt keiner Entwicklung. Die Affinität dieser Auffassung zur alten cartesianischen Lehre von den "eingeborenen Ideen", gekleidet in das Gewand der Herbartschen Vorstellungsmechanik, ist offensichtlich. Die Paulsche Abständigkeit zur Dimension des Werdens in der Zeit widersprach aber gänzlich dem damaligen mainstream in den Wissenschaften. Bedenkt man, daß der Entwicklungsgedanke gerade in den 60er bis 80er Jahren des 19. Jahrhunderts, zuvörderst im Gefolge der eminenten Ausstrahlungskraft der Darwinschen Evolutionstheorie, allenthalben - auch in der Psychologie - an Boden gewann, so geht man wohl nicht fehl in der Annahme, daß Pauls Bemühungen, eben diesen Entwicklungsgedanken wie überhaupt historische Fragestellungen aus der Psychologie fernzuhalten, von vielen seiner Zeitgenossen als kritikbedürftig, vielleicht sogar anachronistisch gewertet wurden. Seine eigenen Fachkollegen, z. B. der Sprachwissenschaftler F. Misteli, nahmen Anstoß an Pauls Fernhaltung genetischer Fragestellungen von der Psychologie: "Sind meine Ansichten begründet, so ist die Stellung, welche Paul der Psychologie im Bereiche der Wissenschaften anweist, schief" (Misteli, 1882, S. 394). Im Zusammenhang mit seiner "schiefen" Psychologieauffassung verwende Paul einen nichtakzeptierbaren Gesetzesbegriff: "Das Voranstehende zeigt, daß Paul nicht bloß der Psychologie als Gesetzeswissenschaft eine schiefe Stellung anweist, sondern Gesetze selbst nur als Mechanismus versteht" (a. a. O., S. 409). Vom Vorwurf des Mechanismus her setzt auch Wundt seine Kritik an. Wundt meint, der "imaginären Seelenmechanik" Pauls liege die "Anwendung unzutreffender Analogien" zugrunde. Während Paul die Kriterien für seine Bestimmung der Psychologie als einer (erklärenden) Gesetzeswissenschaft aus der physikalischen Mechanik bezog, hält es Wundt für geboten, bei der Suche nach vergleichbaren Disziplinen, deren methodische Prinzipien für die Psychologie fruchtbar gemacht werden können, sich an die Physiologie zu wenden. In der Physiologie aber sei der Entwicklungsaspekt integrativer Bestandteil.

"Indem man die Mechanik und abstracte Physik als die Urbilder betrachtet, denen jede erklärende Wissenschaft nacheifern müsse, läßt man die Verschiedenheit der Bedingungen, unter denen die Gebiete stehen, außer Acht. Wenn die Psychologie in methodischer Beziehung überhaupt mit irgend einer Naturwissenschaft verglichen werden kann, so kommt ihr sicherlich die Physiologie, und zwar, insofern wir von menschlicher Psychologie reden, die Physiologie des Menschen, viel näher als jene aus der Untersuchung der allgemeinsten und völlig unveränderlichen Eigenschaften der Körperwelt hervorgegangenen Gebiete. Kein Physiologe wird aber zugeben, daß die Frage der Entwicklung des Lebens und seiner Functionen nicht vor das Forum der Physiologie gehöre, und daß nicht schließlich nach 'Gesetzen' gesucht werden müsse, die über diese Entwicklung Rechenschaft geben. Ich meine, was für die Physiologie unbestreitbar ist, das trifft für die Psychologie in noch viel höherem Maße zu. ... Auf psychologischem Gebiet ist geradezu alles in den Fluß jenes nie rastenden geistigen Werdens gestellt ..." (Wundt, 1886, S. 13f. ; i.d.B. S. 219).

Wenn aber - in diesem Sinne argumentiert Wundt weiter - auf psychologischem Gebiet der Aspekt des Werdens grundlegender Art ist, dann müssen auch - sofern man den Versuch unternimmt, Gesetze der psychischen Tätigkeit aufzustellen - diese Gesetze weithin den Charakter von Entwicklungsgesetzen tragen. "Wenn es hier jemals gelingen soll, die [psychischen, G. E.] Thatsachen unter Gesetze zu bringen, so werden diese daher nie als zureichende gelten können, wenn sie nicht zu einem großen Theil selbst den Charakter von E n t w i c k l u n g s - g e s e t z e n besitzen" (a. a. O., S. 14; i.d.B. S. 220). Im übrigen sei es doch gar nicht ungewöhnlich, daß Gesetze im Bereich der Geisteswissenschaften den Charakter von Entwicklungsgesetzen haben. Diese beiläufige Bemerkung mußte das Mißfallen seines Kontrahenten in mehrfacher Weise hervorrufen, denn zum einen ist nach Paul die Psychologie die einzige Gesetzeswissenschaft im Bereich der Geisteswissenschaften und zum anderen ist für wissenschaftliche Gesetze die Dimension zeitlicher Veränderungen auszuklammern und als Gesetzesinhalt nur "das in allem Wechsel der Erscheinungen ewig sich gleich Bleibende" zulässig. Das Höchstmaß an Verdruß aber mußte Wundt bei Paul dadurch heraufbeschworen haben, daß er gerade in dessen Fachgebiet, der Sprachwissenschaft, die Existenz von Entwicklungsgesetzen nachzuweisen versuchte.
"Die Psychologie verhält sich hier nicht anders als jede andere Geisteswissenschaft. Auch die Sprachwissenschaft z. B. verzichtet ja, obgleich ihr Object fortwährend dem Fluss geschichtlicher Entwicklung unterworfen ist, keineswegs auf die Formulirung empirischer Gesetze. ... Die empirischen Gesetze, welche so die Sprachwissenschaft findet, sind aber in letzter Instanz sammt und sonders Entwicklungsgesetze. Die Gesetze des Lautwandels z. B. stellen fest, wie sich der Lautbestand einer Sprache oder Sprachengruppe im Laufe der Zeit verändert hat. Die Gesetze der Formbildung bestimmen, wie die sprachlichen Formen geworden sind und wie sie sich umgewandelt haben" (a. a. O., S. 14f. ; i.d.B. S. 220).

Die bereits erwähnte gewaltige Ausstrahlungskraft der darwinistisch-evolutionstheoretischen Postulate trifft auch voll und ganz auf Wundt zu. Seine Auffassung vom psychologischen Gesetz erweist dies eindeutig. Wundt gesteht zu, daß es in der Psychologie teilweise Gesetze "von relativ allgemeingültiger Art" gebe, die "gewisse Regelmäßigkeiten des inneren Geschehens" zum Inhalt haben, die "dieses Moment des Werdens nicht unmittelbar erkennen lassen"; trotzdem sei aus diesen Gesetzen der Entwicklungsaspekt nicht auszuklammern. Diese Gesetze sind sozusagen nur quasi-stationär, denn jene "Bewußtseinsstufe", für die diese bestimmten Gesetze Gültigkeit haben, "steht inmitten einer langen Entwicklungsreihe, und ein psychologisches Verständnis der für sie [eine 'bestimmte Bewußtseinsstufe', G. E.] geltenden Gesetze wird stets die Erkenntnis der niederen Formen des Geschehens voraussetzen, aus denen sie sich entwickelt haben"; es sei die Aufgabe gestellt, "die Gesetze der höheren Stufe in gewissem Sinne als die Entwicklungsproducte der niederen aufzufassen" (a. a. O., S. 15; i.d.B. S. 220f.). Die psychischen Erscheinungen werden somit als Entwicklungsprodukte auf einer bestimmten Entwicklungsstufe betrachtet, und als Entwicklungsprodukte sind die auf einer bestimmten Stufe gegebenen psychischen Erscheinungen genetisch hervorgegangen aus den in der vorhergehenden Stufe bereits enthaltenen "Anlagen".

"Alle geistigen Erscheinungen sind eben jenem Fluss geschichtlichen Werdens unterworfen, bei dem das Vorangegangene ... die Anlagen in sich enthält, aus denen sich die für das Folgende gültigen Gesetze entwickeln werden" (ebda.; i.d.B. S. 221).

Die Parallelität des hier Gesagten zu den Theoremen, wie sie der Darwinismus ursprünglich auf biologischem Gebiet anwandte, dürfte offenkundig sein.

3.2 Die soziale Dimension in Wundts Völkerpsychologie

Mit dem Anliegen Wundts, die genetisch-historische Perspektive in die Untersuchung der "Bewußtseinstatsachen" einzubringen, verbindet sich eine weitere Dimension, die für seine Konzeption der Völkerpsychologie von zentraler Bedeutung ist: die soziale Dimension. In der Völkerpsychologie geht es ganz wesentlich um die sozialen Variablen des Psychischen. Diese Aspektierung wird besonders deutlich, als Wundt nach der relativen Latenzperiode 1863 bis 1899 an der Schwelle vom 19. zum 20. Jahrhundert die noch 1892 als "Jugendsünde" apostrophierte Arbeit an der Völkerpsychologie wieder aufnimmt und im folgenden zehn voluminöse Bände zu diesem Gegenstand vorlegt (Völkerpsychologie. Eine Untersuchung der Entwicklungsgesetze von Sprache, Mythos und Sitte. 10 Bände, 1900 bis 1920). Gleich im Vorwort zum Band 1, der der Sprache gewidmet ist, wird diese soziale Dimension hinreichend deutlich artikuliert: Aufgabe der Völkerpsychologie sei die "Untersuchung der an das Zusammenleben der Menschen gebundenen psychischen Vorgänge (Wundt, 1900, S. 1; i.d.B. S. 241) bzw. - ausführlicher formuliert - die Untersuchung derjenigen "p s y c h i s c h e n   V o r g ä n g e, ... d i e   d e r a l l g e m e i n e n   E n t w i c k l u n g   m e n s c h l i c h e r G e m e i n s c h a f t e n   u n d   d e r   E n t s t e h u n g g e m e i n s a m e r   g e i s t i g e r   E r z e u g n i s s e v o n   a l l g e m e i n g ü l t i g e m   W e r t h e   z u G r u n d e   l i e g e n" (a. a. O., S. 6; i.d.B. S. 247).

Einer der theoretischen Kontexte, innerhalb derer die soziale Dimension in Wundts Überlegungen eingebunden war, war das Problem der Beziehung zwischen Individuum und Gesellschaft, in Wundtscher Terminologie "das Verhältnis des Einzelnen zur Gemeinschaft". Zu diesem Thema hielt er 1891 in der Leipziger Universitätsaula anläßlich des Geburtstages seines Landesherrn, des Königs Albert von Sachsen, eine Rede, die in der Sekundärliteratur zu Wundts Völkerpsychologie meines Wissens bisher nicht beachtet wurde, obwohl sie wert ist, beachtet zu werden. Wundt brachte in dieser Rede zum Ausdruck, daß das Verhältnis des Einzelnen zur Gemeinschaft als "psychologische Frage" zu behandeln sei.

"In der Tat, die Frage, wie sich der Einzelne zu den Lebensgemeinschaften verhält, die ihn umschließen, zu dem Volke, zu dem Staate, denen er angehört, sie ist sicherlich ... eine psychologische Frage. Denn wenn es die geistige Natur des Menschen ist, auf der sein Wesen und die Art seiner Existenz vornehmlich beruhen, so wird diejenige Wissenschaft, die diese geistige Natur zu ihrem Objekte hat, auch zunächst über die Natur der Beziehungen Rechenschaft geben müssen, die in allen jenen Formen menschlicher Gemeinschaft den Menschen mit dem Menschen verbinden" (Wundt, 1914, S. 37).

Das Verhältnis Einzelner - Gemeinschaft wird als ein spezifischer Fall der Teil-Ganzes-Relation aufgefaßt. Das Volk sei mehr als "die Menge der Einzelnen", es "kommt etwas Weiteres hinzu" (a. a. O., S. 37).

"Ohne den Wert des Einzeldaseins preiszugeben, ja unter voller Anerkennung der Tatsache, daß die geistigen Kräfte der Gesamtheit nur in den Einzelnen ihren Ursprung nehmen und nur, indem sie auf die Einzelnen zurückwirken, ein geistiges Gesamtleben erzeugen können, muß sie [die Psychologie, G. E.] doch nicht minder zugestehen, daß dieses Gesamtleben ... eine ihm übergeordnete Realität besitzt" (a. a. O., S. 59).

Bereits in der Abhandlung von 1886 ordnete Wundt im Rahmen der Auseinandersetzung mit Paul die soziale Dimension bzw. das Verhältnis Einzelner - Gemeinschaft in den Bezugsrahmen des Teil-Ganzes-Problems ein: Nachdem er feststellt, daß "für viele psychische Erzeugnisse, wie die Sprache, die mythischen Vorstellungen ... diese Gemeinschaft geradezu eine Lebensbedingung ihrer Existenz" sei, fährt er fort:

"Aber wenn auch selbstverständlich zuzugeben ist, dass die Vorbedingungen zu allem, was eine Gesammtheit hervorbringt, schon in den Mitgliedern derselben gelegen sein müssen, so ist damit doch keineswegs gesagt, dass diese Erzeugnisse auch aus

jenen Vorbedingungen vollständig erklärbar sind. Vielmehr ist zu erwarten, dass die Coexistenz eine Vielheit gleichartiger Individuen und die Wechselwirkung, welche dieselbe mit sich führt, als eine neu hinzutretende Bedingung auch neue Erscheinungen mit eigenthümlichen Gesetzen hervorbringen wird. Diese Gesetze werden zwar niemals mit den Gesetzen des individuellen Bewusstseins in Widerstreit treten können, aber sie werden darum doch in den letzteren ebenso wenig schon enthalten sein ..." (Wundt, 1886, S. 10f. ; i.d.B. S. 216). (Bekanntlich hat Wundt später aus der Einsicht in die Übersummativität des Ganzen gegenüber den Teilen das "Prinzip der schöpferischen Synthese" abgeleitet.)
Man könnte nach diesen gedanklichen Vorarbeiten Wundts (1886, 1891) vermuten, daß die 1900 wieder in Angriff genommene Völkerpsychologie nunmehr den Weg bahnt für die Etablierung einer Sozialpsychologie. Wundt selbst diskutiert diese Frage. Wenn die Völkerpsychologie "den Menschen in allen den Beziehungen, die über die Grenzen des Einzeldaseins hinausführen, ... zum Gegenstande ihrer Untersuchung nimmt", könne man doch potentiell auch von "'socialer' Psychologie" sprechen. Wundt lehnt jedoch diese Bezeichnung ab, weil sie angesichts ihrer Nähe zu Untersuchungsgegenständen der Soziologie "leicht Missverständnissen begegnen" könne (Wundt, 1900, S. 3; i.d.B. S. 243). Doch abgesehen von der namentlichen Kennzeichnung ist die Frage zu stellen, ob Wundts Völkerpsychologie tatsächlich zu einer Sozialpsychologie hinführen konnte. Die Beantwortung dieser Frage hängt natürlich davon ab, wie der Gegenstand der Sozialpsychologie definiert wird. Faßt man Sozialpsychologie als eine psychologische Disziplin auf und nicht als eine soziologische, die sich mit gesellschaftlichen Phänomenen als solchen beschäftigt, und auch nicht als ein Zwischending zwischen Psychologie und Soziologie, so würde zumindest **von ihrer Gegenstandsbestimmung her** die Wundtsche Völkerpsychologie auf eine psychologische Sozialpsychologie hindeuten. Überindividuelle Abstraktionen kommen für ihn als psychologische

Untersuchungseinheiten nicht in Betracht. Die "an das Zusammenleben der Menschen gebundenen psychischen Vorgänge" sind nach wie vor individualpsychische Prozesse. Explizit in diesem Sinne äußert er sich etwa in seiner "Logik":
"Die Völkerpsychologie hat sich dessen bewußt zu bleiben, daß die Erzeugnisse, deren Träger die Gemeinschaft ist, in den Individuen, aus denen sich diese zusammensetzt, ihre letzten Quellen haben muß, da es ein geistiges Gesamtleben außerhalb der einzelnen ebensowenig gibt, wie einen physischen Zusammenhang der Individuen irgend einer Stammes- oder Volksgemeinschaft, der außerhalb der individuellen physischen Organismen existierte" (Wundt, 1921a, S. 225). Um nun aber die Besonderheit der "an das Zusammenleben der Menschen gebundenen" psychischen Vorgänge zu kennzeichnen, bedient er sich eines Hilfskonstrukts, des Begriffes "Volksseele". Den Begriff "Volksseele" versucht er einerseits abzugrenzen von dem unter dem Verdacht der Substantialisierung stehenden Begriff "Volksgeist" bei Lazarus/Steinthal und andererseits in Übereinstimmung zu bringen mit seinem Aktualitätstheorem. Bekanntlich hatte Wundt mit seinem Aktualitätstheorem Psychisches als Geschehen, als Prozeß zu bestimmen versucht:
"Dann wird aber ... zum eigentlichen Object der Psychologie lediglich der Thatbestand des psychologischen Geschehens. Die Seele im Sinne der psychologischen Untersuchung ist kein außerhalb dieses Thatbestandes gelegenes Wesen mehr, sondern dieser Thatbestand selber. ... Nennt sie [die Psychologie, G. E.] das Object ihrer Untersuchung, dem alten Sprachgebrauch folgend, Seele, so ist diese Seele eben nichts anderes als die Gesammtheit aller inneren Erlebnisse" (Wundt, 1886, S. 10; i.d.B. S.215).
Ähnlich äußert er sich bereits in seiner "Logik":
"Der actuelle Seelenbegriff" bezeichne "diejenigen Anschauungen, nach welchen das Geistige reine Actualität besitzt oder unmittelbar in den Äußerungen des geistigen Lebens selbst gegeben ist" (Wundt, 1883, S. 502). Die Verquickung von Aktualitätstheorem und Volksseele-Begriff wird mit dem Hinweis

auf die Realität "gemeinsamer Vorstellungsbildungen, Gefühle und Strebungen" zu begründen versucht:
"Es bleibt nicht abzusehen, warum wir nicht vom Standpunkte des ... actuellen Seelenbegriffs aus diese gemeinsamen Vorstellungsbildungen, Gefühle und Strebungen mit demselben Rechte als Inhalt einer Volksseele ansehen, wie wir unsere eigenen Vorstellungen und Gemüthserregungen als den Inhalt unserer individuellen Seele betrachten, oder warum wir etwa jener Volksseele weniger Realität als unserer eigenen Seele beilegen sollen" (Wundt, 1886, S. 11; i.d.B. S. 216). "Für alle unsere Beobachtung" sei "die Realität der Volksseele eine ebenso ursprüngliche ... wie die Realität der Einzelseelen" (ebda.).
Indes kann der Verdacht, daß der Begriff "Volksseele" letztlich doch mit Substantialisierungstendenzen verbunden ist, auf die Dauer nicht überzeugend ausgeräumt werden. Jedenfalls drängt sich dieser Verdacht auf, wenn man etwa beim späten Wundt liest, daß die "geistige Gemeinschaft", die "Trägerin einer Fülle eigentümlicher ... Lebensvorgänge", als "geistiger Organismus" bezeichnet wird, oder wenn man liest, daß die "Volksgemeinschaft", auch "Volksorganismus" genannt, "die Fähigkeit in sich trägt, eine selbständige Willenseinheit zu entwickeln, die ihm den Charakter einer ... übergeordneten Gesamtpersönlichkeit verleiht" (Wundt, 1921a, S. 293).
Wenn Wundt dem "Volksorganismus" die Fähigkeit zuschreibt, eine selbständige Willenseinheit zu entwickeln, so kommt letztlich der Substantialisierungsgedanke, dem er ursprünglich das Aktualitätstheorem entgegensetzte, auf Umwegen bzw. auf einem anderen Wege als bei Lazarus/Steinthal wieder zur Geltung. Es ist nicht mehr der Geist, sondern der Wille, der im Rahmen des Wundtschen Voluntarismus hypostasiert wird. Spet spricht in diesem Zusammenhang von einer "voluntaristischen Mythologie" bei Wundt und fragt:
"Was hat er [Wundt, G. E.] Neues anstelle der von ihm verurteilten Analogie der Herbartianer zwischen dem Vorstellungsmechanismus im Individuum und der Wechselwirkung der

Individuen gebracht? Höchstens die Gemeinsamkeit des Willens anstelle der Gemeinsamkeit der Vorstellungen im kollektiven Geist. Aber wie soll man sich diese Gemeinschaft vorstellen, ohne dabei zu einer Hypostasierung des Willens zu gelangen?" (Spet, 1927, S. 55).
Mit dem Festhalten am Begriff "Volksseele" hat Wundt demzufolge die Konsequenzen, die aus seinem Aktualitätstheorem resultieren, de facto selbst in Frage gestellt.
Was aber die von uns eingangs gestellte Frage betrifft, ob Wundt mit seiner Völkerpsychologie den Weg für eine empirische Sozialpsychologie anbahnte, müssen wir auf diesem Hintergrund folgendes zu bedenken geben: Wundt ging es in seiner Völkerpsychologie natürlich um "die Untersuchung der an das Zusammenleben der Menschen gebundenen psychischen Vorgänge"; aber mit der Untersuchung dieser Vorgänge meinte er nicht die Untersuchung der Interaktion zwischen Individuen selbst, sondern die der "Erzeugnisse", die aus diesen Interaktionen hervorgegangen sind, und zwar der "Erzeugnisse" Sprache, Mythus und Sitte, gefaßt als Manifestationen der "Volksseele". Mit anderen Worten: Nicht die interpersonelle Wechselwirkung selbst, sondern die (geistigen) Objektivationen der interpersonellen Wechselwirkung sind die Analyseeinheit. Faktisch hat damit Wundt den Zugang der Völkerpsychologie zu einer methodologisch tragfähigen sozialpsychologischen Untersuchung selbst versperrt. Das konzeptionsimmanente Hindernis bestand in der Unmöglichkeit, von den Objektivationen interindividueller Wechselwirkung (Sprache, Mythus, Sitte) auf die dieser Wechselwirkung zugrundeliegenden psychischen Regulationsmechanismen zu schließen (Eckardt, 1988). Genau an diesem Punkt setzt dann auch Paul seine Kritik an:
"Das Problem, welches für mich im Mittelpunkt der Wechselwirkung steht, die Frage, w i e sich die Wechselwirkung der Individuen untereinander vollzieht, ist für Wundt überhaupt kein Problem" (Paul, 1920, S. VII). In ähnlicher Weise bedauert Haase, daß Wundt "auf jede unmittelbare Beobachtung in-

terindividueller psychischer Vorgänge" verzichte (Haase, 1927, S. 14).
Die Frage ist, ob Wundt die Problemfelder, die später die Sozialpsychologie thematisiert hat, gesehen oder nicht gesehen hat. Laucken meint, die Ausklammerung genuin-sozialpsychologischer Fragestellungen resultiere "nicht aus mangelnder Einsicht in Forschungsnotwendigkeiten", sondern daraus, daß er (Wundt) "die Erforschung des aktuellen geistigen Zusammenlebens für methodisch nicht bewältigbar erachtet" (Laucken, 1994, S. 42). Wie dem auch sei, Fakt ist, daß Wundt keinen direkten Forschungszugang zur Sozialpsychologie fand.

3.3 Die Wundtsche Völkerpsychologie als nicht-experimenteller Teil einer allgemeinen Psychologie

Wenn Wundt mit seiner Völkerpsychologie also keinen Zugang zum genuinen Gegenstandsbereich einer empirischen Sozialpsychologie eröffnete bzw. eröffnen konnte, so erhebt sich die Frage, welche Einsichten oder Erkenntnisse er sonst aus der Analyse der (geistigen) Produkte interindividueller Wechselwirkung bzw. - wie er es genannt hat - aus der "Untersuchung der Entwicklungsgesetze von Sprache, Mythus und Sitte" zu gewinnen hoffte. Bei der Beantwortung dieser Frage müssen wir nochmals zurückkehren zum jungen Wundt: "Wo das absichtliche Experiment aufhört, da hat die Geschichte für den Psychologen experimentiert" (Wundt, 1863, Bd. 1, S. IX). Während aber 1863 jener die "Geschichte" aufgreifenden Völkerpsychologie der Stellenwert einer Ergänzung zur experimentell arbeitenden Individualpsychologie zugemessen wurde, wird ab etwa 1883 (in der "Logik", vgl. van Hoorn und Verhave, 1980, S. 96f.) eine gleichberechtigte Nebenordnung von Individualpsychologie und Völkerpsychologie vorgenommen. Explizit ist von der "Völkerpsychologie als einer selbständig neben der Individualpsychologie stehenden ... Disciplin" (Wundt, 1886, S. 22; i.d.B. S. 229f.) die Rede. Die Völkerpsychologie sei neben der Individualpsychologie "ein Theil der allgemeinen Psychologie" (a. a. O., S. 21; i.d.B. S. 228). Welches aber sind die Gegenstände der Völkerpsychologie als Teil der allgemeinen Psychologie? Die Antwort auf diese Frage ist zunächst noch relativ unbestimmt und beschränkt sich auf Andeutungen: Die Resultate der Völkerpsychologie "bieten vielfach auch für die individuelle Psychologie werthvolle Aufschlüsse dar, weil Sprache, Mythus und Sitte als Erzeugnisse des Gesammtgeistes zugleich ein Material abgeben, aus welchem auf das geistige Leben der Einzelnen zurückgeschlossen werden kann. So werfen z. B. die Erscheinungen der Sprache, die an sich nur als eine Schöpfung des Gesammtgeistes zu begreifen ist, doch zugleich ein helles Lichte auf die psychologische Gesetzmäßigkeit des individuellen Denkens" (a. a. O., S. 21; i.d.B. S. 228); die völkerpsychologischen Tatsachen gewännen "den Werth eines zur Erklärung der individuellen Bewusstseinserscheinungen überaus werthvollen objectiven Materials" (a. a. O., S. 22; i.d.B. S. 228). Die Funktionen, denen die Untersuchung der einzelnen Gegenstände der Völkerpsychologie - Sprache, Mythus und Sitte - je für sich genommen bezüglich der individuellen (allgemeinen) Psychologie zukommen, werden dann relativ abstrakt beschrieben: "Die Sprache enthält die allgemeine Form der in dem Volksgeiste lebenden Vorstellungen und die Gesetze ihrer Verknüpfung. Der Mythus birgt den ursprünglichen Inhalt dieser Vorstellungen in seiner Bedingtheit durch Gefühle und Triebe. Die Sitte endlich schließt die aus diesen Vorstellungen und Trieben entsprungenen allgemeinen Willensrichtungen in sich" (a. a. O., S. 25; i.d.B. S. 232).

Trotz der einstweiligen Vagheit dieser Aussagen wird aber immerhin soviel deutlich: Wundt hoffte, aus den "geistigen Erzeugnissen" Sprache, Mythus und Sitte Rückschlüsse auf die ihnen vermeintlich zugrundeliegenden Prozesse Denken, Fühlen und Wollen, ja sogar auf die "Gesetzmäßigkeit" dieser Prozesse ziehen zu können. Das Vorhaben, von der Analyse der O b j e k t i v a t i o n e n komplexer psychischer Prozesse

Gesetzesaussagen über die ihnen zugrundeliegenden psychischen F u n k t i o n e n abzuleiten, erwies sich als eine nicht realisierbare methodologische Strategie. Treffend charakterisiert Danziger (1983, S. 310) Wundts "historical failure": "... he had to leap constantly from the products of interaction to intraindividual processes, while the crucial mediating process never advanced beyond the status of a general theoretical postulate".
Kaum wundern sollte man sich infolgedessen über Pauls ironisch-rhetorische Frage: "Fragen wir: welches sind die psychologischen Gesetze, die Wundt aus seiner Beobachtung der Sprache abgeleitet hat? Ich muß gestehen, daß ich vergebens danach gesucht habe" (Paul, 1910, S. 321).
Wundt indes maß in seinem weiteren Entwicklungsgang der Völkerpsychologie im Gesamtsystem der Psychologie zunehmende Bedeutung bei. Die Völkerpsychologie sollte die aus dem begrenzten Anwendungsbereich des Experiments resultierenden Leerstellen auffüllen: die Untersuchung der sogenannten "komplexen" oder "höheren" psychischen Prozesse. Mit fortschreitendem Alter wird diese Zweiteilung der Psychologie immer deutlicher formuliert. Im "Grundriß der Psychologie" (1896, 2. Auflage 1897) etwa heißt es: "Demnach verfügt die Psychologie ... über zwei exakte Methoden: die erste, die experimentelle Methode, dient der Analyse der einfacheren psychischen Vorgänge; die zweite, die Beobachtung der allgemeingültigen Geisteserzeugnisse, dient der Untersuchung der höheren psychischen Vorgänge und Entwicklungen" (Wundt, 1897, S. 28). Auf diese Weise etabliert Wundt jenes "folgenreiche Grundkonzept einer dualen methodischen und gegenständlichen Begründung der Psychologie" (Sprung, 1979, S. 78).
Wundt trieb die Dichotomisierung zwischen experimenteller (physiologischer) Psychologie und Völkerpsychologie so weit voran, daß er die vergleichend-historische Methodik der Völkerpsychologie für die einzig mögliche und geeignete hielt, um höhere psychische Prozesse einer wissenschaftlichen Analyse zu unterziehen. Gegen Ende seines Lebens behauptete er, "daß die Objekte der Völkerpsychologie, Sprache, Mythus und der-

gleichen Quellen psychologischer Erkenntnisse sind, für die es innerhalb der Individualpsychologie keinen Ersatz gibt" (Wundt, 1921a, S. 226). Seine scharfe Polemik gegen die Bemühungen der Würzburger Schule (Kontroverse Wundt vs. Külpe), Denkprozesse einer experimentellen Analyse zu unterziehen, sind eine Bestätigung für die Radikalität, mit der er an diesen Auffassungen festhält.

3.4 Der Rückfall in eine psychologische Interpretation der Geschichte

Wird in den programmatischen Erklärungen Wundts zum Anliegen seines Monumentalwerkes "Völkerpsychologie" zumindest der Anspruch erhoben, der Analyse höherer psychischer Prozesse dienlich zu sein und damit psychologische Gegenstände zu behandeln, so verschieben sich in dem Werk "Elemente der Völkerpsychologie" (1912) Inhalte und Ziele der Fragestellungen erheblich. Wundt selbst meint zwar, nur eine methodisch andere Perspektive einzunehmen: Während er in der "Völkerpsychologie" den Weg eingeschlagen habe, "die einzelnen wichtigen Erscheinungen des gemeinsamen Lebens nacheinander heraus (zu)greifen und in ihrer Entwicklung (zu) verfolgen", also eine Methode anzuwenden, "bei der man durch den ganzen Verlauf völkerpsychologischer Entwicklung gleichsam Längsschnitte legt", wolle er in den "Elementen" methodisch anders verfahren, nämlich "Querschnitte" legen, "indem man die Hauptstufen völkerpsychologischer Entwicklung nacheinander und jede in dem Gesamtzusammenhang ihrer Erscheinungen betrachtet" (Wundt, 1912, S. 6f.; i.d.B. S. 279). Oelze (1991, S. 120) hat mit einer schematischen Darstellung die Verschränkung der methodischen Perspektiven, wie sie dem Selbstverständnis Wundts entsprach, veranschaulicht:

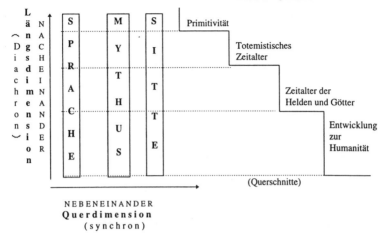

Die Verschiebung der methodischen Perspektive führt Wundt aber unversehens zu einer Verschiebung der inhaltlichen Gegenstände. Das Ergebnis dieser Verschiebung ist die Konstruktion einer Abfolge von Stufen der Menschheitsentwicklung, mithin eine Interpretation geschichtlicher Entwicklungen. Die Menschheitsgeschichte wird als eine Sequenz von vier Stufen interpretiert: 1. die Stufe des primitiven Menschen, 2. das totemistische Zeitalter, 3. das Zeitalter der Helden und Götter, 4. die Entwicklung zur Humanität. Die Annahme, daß bei der Rekonstruktion der Geschichte das Darwinsche Modell der Entwicklung als Höherentwicklung Pate gestanden haben dürfte, liegt nahe.

Wenn die Aufgabe der Völkerpsychologie, wie sie in den "Elementen" umschrieben wird, darin besteht, "die wesentlichen psychologischen Motive aufzuweisen, durch die sich ... aus dem Ursprünglichen das Spätere, aus dem Primitiven das Vollkommenere ... gestaltet hat" (Wundt, 1912, S. 12; i.d.B. S. 283), so wird letztlich eine Richtung eingeschlagen, die weg von einer Analyse psychischer Prozesse selbst und hin zu einer psychologisierenden Geschichtsbetrachtung führt. Wundt begibt sich damit selbst auf Problemfelder, die er bei seiner Kritik der Lazarus-Steinthalschen Konzeption nachdrücklich ausgeklammert wissen wollte. In der Abhandlung von 1886 hatte er Lazarus und Steinthal eine mangelnde Abgrenzung von genuinen Themenstellungen der Geschichte und der Geschichtsphilosophie vorgeworfen (Wundt, 1886, S. 3-7; i.d.B. S. 207-212) und darauf hingewiesen, daß Herder und Hegel vielleicht gar nicht so unrecht gehabt hätten, wenn sie "nicht bestrebt waren, rein psychologische Gesetze der historischen Entwicklung aufzustellen, ... da die psychologischen Kräfte immerhin nur eines der Elemente abgeben, die für den Causalzusammenhang der Geschichte in Betracht kommen" (a. a. O., S. 7; i.d.B. S. 211f.). Nun begibt sich Wundt selbst in die Gefilde einer Interpretation der gesamten Menschheitsgeschichte, und bei Lichte besehen geht es ihm gar nicht mehr darum, sprachwissenschaftliche und ethnographische Daten zu verwenden, um psychische Prozesse im Individuum aufzuklären. Danziger kommentiert diesen Tatbestand als bemerkenswerte Kehrtwende: "Very late in his life Wundt did return to the former objective, in the speculative E l e m e n t s   o f   F o l k   P s y c h o l o g y (Wundt, 1912). ... It seems that after half a century Wundt permitted himself to return to some of sins of his youth in this little work" (Danziger, 1983, S. 308). In der Sekundärliteratur wird im Zusammenhang mit der thematischen Ausweitung der Völkerpsychologie in den "Elementen" mitunter auf das fortgeschrittene Alter Wundts und die damit einhergehende Tendenz, synthetisch größere Sinnzusammenhänge zu reflektieren, rekurriert (Oelze, 1991, S. 119), ähnlich wie man dies etwa bei dem älteren Freud ("Das Unbehagen in der Kultur") habe beobachten können (van Hoorn und Verhave, 1980, S. 97). Mögen auch solche altersbedingten Präferenzen bei der Behandlung von Themen begünstigend eine gewisse Rolle gespielt haben, entscheidend war meines Erachtens, daß Wundt in den "Elementen" das konkret umsetzte, was er schon lange vorher propagiert hatte: die Anwendung der Prinzipien der psychischen Kausalität auf die Geisteswissenschaften. So plädierte er etwa schon in seinem "System der Philosophie" (1. Auflage

1889, 3. Auflage 1907) dafür, daß die Prinzipien der psychischen Kausalität "ebensowohl in der Psychologie selbst wie in allen Gebieten, in denen psychologische Motivierung und Deutung der Tatsachen in Frage kommen, ihre Anwendung finden" (Wundt, 1907, II, S. 172). Zu diesen Gebieten gehört zweifellos die Geschichte. Ergo fordert er, "die Tatsachen der geschichtlichen Entwicklung nicht nach irgendwelchen von außen an sie herangebrachten Gesichtspunkten zu beurteilen, ... sondern das wirkliche Geschehen nach allen ihm selbst immanenten Kräften abzuschätzen. Diese immanenten Kräfte der Geschichte sind aber die seelischen Motive, die in den Gemeinschaften wie in den Einzelnen lebendig sind" (a. a. O., S. 221). Die Geschichtsphilosophie wird zur "angewandten Psychologie" degradiert und die Psychologie zur "Mutterwissenschaft der Geschichtsphilosophie" aufgewertet: Die Geschichte bilde "das umfassendste Entwicklungsgebiet für die alle seelische Entwicklung beherrschenden Gesetze der psychischen Resultanten, Relationen und Kontraste samt dem aus ihnen resultierenden Prinzip der Heterogonie der Zwecke" (ebda.). Das letztgenannte Prinzip der Heterogonie der Zwecke (Nicht-Äquivalenz von subjektiver Zwecksetzung als Willensakt und objektiv erreichtem Zweck als Wirkung) macht er im übrigen gegen die Annahme einer objektiven Zweckbestimmtheit der Geschichte (gegen Hegel) geltend.

Worin besteht nun der potentielle psychologische Gehalt einer so verstandenen Konzeption von Völkerpsychologie? Zunächst Wundts Selbstverständnis zu diesem Punkt: In der Einleitung zu den "Elementen" meint er, die Völkerpsychologie "führt uns ... in der Betrachtung der verschiedenen Stufen geistiger Entwicklung, die die Menschheit noch heute bietet, den Weg einer wahren Psychogenese. ... So ist die Völkerpsychologie im eminenten Sinne des Wortes E n t w i c k l u n g s p s y c h o l g i e " (Wundt, 1912, S. 4; i.d.B. S. 275f.).[6] Die Frage ist, ob

---

[6] Vier Jahre später lehnte Wundt allerdings den Versuch F. Kruegers, die Völkerpsychologie als Entwicklungspsychologie weiterzuführen, entschieden ab (Krueger, 1915; Wundt, 1916; vgl. Oelze, 1991, S. 125-129).

diese Charakterisierung der Völkerpsychologie als Entwicklungspsychologie nachvollzogen werden kann. Wenn man die einzelnen Kapitel der "Elemente" liest, gewinnt man eher den Eindruck, daß es im wesentlichen hier um eine Rekonstruktion der Kulturentwicklung der Menschheit geht. Natürlich werden dabei Einsichten in die Historizität des Psychischen in dem Sinne, wie dies etwa heute von der Historischen Psychologie verstanden wird, gewonnen (vgl. Jüttemann, 1995). Das Psychische bzw. die Historizität des Psychischen selbst wird aber nicht untersucht. Untersucht wird die Entwicklung von (geistigen) Objektivationen psychischer Tätigkeit im Laufe der Geschichte. Wenn auch die Rekonstruktion der Kulturentwicklung den Rekurs auf die Historizität des Psychischen implizit enthält, ist dennoch prinzipiell zu unterscheiden, ob die historische Veränderlichkeit des Psychischen oder psychologische Parameter der historischen Entwicklung der Untersuchungsgegenstand sind. Mit anderen Worten: Historizität des Psychischen ist nicht zu verwechseln mit der Psychologisierung des Historischen. In den "Elementen" ging es um den letzten Teil der Gegenüberstellung.

Die verheißungsvollen Proklamationen des jungen Wundt (1862, 1863), mit der Völkerpsychologie eine genetische Herangehensweise an die Untersuchung psychischer Phänomene initiieren zu wollen, sind somit leider nicht in konkrete Forschungsprogramme transformiert worden. Anstelle einer Einbringung genetisch-historischer Aspekte in die Untersuchung des Psychischen findet eine Einbringung psychologischer Aspekte in die Untersuchung der Geschichte statt.

3.5 Wirkungsgeschichtliche Aspekte der Völkerpsychologie Wundts

Vergleicht man aus der Retrospektive die Wirkungen, die von Wundts Konzeption einer "physiologischen Psychologie" auf die Gesamtentwicklung der Psychologie ausgingen, mit der

Resonanz, die längerfristig seine Völkerpsychologie erzielte, ist zweifellos ein enormer Unterschied zu konstatieren. Während das mit der Physiologischen Psychologie initiierte experimentelle Paradigma bald internationale Verbreitung im großen Stile fand, wurde es um die Völkerpsychologie nach Wundts Tod doch erheblich stiller. Dennoch sollte nicht außer acht gelassen werden, a) daß es mittelbare und unmittelbare Einflüsse der Wundtschen Völkerpsychologie auf die Gesamtentwicklung der Psychologie durchaus gab, b) daß von der Völkerpsychologie ausgehende Anregungen in einem breiten Spektrum von Geistes-, Kultur- und Sozialwissenschaften aufgegriffen wurden.

Zu a: Was die Weitertradierung des Begriffs "Völkerpsychologie" im deutschsprachigen Raum betrifft, ist in erster Linie auf Hellpach (1938) hinzuweisen (vgl. Gundlach, 1984; Stallmeister & Lück, 1991). Das Hellpachsche Verständnis von Völkerpsychologie unterscheidet sich jedoch wesentlich von dem Wundts. Versuche, Völkerpsychologie für die Entwicklungspsychologie fruchtbar zu machen, unternahmen bereits zu Lebzeiten Wundts Felix Krueger (1915; vgl. Abschnitt 3.4), später Heinz Werner (1926).

Auch in den USA wurde das Hauptgewicht der Wirkungen Wundts durch die physiologische qua experimentelle Psychologie bestimmt. Die von Brozek berichteten Ergebnisse einer quantitativen Zitationsanalyse machen dies hinreichend deutlich: "The 'best sellers' by far, are 'Grundzüge' - The Principles of Physiological Psychology, accounting for 62% of all the book citations. ... Importantly, Wundt's 10 volume Völkerpsychologie accounts for only 3,8%. ... In comparison with the 62% for the 'Grundzüge', the Völkerpsychologie fared very poorly in America, indeed" (Brozek, 1980, S. 201). Eine bemerkenswerte Ausnahme bildet Ch. H. Judd (1873-1946). Ein etwas ausführlicheres Eingehen auf Judd bietet sich insofern an als seine an Wundt orientierten Auffassungen die konzeptionsimmanenten Grenzen beleuchten, die der Völkerpsychologie hinsichtlich einer p s y c h o l o g i s c h e n Analyse interpersoneller Wechselwirkungen eigen sind. Judd wirft seinen Landsleuten vom Fach, insbesondere Titchener, vor, einen verkürzten Wundt zu rezipieren (Judd, 1897; vgl. Brock, 1992, S. 18f.). Er seinerseits akzeptiert nachdrücklich die Wundtsche Nebenordnung von experimenteller Psychologie und Völkerpsychologie: "That branch of psychology by which we extend our knowledge of human nature beyond what we can learn through a study of the nervous structures is called 'experimental psychology'. In addition to experimental methods, psychology uses also the methods of anthropology and history, thus developing what is known as 'social psychology'" (Judd, 1931, S. 532, zitiert nach Brock, 1992, S. 19). Am deutlichsten kommt die Bezugnahme Judds auf Wundts Völkerpsychologie in dem Werk "Psychology of Social Institutions" zum Tragen. Judd vertritt in diesem Buch die These, daß die "collective mental activity" solche Kulturphänomene wie Sprache, Werkzeuge, Zahlen, Gewichte und Maße, Kunst, Musik, Religion und Regierung hervorgebracht habe, die durch das Individuum allein nicht hätten geschaffen werden können. Dieses "accumulated social capital" sei historisch entstanden und im Prozeß der Sozialisation von Generation zu Generation weitertradiert worden. Das Individuum müsse sich, um seine Existenz zu sichern, den sozialen Institutionen anpassen. Ein wesentliches Instrument dieser Anpassung sei die Erziehung.

Immerhin hatte sich zu dem Zeitpunkt als Judds "Psychology of Social Institutions" erschien (1926), bereits die am Behaviorismus orientierte experimentelle Sozialpsychologie, als deren bekanntester Protagonist F. H. Allport (1890-1978) galt, etabliert. Für die Sozialpsychologie Allports (1924) bildeten jedoch nicht soziale Phänomene, Gruppierungen oder Institutionen den Bezugspunkt, sondern Individuen, sofern sie wechselseitig in Beziehung zueinander treten (social stimulus→ social reaction). Im individualistisch orientierten Amerika jener Jahre hatte das Programm F. H. Allports wesentlich bessere Chancen, meinungsbildend zu wirken, als Judds "kollektivistisches", das als "unamerikanisch" galt (vgl. Brock, 1992, S. 20f.). Aber abgesehen von diesem individualistischen "background" im Amerika der 20er und 30er Jahre macht die an Wundt orientierte Konzeption Judds im nunmehr gegebenen Kontext der Auseinandersetzung mit einer individuumsbezogenen experimentellen Sozialpsychologie (wenn auch behavioristischen Zuschnitts) deutlich, daß das, was die m e t h o d o l o g i - s c h e Analyse bereits ergab (die Unmöglichkeit, von der Untersuchung der Objektivationen interindividueller Wechselwirkung Aussagen über die ihnen zugrundeliegenden psychischen Funktionen und deren Regulationsmechanismen abzuleiten (s. Abschnitt 3.3)), durch den h i s t o r i s c h e n Gang der Ereignisse bestätigt wird: Von der Völkerpsychologie Wundtscher Prägung (in den USA repräsentiert durch Judd) konnte kein Weg zu einer p s y c h o l o g i s c h e n Sozialpsychologie, die vom Individuum und von den sozialen Wechselwirkungen zwischen Individuen ausgeht und sich dabei experimenteller Methoden bedient, führen. Wohl aber ergaben sich diverse Anknüpfungspunkte zu einer s o z i o l o g i s c h e n Konzeption von Sozialpsychologie. Judd kann hier als Beispiel genannt werden. G. H. Mead wird noch zu nennen sein. Damit gelangen wir jedoch zu den Wirkungen Wundts, die außerhalb des Gegenstandsbereiches der Psychologie im engeren Sinne liegen, nämlich zu den Wirkungen im Bereich der Geistes-, Kultur- und Sozialwissenschaften im weitesten Sinne.

Zu b: Unter den Sozialwissenschaftlern, deren Arbeiten und Denkweise wesentlich durch Wundts Völkerpsychologie beeinflußt wurden, ist neben Durkheim an exponierter Stelle George Herbert Mead (1863-1931) zu nennen. Mead hörte während seines Studienaufenthaltes in Deutschland unter anderem Vorlesungen bei Wundt (Wintersemester 1888/89). Nach den USA zurückgekehrt, widmete er den ersten Bänden der "Völkerpsychologie" ausführliche Besprechungen im "Psychological Bulletin" (Mead, 1904 und 1906, in: Mead, 1987), erörterte das Verhältnis von Sozialpsychologie und Physiologischer Psychologie (1909) und rezensierte später die englische Ausgabe der "Elemente der Völkerpsychologie" im "American Journal of

Theology" (1919). Wundts Verständnis der Ausducksbewegungen als Quelle der Sprache und die damit verbundene Hervorhebung der kommunikativen Funktion von Gesten bzw. Gebärden (Wundt, 1900) bildete für Mead eine wichtige Anregung.
Das, was Mead an Wundts Auffassung über die Quellen der Sprachentwicklung interessiert, ist das Eingebettetsein der Ausdrucksbewegungen (Gebärden, Lautgebärden) in soziale Interaktionsprozesse und die aus dieser Einbettung resultierende Zeichenfunktion von Gebärden: "Die gegenwärtig herrschende Lehre, die am ausführlichsten Wundt im ersten Band seiner Völkerpsychologie dargestellt hat, betrachtet die Sprache als ein Ergebnis von Gebärden, der Lautgebärden" (Mead, 1987 [1909], S. 207). Gebärden erlangen ihre kommunikative Funktion zufolge der Tatsache, daß sie im sozialen Kontext, d. h. in Beziehung auf andere Individuen, realisiert und damit bedeutungshaltig werden. "Offensichtlich hätten die Körper- und Lautgebärden ohne die ursprüngliche Situation einer sozialen Interaktion niemals ihre Zeichenfunktion erreichen können. Erst durch die Beziehung auf andere Individuen ist ein Ausdruck von einem bloßen Ausfluß nervöser Erregung zu einer Bedeutung geworden. Und diese Bedeutung bestand eben im Wert einer Handlung für ein anderes Individuum" (ebda.).
Der hier thematisierte Denkansatz bildet dann ein konstitutives Element des nach Meads Tod als "sozialer Interaktionismus" bezeichneten sozialwissenschaftlichen Theoriensystems. Laucken (1994, S. 86) kennzeichnet dieses Element als "Semantisierung sozialer Beziehungen". Kann Meads Rezeption der ersten Bände der "Völkerpsychologie" somit durchaus als eine produktive Erschließung des in diesen Abhandlungen angelegten sozialpsychologischen Gehalts bewertet werden (Farr, 1983, spricht explizit von einer Weiterführung Wundts), so werden dem Anliegen, das Wundt mit den "Elementen der Völkerpsychologie" verfolgte, erhebliche Vorbehalte entgegengebracht. Mead moniert, daß die Konstruktion von vier Phasen

der psychologischen Entwicklungsgeschichte der Menschheit "nicht als Ergebnis einer psychologischen Untersuchung des Menschen und seiner Evolution" betrachtet werden könne (Mead, 1987 [1919], S. 285), sondern stark von geschichtsphilosophischen Implikationen bestimmt sei. Man müsse deshalb "zwischen Wundts psychologischer Untersuchung und seiner Geschichtsphilosophie unterscheiden", wobei letztere "im Grunde keine Beziehung zu seinem psychologischen Unternehmen besitzt" (ebda.).

Zu den Wissenschaftsdisziplinen, die mit der Völkerpsychologie in engster Wechselbeziehung standen, gehört zweifellos die Ethnologie. Ohne die Fülle des von Ethnologen zusammengetragenen Materials hätte Wundt seine zehn Bände "Völkerpsychologie" nicht schreiben können. Genau so wichtig ist es aber auch, auf die Rückwirkungen, die von Wundts Konzeption auf die Ethnologie und insbesondere die Kulturanthropologie ausgingen, hinzuweisen. Franz Boas (1858-1942) bietet ein prototypisches Beispiel für diese Wechselwirkungsbeziehungen. Auf der einen Seite hat Boas bereits 1888, möglicherweise in Kenntnis des Lazarus-Steinthalschen Ansatzes (vgl. Kalmar, 1987), aber jedenfalls lange vor dem Erscheinen des Wundtschen Monumentalwerks, betont, daß "den von Ethnologen gesammelten Thatsachen bei diesen [= völkerpsychologischen, G. E.] Forschungen eine große, wichtige Rolle zufällt" (Boas 1889, S. 20); Untersuchungen zur historischen Entwicklung des logischen Denkens beispielsweise müßten "ihre Hauptquellen aus dem Studium der Naturvölker schöpfen" (ebda.) - die Nähe zur völkerpsychologischen Programmatik Wundts ist offensichtlich! Auf der anderen Seite gingen von der Völkerpsychologie Wundts wichtige Anregungen auf Boas' Weiterentwicklung der Ethnologie zur Kulturanthropologie aus. Boas hat während seiner Studienzeit in Deutschland (Studium der Physik, Mathematik und Geographie in Heidelberg, Bonn und Kiel 1877-1881) nie Vorlesungen Wundts besucht, wurde aber im Rahmen seiner Mitarbeit an den Studien Stumpfs und von Hornbostels zur vergleichenden Musikpsychologie mit dem

Problemkreis Völkerpsychologie konfrontiert (vgl. Müller, 1994). Nach seiner Auswanderung in die USA (1886) machte ihn der begeisterte Wundt-Schüler G. Stanley Hall auf die einschlägigen Arbeiten des berühmten Leipziger Gelehrten aufmerksam (vgl. Jahoda, 1984, S. 219). Der Boas-Biograph A.L. Kroeber berichtet über die Lehrtätigkeit an der Columbia University: "He spent much time in his seminars, for several years, on Wundt; but it was the Völkerpsychologie, not the experimental psychology which Wundt helped found or organize, that occupied him" (Kroeber, 1943, p. 7). In vielen seiner Arbeiten nimmt Boas direkt auf Wundt Bezug. In "Kultur und Rasse" (1914), der Übersetzung einer überarbeiteten Fassung von "The Mind of Primitive Man" (1911), geht er im Zusammenhang mit der Annahme einer "Gleichheit der grundlegenden Denkformen bei allen Rassen und auf allen Kulturstufen" auf Bastians These eines allgemeinen Vorkommens von "Elementargedanken" ein und würdigt dann den "eingehenden Versuch Wundts, eine Theorie der Völkerpsychologie zu entwickeln", die ebenfalls in diese Richtung weise. Die "allgemeine Bedeutung ..., die unter andren Wundt der Assoziation bei der Ideenentwicklung kulturarmer Völker beilegt", hebt er exemplarisch hervor (Boas, 1914, S. 141). Weitere Abhandlungen, in denen Boas zu einschlägigen Abschnitten in Wundts "Völkerpsychologie" Stellung nimmt, sind etwa "The Origin of Totemism" (1910) und "Mythology and Folk-Tales of the North American Indians" (1914). Boas war jene entscheidende Gelehrtenpersönlichkeit, die - quasi als Schaltstation fungierend - die von der Völkerpsychologie hervorkommenden Ansätze aufgriff und in Forschungsansätze transformierte, die später die Richtung der Kulturanthropologie begründeten. Die Feldforschungen der klassischen Repräsentantinnen der Kulturanthropologie Ruth Benedict (1887-1948) und Margret Mead (1901-1978) nahmen ihren Ausgang von Franz Boas.

Bekanntlich sollte nach Wundt die Psychologie die Grundlage der Geisteswissenschaften bilden (Wundt, 1897). Es liegt nahe anzunehmen, daß im Rahmen dieser Bestimmung der Völkerpsychologie aufgrund der Historizität ihrer Untersuchungsgegenstände eine besonders ausgeprägte Begründungsfunktion gegenüber der Geschichtswissenschaft zugedacht wurde. Derjenige Historiker, der diese Rollenzuweisung der Psychologie, insbesondere der Völkerpsychologie, als Grundlagenwissenschaft der Geschichtsschreibung nachdrücklich anerkannte und seinerseits vertiefend begründete, war Karl Lamprecht (1856-1915). Das Verhältnis zwischen Wundt und Lamprecht kann als das einer wechselseitigen Beeinflussung auf kollegialer Ebene charakterisiert werden (beide waren Ordinarien an der Leipziger Universität, vgl. Wundt, 1915). Das gemeinsame Anliegen, das Wundt und Lamprecht miteinander verband, war der Versuch einer an psychologischen Parametern orientierten Rekonstruktion der Kulturentwicklung der Menschheit (Wundt) bzw. einzelner Nationen (Lamprecht). Lamprecht bezieht sich bei der Darlegung seiner geschichtswissenschaftlichen theoretischen Grundprinzipien explizit auf Wundts Völkerpsychologie: "Das geschichtliche Leben, soweit es nicht individualistisch angeregt ist, verläuft in der Entwicklung der sozialpsychologischen Faktoren der Sprache, der Wirtschaft und der Kunst, der Sitte, der Moral und des Rechts; und bestimmte Entwicklungsstufen dieser Faktoren charakterisieren die Entwicklung des regulären nationalen Lebens" (Lamprecht, 1974, S. 144). Der Verlauf der Geschichte wird als eine Abfolge von "seelischen Gesamtzuständen" betrachtet. Jedes Kulturzeitalter zeichne sich durch ein bestimmtes Niveau von dominanten seelischen Gesamtzuständen aus. Die Kulturentwicklung tendiere im Sinne einer Höherentwicklung zu einer fortschreitenden Intensivierung und Differenzierung des seelischen Lebens. Analog zu Wundts Rekonstruktion von Stufen der Menschheitsentwicklung (s. Abschnitt 3.4) charakterisiert Lamprecht die deutsche Geschichte als eine Abfolge von sechs Kulturzeitaltern, die sich durch spezifische psychische Gesamtverfassungen auszeichnen.⁷ Das wissenschaftstheoretisch übergeordnete Ziel, das Lamprecht mit der Basierung der Geschichtswissenschaft auf die Psychologie verband, bestand darin, eine "Alternative zu Ranke" zu schaffen (Schleier, 1988) und - ausgehend von der Überzeugung, daß die Psychologie eine exakte Wissenschaft sei - seinerseits eine Verwissenschaftlichung der Geschichtsschreibung voranzutreiben (Sieglerschmidt und Wirtz, 1995, S. 105). In Wirklichkeit aber verbannte Lamprecht mit seiner geschichtstheoretischen Konzeption die historische Entwicklung in das "Prokrustesbett" einer Psychologisierung, ein Unterfangen, das unter den Fachkollegen mehrheitlich als Einseitigkeit beurteilt wurde und somit als "ein klassisches Beispiel eines mißlungenen Paradigmenwechsels" (Metz, 1982, S. 96) gelten kann. Immerhin aber gingen von Lamprecht wichtige Einflüsse auf die universalgeschichtlichen Entwürfe Toynbees und Spenglers aus (v. Brocke, 1982, S. 472). Bezüglich Rückwirkungen Lamprechts auf die Psychologie ist auf Hellpach (1927) zu verweisen.

Bei den bisherigen Nachweisen von Einflüssen Wundts auf Sozial-, Kultur- und Geisteswissenschaften sind wir von der Völkerpsychologie als Gesamtkonzeption ausgegangen. Zieht man die diversen Themenbereiche in Betracht, die in den einzelnen Bänden des Monumentalwerks abgehandelt werden, verbreitert sich die Palette der möglichen geisteswissenschaftlichen Einzeldisziplinen, in denen Einflüsse Wundts aufzuspüren sind, erheblich. Sprachwissenschaft, vergleichende Mythologie, Religionswissenschaft, Kunstgeschichte, Sittengeschichte, Rechtsgeschichte sind exemplarisch zu nennen. Der Rahmen, der einer Einleitung zur Republikation von Texten zur Völkerpsychologie angemessen ist, würde bei einer Einbeziehung

---

⁷ Der Verlauf der deutschen Geschichte ist eine Sequenz von folgenden Kulturzeitaltern: symbolisches (bis 10. Jh.), typisches (frühes Mittelalter, 10.-13. Jh.), konventionelles (spätes Mittelalter, 13.-15- Jh.), individualistisches (Renaissance und Aufklärung, 15.-18 Jh.), subjektivistisches Zeitalter (Romantik und industrielle Revolution, 19. Jh.) und Zeitalter der Reizsamkeit (Wilhelminische Epoche).

dieser Disziplinen in die wirkungsgeschichtliche Analyse völlig gesprengt. Wir wollen es bei einigen Bemerkungen zur Rezeption im Bereich der Sprachwissenschaft bewenden lassen. Der maßgebliche zeitgenössische Kritiker der Wundtschen Sprachtheorie war Anton Marty (1908, 1916), der Wundt des Nativismus bezichtigte. Karl Bühler behandelt die nämliche Sprachtheorie unter dem bezeichnenden Titel "Die Psychophysik des Ausdrucks von Wundt" (Bühler, 1927, S. 128-151). Aus weiterer zeitlicher Retrospektive ergibt sich aber das Fazit, daß nur ein "geringer ausgewiesener Einfluß auf die Entwicklung moderner Richtungen in der Sprachwissenschaft" (Porsch, 1980, S. 351) von Wundt ausgegangen sei; allerdings habe er "die Unterscheidung der Generativen Transformationsgrammatik zwischen Oberflächen- und Tiefenstruktur in wesentlichen Teilen vorweggenommen" (a. a. O., S. 356). Auch Bushaven (1993, S. 14) meint, daß "die Forschung ... längst über Wundts Thesen hinweggegangen" sei. Sich dem Gedankenspiel "Was wäre, wenn ..." hingebend, macht Bushaven geltend, daß Wundt bei einer Einbeziehung seiner Thesen über "ursprüngliches Erfahren" seine sprachtheoretische Konzeption zu einem fruchtbaren Ansatz hätte entwickeln können. Wundts Festhalten am Prinzip des psychophysischen Parallelismus bei der Interpretation der Sprachentstehung und -entwicklung sei das entscheidende Hindernis gewesen, das der Verwirklichung dieser Möglichkeiten entgegenstand.

4 Schlußbemerkung

Es wäre zu kurz gegriffen, wollte man aus der Tatsache, daß die Völkerpsychologie im mainstream der Psychologie unserer Tage nahezu keine Rolle mehr spielt, den Schluß ziehen, es habe sich dabei lediglich um ein gescheitertes Unternehmen gehandelt, dem nachzutrauern oder das aus heutiger Sicht zu würdigen sich nicht lohnt. Immerhin war es wichtig, in der Zeit, in der die Psychologie sich anschickte, insbesondere via

Einführung des Experiments ihre einzelwissenschaftliche Selbständigkeit zu erlangen, einer methodisch bedingten möglichen Ausklammerung historischer und sozialer Variablen aus der Untersuchung psychischer Prozesse entgegenzuwirken. Ein wesentliches Verdienst der Völkerpsychologie besteht also darin, der Gefahr der Verkürzung der Psychologie auf einen Gegenstand a-historischen und a-sozialen Gepräges eine Alternative gegenüberzustellen: den Hinweis auf die Notwendigkeit, die soziale und historische Dimension menschlichen Verhaltens und Erlebens in die psychologische Analyse einzubeziehen. Freilich erwiesen sich die methodischen Strategien zur Untersuchung dieser Dimension als problematisch. Insofern ist es nicht verwunderlich, daß die sich zunehmend einer empirisch-experimentell ausgerichteten Methodik bedienende Psychologie sich mehr und mehr vom Ansatz einer Völkerpsychologie entfernte. Es bleibt jedoch auch heutzutage eine lohnende Aufgabe, die heuristischen Potenzen, die sowohl der Lazarus/Steinthalschen als auch der Wundtschen Völkerpsychologie eigen sind, auszuloten und für gegenwärtige Perspektiven psychologischer Forschung fruchtbar zu machen. So kann die Völkerpsychologie etwa als ein glänzendes Musterbeispiel jener Interdisziplinarität gelten, die heute so laut beschworen wird, mitunter aber an gegenstandseinengende, methodische, institutionelle oder andere Grenzen stößt. Die weit über das Fach hinausreichenden Wirkungen der Völkerpsychologie sind ein überzeugender Beleg konkret praktizierter Interdisziplinarität. Die Völkerpsychologie ist nicht nur von historischem, sondern von eminent aktuellem Interesse.

Literatur

Allport, F.H. (1924). Social Psychology. Boston: Houghton Mifflin.

Arnold, A. (1980). Wilhelm Wundt - Sein philosophisches System. Berlin: Akademie-Verlag.

Barth, P. (1897). Die Philosophie der Geschichte als Sociologie. (1. Aufl.). Leipzig: Reisland.

Belke, I. (1971). Moritz Lazarus und Heymann Steinthal: Die Begründer der Völkerpsychologie in ihren Briefen. Bd. 1. Tübingen: Mohr.

Belke, I. (1978). Liberal Voices on Antisemitism in the 1880's. Letters to M. Lazarus, 1880-1883. In Yearbook of the Leo Baeck Institute. 23, 61-87.

Belke, I. (Hrsg.). (1983). Moritz Lazarus und Heymann Steinthal - Die Begründer der Völkerpsychologie in ihren Briefen. Bd. II/1. Tübingen: Mohr.

Boas, F. (1889). Die Ziele der Ethnologie. New York: H. Bartsch.

Boas, F. (1914). Kultur und Rasse. Leipzig: Veit & Co.

Boehlich, W. (Hrsg.). (1965). Der Berliner Anitsemitismus-Streit. (2. Aufl.). Frankfurt/M.: Insel.

Bringmann, W.G. & Tweney, R.D. (Eds.) (1980). Wundt Studies. Toronto: Hogrefe.

Brock, A. (1992). Charles Hubbard Judd: A Wundtian Social Psychologist in the United States. Psychologie und Geschichte, 3, 17-23.

von Brocke, B. (1982). Lamprecht, Karl. In Neue Deutsche Biographie, Bd. 13, 467-472.

Brozek, J. (1980). Wundt in America - Quantitative Studies. In W. Wundt - Progressives Erbe, Wissenschaftsentwicklung und Gegenwart, S. 201-202. Leipzig: Universitätsverlag.

Bühler, K. (1927). Ausdruckstheorie. Jena: G. Fischer.

Buman, W. (1965). Die Sprachtheorie Heymann Steinthals. Meisenheim/Gl.: Hain.

Bushuven, S. (1993). Ausdruck und Objekt. Wilhelm Wundts Theorie der Sprache und seine philosophische Konzeption ursprünglicher Erfahrung. Münster: Waxmann.

Eckardt, G. (1971). Problemgeschichtliche Untersuchungen zur Völkerpsychologie der zweiten Hälfte des 19. Jahrhunderts. In Wissenschaftliche Zeitschrift der FSU Jena, GSR, 20, 7-133.

Eckardt, G. (1979). Dialektisch- und historisch-materialistisch begründete Konzeption der psychologiegeschichtlichen Forschung. Unveröff. Diss. B (Habil.), Friedrich-Schiller-Universität Jena.

Eckardt, G. (1988). Die frühe Völkerpsychologie - Wegbereiter oder Hemmnis für die Entstehung einer wissenschaftlichen Sozial- und Entwicklungspsychologie? In Studies in the History of Psychology and the Social Sciences 5, 192-201. Leiden: Psychologisch Instituut.

Engelberg, E. (1964). Lehrbuch der deutschen Geschichte. Bd. 7: Deutschland 1849-1871. Berlin: Deutscher Verlag der Wissenschaften.

Farr, R.M. (1983). Wilhelm Wundt and the Origins of Psychology as an Experimental and Social Science. British Journal of Social Psychology. 22/4, 289-301.

Frankenberger, J. (1914). Objektiver Geist und Völkerpsychologie. Zeischrift für Philosophie und philosophische Kritik, 154, 68-83 und 151-168.

Galliker, M. (1993). Die Verkörperung des Gedankens im Gegenstande. Psychologische Rundschau, 44, 11-24.

Goldfriedrich, J. (1902). Die historische Ideenlehre in Deutschland. Ein Beitrag zur Geschichte der Geisteswissenschaften, vornehmlich der Geschichtswissenschaft und ihrer Methoden im 18. und 19. Jahrhundert. Berlin: Heyfelder.

Graumann, C.F. (1969). Sozialpsychologie. Ort, Gegenstand und Aufgabe. In C.F. Graumann (Hrsg.), Handbuch der Psychologie, Bd. 7/1. Göttingen: Hogrefe.

Graumann, C.F. (1984). The Individualization of the Social and the Desocialization of the Individual - Floyd H. Allport's Contribution to Social Psychology. Bericht aus dem Archiv für die Geschichte der Psychologie. Historische Reihe Nr. 10. Heidelberg: Manuskriptdruck.

Griewank, K. (1949). Deutsche Studenten und Universitäten in der Revolution von 1848. Weimar: Böhlau.

Gundlach, H. (1983). Folk psychology oder social psychology oder? Das Los des Ausdrucks 'Völkerpsychologie' in den englischen Übersetzungen der Werke Wundts. In Bericht aus dem Archiv für Geschichte der Psychologie. Historische Reihe Nr. 5. Heidelberg: Manuskriptdruck.

Gundlach, H. (1984). Willy Hellpach. Attributionen. In C.F. Graumann (Hrsg.), Psychologie im Nationalsozialismus. Berlin: Springer.

Haase, K. (1927). Die psychologischen Strömungen der Gegenwart. Leipzig: Jaeger.

Hegel, G.W.F. (1949ff). Sämtliche Werke (Jubiläumsausgabe). Hrsg. von Glockner, H., Bde. 2,3,7,10,11,16,17. Stuttgart: Frommann.

Hegel, G.W.F. (1957). Sämtliche Werke (Jubiläumsausgabe). Hrsg. von Glockner, H.: Hegel-Lexikon. Bde. 23-26. Stuttgart: Frommann.

Helbig, G. (1986). Geschichte der neueren Sprachwissenschaft. Leipzig: Bibliographisches Institut.

Heller, D. (1986). Zur Geschichte der Psychologie an den Schweizer Universitäten - Moritz Lazarus in Bern. Schweizerische Zeitschrift für Psychologie, 45 (1/2), 1-16.

Heller, D. (1987). Moritz Lazarus - Der erste Inhaber eines Lehrstuhls für Psychologie? Psychologische Rundschau, 38, 27.

Hellpach, W. (1927). Geschichte als Sozialpsychologie, zugleich eine Epikrise über Karl Lamprecht. In Kultur und Universalgeschichte. Festschrift W. Goetz, S. 501-517.

Hellpach, W. (1938). Einführung in die Völkerpsychologie. Stuttgart: Enke.

Herbart, J.F. (1824/25). Psychologie als Wissenschaft, neu gegründet auf Erfahrung, Metaphysik und Mathematik. 2 Bde. Königsberg: Unzer.

Herder, J.G. (1965 [1784/91]). Ideen zur Philosophie der Geschichte der Menschheit. Hrsg. von Stolpe, H., Bd. 1 & 2. Weimar: Aufbau.

Hiebsch, H. & Vorwerg, M. (1972). Einführung in die marxistische Sozialpsychologie (7. Aufl.). Berlin: Deutscher Verlag der Wissenschaften.

Holzman, M. (1908). H. Steinthal. In Allgemeine Deutsche Biographie, Bd. 54, S. 467-474.

Jaeger, S. & Staeuble, I. (1978). Die gesellschaftliche Genese der Psychologie. Frankfurt/M: Campus.

Jahoda, G. (1984). Ethnologie. In H.E. Lück et al. (Hrsg.), Geschichte der Psychologie. Ein Handbuch in Schlüsselbegriffen. München: Urban & Schwarzenberg.

Judd, Ch. H. (1897). Wundt's System of Philosophy. Philosophical Review, 6, 370-385.

Judd, Ch. H. (1926). Psychology of Social Institutions. New York: Macmillan.

Judd, Ch. H. (1931). Mind in Evolution. Chicago: University Press.

Jüttemann, G. (Hrsg.) (1986). Die Geschichtlichkeit des Seelischen. Weinheim. Psychologie Verlags Union.

Jüttemann, G. (Hrsg.) (1995). Wegbereiter der Psychologie (2. Aufl.). Weinheim: Psychologie Verlags Union.

Kainz, F. (1965). Psychologie der Sprache. Bd. 5/1, 1. Aufl. Stuttgart: Enke.

Kainz, F. (1967). Psychologie der Sprache. Bd. 1, 4. Aufl. Stuttgart: Enke.

Kalmar, I. (1987). The Völkerpsychologie of Lazarus and Steinthal and the modern concept of culture. Journal of the History of Ideas, 48, 671-689.

Kantorowicz, H.U. (1912). Volksgeist und historische Rechtsschule. Historische Zeitschrift, 108, 295-325.

Keiler, P. (1996). Die verborgenen Quellen des Leontjewschen 'Vergegenständlichungs/Aneignungs'-Konzepts - eine genetisch-kritische Studie. Manuskriptentwurf. Druck in Vorbereitung.

Klemm, O. (1906). G.B. Vico als Geschichtsphilosoph und Völkerpsycholog. Leipzig: Engelmann.

König, E. (1902). W. Wundt als Psycholog und Philosoph. Stuttgart: Frommann.

Kroeber, A.L. (1943). Franz Boas: The Man. American Anthropological Association, p. 6-25.

Krueger, F. (1915). Über Entwicklungspsychologie. Leipzig: Engelmann.

Kuczynski, J. (1961). Die Geschichte der Lage der Arbeiter unter dem Kapitalismus. Bd. 2. Berlin: Akademie-Verlag.

Lamberti, G. (Hrsg.) (1995). Wilhelm Maximilian Wundt (1832-1920). Leben, Werk und Persönlichkeit in Bildern und Texten. Bonn: Deutscher Psychologen Verlag.

Lamprecht, K. (1974). Ausgewählte Schriften zur Wirtschafts- und Kulturgeschichte und zur Theorie der Geschichtswissenschaft. Aalen: Scientia.

Lang, A. (1995). Mitteilung über die 3. Tagung der Gesellschaft für Kulturpsychologie. In Information zur Umweltpsychologie, 1. 3-5.

Laucken, U. (1994). Individuum, Kultur, Gesellschaft. Bern: Huber.

Lazarus, M. (1850). Die sittliche Berechtigung Preußens in Deutschland. Berlin: C. Schultze.

Lazarus, M. (1851). Über den Begriff und die Möglichkeit einer Völkerpsychologie. Deutsches Museum, 1 (2), 112-126.

Lazarus, M. (1856/57). Das Leben der Seele in Monographien über seine Erscheinungen und Gesetze. 2 Bde. Berlin: Schindler.

Lazarus, M. (1862). Über das Verhältniß des Einzelnen zur Gesammtheit. Zeitschrift für Völkerpsychologie und Sprachwissenschaft, II, 393-453.

Lazarus, M. (1865a). Einige synthetische Gedanken zur Völkerpsychologie. Zeitschrift für Völkerpsychologie und Sprachwissenschaft, III, 1-94.

Lazarus, M. (1865b). Über die Ideen in der Geschichte. Zeitschrift für Völkerpsychologie und Sprachwissenschaft, III, 385-486.

Lazarus, M. (1880). Was heißt national? Berlin: Dümmler.

Lazarus, M. (1881). Unser Standpunkt. Berlin: Stuhr.

Lazarus, M. (1913). Aus meiner Jugend. Hrsg. N. Lazarus. Frankfurt/M.: Kauffmann.

Lazarus, M. & Steinthal, H. (1860). Einleitende Gedanken über Völkerpsychologie. Zeitschrift für Völkerpsychologie und Sprachwissenschaft, I, 1-73.

Lazarus, N. (1906). Moritz Lazarus' Lebenserinnerungen. Berlin: Keimer.

Lazarus, N. (1910). Ein deutscher Professor in der Schweiz. Berlin: Dümmler.

Lewkowitz, A. (1924). Moritz Lazarus. Zum 100. Geburtstag. Monatsschrift für Geschichte und Wissenschaft des Judentums, 68, 185-192.

Lück, H. E. (1996). Geschichte der Psychologie (2. Aufl.). Stuttgart: Kohlhammer.

Marty, A. (1908). Untersuchungen zur Grundlegung der allgemeinen Grammatik und Sprachphilosophie, Bd. 1. Halle/S.: Niemeyer.

Marty, A. (1916). Gesammelte Schriften. Bd. 1.1 und 1.2, Hrsg. von J. Eisenmeier et al. Halle/S.: Niemeyer.

Mead, G.H. (1904). Die Beziehungen von Psychologie und Philologie. In G.H. Mead (1987), Bd 1, 171-189.

Mead, G.H. (1906). Die Phantasie in Wundts Darstellungen von Mythos. In G.H. Mead (1987), Bd. 1, 190-198.

Mead, G.H. (1909). Sozialpsychologie als Gegenstück der physiologischen Psychologie. In G.H. Mead (1987), Bd 1, 199-209.

Mead, G.H. (1919). Rezension zu Wundt, W.: Elemente der Völkerpsychologie. In G.H. Mead (1987), Bd. 1, 285-289.

Mead, G.H. (1987). Gesammelte Aufsätze. Bd 1, hrsg. von H. Joas. Frankfurt/M.: Suhrkamp.

Meischner, W. & Eschler, E. (1979). Wilhelm Wundt. Köln: Pahl-Rugenstein.

Metz, K.H. (1982). Historisches 'Verstehen' und Sozialpsychologie. Karl Lamprecht und seine 'Wissenschaft der Geschichte'. Saeculum, 33, 95-104.

Meyer, M. (1966). Lazarus' Conception of Ethics. In Yearbook of the Leo Baeck. Institute, 11, 146-153 und 168ff.

Misteli, F. (1882). Rezension zu H. Pauls 'Principien der Sprachgeschichte'. Zeitschrift für Völkerpsychologie und Sprachwissenschaft, XIII, 376ff.

Montesqieu, Ch. de (1951 [1748]). Vom Geist der Gesetze. Hrsg. von Frosthoff, E., Bd. 1 & 2. Tübingen: Laupp.

Moser, H. (1956/57). Volk, Volksgeist, Volkskultur. Die Auffassungen J. G. Herders in heutiger Sicht. Zeitschrift für Volkskunde, 53, 127-140.

Müller, M. (1994). Vergleichende Musikpsychologie - eine Berliner Variante der Völkerpsychologie. Psychologie und Geschichte, 6, 290-302.

Natorp, E. (1985). Lazarus, Moritz. In Neue Deutsche Biographie, Bd, 14, 11-13.

Obermann, K. (1960). Die Berliner Universität am Vorabend und während der Revolution von 1848/49. In Forschen und Wirken. Festschrift zur 150-Jahr-Feier der Humboldt-Universität. Bd. 1.

Oelze, B. (1991). Wilhelm Wundt. Die Konzeption der Völkerpsychologie. Münster: Waxmann.

Paul, H. (1880). Principien der Sprachgeschichte. (1. Aufl.). Halle: Niemeyer.

Paul, H. (1910). Über Völkerpsychologie. Süddeutsche Monatshefte, 7, Bd. 2, 363-373.

Paul, H. (1920). Prinzipien der Sprachgeschichte (5. Aufl.). Halle: Niemeyer.

Petersen, P. (1925). Wilhelm Wundt und seine Zeit. Stuttgart: Frommann.

Porsch, P. (1980). Linguistische Positionen bei Wundt. In W. Wundt - progressives Erbe, Wissenschaftsentwicklung und Gegenwart, Protokollband, 350-358. Leipzig: Universitätsverlag.

Pulzer, P.G.J. (1966). Die Entstehung des politischen Antisemitismus in Deutschland und Österreich 1867-1914. Gütersloh: Mohn.

Rappoport, Ch. (1896). Zur Charakteristik der Methode und Hauptrichtungen der Philosophie der Geschichte. Berner Studien zur Philosophie, 3.

Rocholl, R. (1878). Die Philosophie der Geschichte. Bd. I: Darstellung und Kritik der Versuche zu einem Aufbau derselben. Göttingen: Vandenhoeck & Ruprecht.

Rosenberg, H. (1967). Große Depression und Bismarckzeit. Berlin: de Gruyter.

Rotenstreich, N. (1968). Jewish Philosophy in Modern Times. In Yearbook of the Leo Baeck Institute, 13, 43-51.

Rothacker, E. (1930). Einleitung in die Geisteswissenschaften (2. Aufl.). Tübingen: Mohr.

Schleier, H. (1988). Der Kulturhistoriker Karl Lamprecht, der 'Methodenstreit' und die Folgen. In K. Lamprecht, Alternative zu Ranke. Leipzig: Reclam.

Schmid, R. (1848). Theorie und Methodik des bürgerlichen Rechts. Jena: Frommann.

Schüling, H. (1964). Bibliographisches Handbuch zur Geschichte der Psychologie. Das 17. Jahrhundert. Gießen: Universitätsbibliothek.

Sieglerschmidt, J. & Wirtz, R. (1995). Karl Lamprecht - Psychische Gesetze als Basis der Kulturgeschichte? In G. Jüttemann (Hrsg.), Wegbereiter der Psychologie. (2. Aufl.), (S. 104-114). Weinheim: Psychologie Verlags Union.

Sprung, H. (1992). Haijm Steinthal (1823-1899) und Moritz Lazarus (1824-1903) und die Ursprünge der Völkerpsychologie in Berlin. In L. Sprung & W. Schönpflug (Hrsg.), Zur Geschichte der Psychologie in Berlin (S. 83-96). Frankfurt/M.: Lang.

Sprung, L. (1979). Wilhelm Wundt - Bedenkenswertes und Bedenkliches aus seinem Lebenswerk. In G. Eckardt (Hrsg.), Zur Geschichte der Psychologie (S. 73-82). Berlin: Deutscher Verlag der Wissenschaften.

Stallmeister, W. & Lück, H.E. (Hrsg.) (1991). Willy Hellpach. Beiträge zu Werk und Biographie. Frankfurt/M.: Lang.

Stein, L. (1905). Moritz Lazarus. Biograph. Jahrbuch und Deutscher Nekrolog. Bd. 8.

Sprung, L. & Sprung, H. (1984). Grundlagen der Methodologie und Methodik der Psychologie. Berlin: Deutscher Verlag der Wissenschaften.

Steinthal, H. (1858a). Der Ursprung der Sprache im Zusammenhange mit den letzten Fragen alles Wissens (2. Aufl.). Berlin: Dümmler.

Steinthal, H. (1858b). Zur Sprachphilosophie. Zeitschrift für Philosophie und philosophische Kritik, 32, 68-95 und 194-224.

Steinthal, H. (1860). Charakteristik der hauptsächlichen Typen des Sprachbaues. Zweite Bearbeitung seiner Classification der Sprachen. Berlin: Dümmler.

Steinthal, H. (1887). Über den Begriff der Völkerpsychologie. Zeitschrift für Völkerpsychologie und Sprachwissenschaft, XVII, 233-265.

Steinthal, H. (1891). An den Leser. Zeitschrift des Vereins für Volkskunde, 1.

Tilgner, W. (1966). Volksnomostheologie und Schöpfungsglaube. Göttingen: Vandenhoeck & Ruprecht.

Volkelt, H. (1922). Die Völkerpsychologie in Wundts Entwicklungsgang. Erfurt: Keysersche Buchhandlung.

Watson, R. I. (1977). Selected Papers on the History of Psychology. Ed. by Brozek, I. & Evans, R. B., Hannover/N.H.: University Press.

Werner, H. (1926). Einführung in die Entwicklungpsychologie. Leipzig: Barth.

Woodward, W.R. (1982). From the Science of Language to Völkerpsychologie: Lotze, Steinthal, Lazarus, and Wundt. Bericht aus dem Archiv für die Geschichte der Psychologie. Historische Reihe Nr. 2. Heidelberg: Manuskriptdruck.

Wundt, W. (1862). Beiträge zur Theorie der Sinneswahrnehmung. Leipzig und Heidelberg: Winter.

Wundt, W. (1863). Vorlesungen über die Menschen- und Thierseele. 2 Bde. Leipzig: L. Voß.

Wundt, W. (1883). Logik. Bd 2: Methodenlehre (1. Aufl.). Stuttgart: Enke.

Wundt, W. (1886). Über Ziele und Wege der Völkerpsychologie. Philosophische Studien, 4 (1888), 1-27.

Wundt, W. (1886a). Ethik. Eine Untersuchung der Tatsachen und Gesetze des sittlichen Lebens. Stuttgart: Enke.

Wundt, W. (1897). Grundriß der Psychologie (2. Aufl.). Leipzig: Engelmann.

Wundt, W. (1900). Völkerpsychologie. Eine Untersuchung der Entwicklungsgesetze von Sprache, Mythus und Sitte (1. Aufl.). Bd. 1. Leipzig: Engelmann.

Wundt, W. (1907). System der Philosophie (3. Aufl.). Leipzig: Engelmann.

Wundt, W. (1912). Elemente der Völkerpsychologie. Grundlinien einer psychologischen Entwicklungsgeschichte. Leipzig: Kröner.

Wundt, W. (1914 [1891]). Das Verhältnis des Einzelnen zur Gemeinschaft. In W. Wundt, Reden und Aufsätze (2. Aufl.), S. 36-65. Leipzig: Kröner.

Wundt, W. (1915). An der Bahre Karl Lamprechts. Akademische Rundschau, 3, 1-6.

Wundt, W. (1916). Völkerpsychologie und Entwicklungspsychologie. Psychologische Studien, 10, 189-239.

Wundt, W. (1921). Erlebtes und Erkanntes (2. Aufl.). Stuttgart: Kröner.

Wundt, W. (1921a). Logik. Bd. 3: Logik der Geisteswissenschaften (4. Aufl.). Stuttgart: Enke.

Einleitende Gedanken über Völkerpsychologie, als Einladung zu einer Zeitschrift für Völkerpsychologie und Sprachwissenschaft

Moritz Lazarus und Hajim Steinthal (1860)

Zeitschrift
für
Völkerpsychologie
und
Sprachwissenschaft.

Herausgegeben

von

Dr. M. Lazarus,
Professor der Psychologie an der Universität zu Bern.

und

Dr. H. Steinthal,
Privatdocenten für allgemeine Sprachwissenschaft an der Universität zu Berlin.

Erster Band.

Berlin,
Ferd. Dümmler's Verlagsbuchhandlung.
1860.

Wir wenden uns nicht bloß an diejenigen Männer, denen die Bearbeitung der Psychologie berufsmäßig und namentlich obliegt, sondern auch an alle, welche die geschichtlichen Erscheinungen der Sprache, der Religion, der Kunst und Literatur und Wissenschaft, der Sitte und des Rechts, der gesellschaftlichen, häuslichen und staatlichen Verfassung, kurz an alle, welche das geschichtliche Leben der Völker nach irgend einer seiner mannigfaltigen Seiten derartig erforschen, daß sie die gefundenen Thatsachen aus dem Innersten des Geistes zu erklären, also auf ihre psychologischen Gründe zurückzuführen streben. Denn die Aufgaben, zu deren Lösung diese Zeitschrift bestimmt ist, überschreiten allerdings den Kreis der Psychologie in ihrem engeren, bisher allein üblichen Sinne und Umfange. Sie erstrecken sich aber über einen bestimmten, in sich abgeschlossenen Kreis seelischer Thatsachen und bilden darum eine besondere, und zwar psychologische Disciplin, welche ihre eigenthümlichen Ideen zu entwickeln hat.

Diese Wissenschaft nun, um die es sich hier handelt, ist noch nicht einmal gegründet, ja ihr Gedanke noch völlig neu und vermuthlich vielen unserer Leser noch unerhört. Darum, indem wir zu gemeinsamem Bemühen um ihre Begründung und ihren Weiterbau einladen, haben wir die Pflicht übernommen, uns mit den Lesern und den erbetenen Mitarbeitern über ihren Begriff, ihren Inhalt und Umfang, ihre Principien und Ideen, ihre Stellung im System der Wissenschaften und ihren besonderen Zusammenhang mit einigen Disciplinen, auch über ihre Möglichkeit und über die Mittel, die uns zu ihrer Verwirklichung vorliegen, wenn auch zunächst nur vorläufig, zu verständigen. Wir wollen demgemäß in vorliegender Abhandlung versuchen, den allgemeinen Zweck des zu errichtenden Gebäudes und, ungefähr wenigstens, den Plan zu demselben, den Umriß und die innere Eintheilung und Einrichtung - natürlich durchaus unmaßgeblich - darzulegen, und zugleich auch darauf hinzuweisen, wo und wie ihr mit oder ohne Absicht schon vorgearbeitet ist. Scharf und fest hat eben erst die Wissenschaft selbst ihr Wesen nach Inhalt und Form zu bestimmen; denn es gehört zur Natur alles menschlichen Wissens, daß man erst im rüstigen Fortschritt die Wege desselben, an erreichten Zielen neue Bahnen und nach gefundenen Lösungen neue Probleme deutlich erkennt. Hier aber kommt es uns nur darauf an, im Allgemeinen anzudeuten: dem Leser der Zeitschrift, was er zu erwarten hat, dem Mitarbeiter, um welche Arbeiten er gebeten wird.

Wir gelangen zu einem Einblick in unsere Wissenschaft von drei verschiedenen Standpunkten aus: von einem psychologischen, einem anthropologischen und einem geschichtlichen. Von allen drei Standpunkten aus hat sich auch im Grunde schon längst das Bedürfniß einer solchen Wissenschaft kund gegeben, und an vortrefflichen Vorarbeitern für sie fehlt es gar nicht; nur ist man sich bisher weder jenes Bedürfnisses, noch auch dieses Zweckes der Vorarbeiten recht bewußt geworden.

Der erste der genannten Standpunkte ist der wesentlichste und dringt am tiefsten in die Sache; und doch ist gerade er bis jetzt am wenigsten beachtet worden. Es ist in unserer Zeit ganz allgemein und auch unter wissenschaftlichen Männern - Historikern, Ethnologen, Philosophen und Juristen - die Rede von dem "Volksgeist" und verschiedenen "Volksgeistern"; soll aber auf wissenschaftliche Weise davon geredet werden können, so muß natürlich dieser Begriff selbst erst eine Stelle in der Wissenschaft haben, wo sein Inhalt, Umfang und seine Bedeutung in der Form wissenschaftlicher Erkenntniß gewonnen und festgestellt wird. Diese Stelle müßte offenbar, da von einem "Geiste" gesprochen wird, in der Wissenschaft des Geistes sein, in der Psychologie. Wir suchen in den bisherigen Werken über dieselbe vergebens danach; allenthalben in der Geschichte und deren Philosophie, Geographie, Sprachwissenschaft u. s. w. wird der Volksgeist genannt, einzelne, zerstreute Erscheinungen und Verhältnisse desselben werden gelegentlich - also unwissenschaftlich - besprochen, nur hier, wo man es erwarten, ja fordern kann, wo alles Einzelne gesammelt und verbunden sein sollte zur Wissenschaft - hier wird er nicht einmal erwähnt. Von dem Geiste des Einzelnen, allenfalls auch in seinem Verhältnisse zum Staate und der Gesellschaft - von dem "Volksgeist" wird n i c h t gehandelt. - Doch wir wollen nicht weiter erörtern, w a s oder gar w e s h a l b es versäumt ist, sondern zeigen, was geschehen muß.

Die Psychologie lehrt, daß der Mensch durchaus und seinem Wesen nach gesellschaftlich ist; d. h. daß er zum gesellschaftlichen Leben bestimmt ist, weil er nur im Zusammenhange mit seines Gleichen das werden und das leisten kann, wie er zu sein und zu wirken durch sein eigenstes Wesen bestimmt ist. Auch ist thatsächlich kein Mensch das, was er ist, rein aus sich geworden, sondern nur unter dem bestimmenden Einflusse der Gesellschaft, in der er lebt. Jene unglücklichen Beispiele von Menschen, welche in der Einsamkeit des Waldes wild aufgewachsen waren, hatten vom Menschen nichts als den Leib, dessen sie sich nicht einmal menschlich bedienten: sie schrien wie das Thier und gingen weniger, als sie kletterten und krochen. So lehrt traurige Erfahrung selbst, daß wahrhaft menschliches Leben der Menschen, geistige Thätigkeit nur möglich ist durch das Zusammen= und Ineinander=Wirken derselben. Der Geist ist das gemeinschaftliche Erzeugniß der menschlichen Gesellschaft. Hervorbringung des Geistes aber ist das wahre Leben und die Bestimmung des Menschen; also ist dieser zum gemeinsamen Leben bestimmt, und der Einzelne ist Mensch nur in der Gemeinsamkeit, durch die Theilnahme am Leben der Gattung.

Die Grundlage für das, über das thierische Dasein sich erhebende, Sein und Wirken des Menschen ist demnach zuerst die Gemeinsamkeit mit gleichzeitigen Nebenmenschen. Doch diese gibt nur erst den ungebildeten Menschen, den Wilden, durch welchen der Geist nur erst hindurchschimmert, ohne leuchtend und wärmend aus ihm hervorzustrahlen. Das Bewußtsein des gebildeten Menschen beruht auch noch auf einer durch viele

Geschlechter hindurch fortgepflanzten und angewachsenen Ueberlieferung. So ist der einzelne, welcher an der gemeinsamen Geistesbildung Theil nimmt, nicht nur durch seine Zeitgenossen, sondern noch mehr durch verflossene Jahrhunderte und Jahrtausende bestimmt und von ihnen abhängig im Denken und Fühlen und Wollen.

Er lebt aber nicht mit allen seinen Zeitgenossen und allen Zeiten seiner Vergangenheit in gleich innigem Zusammenhange. Es bilden sich innerhalb des großen Kreises der Gesellschaft kleinere Kreise und immer engere bis hinab zur Familie. Diese Kreise nun stehen nicht neben einander, sondern durchschneiden und berühren sich mannigfach. So entsteht innerhalb der Gesellschaft ein höchst vielfach in sich verschlungenes Verhältniß von Verbindung und Absonderung. Demgemäß ist auch die Theilnahme des Einzelnen am Gesammtgeiste eine höchst verschiedene nach Richtung und Innigkeit und gestattet die unermeßbare Mannigfaltigkeit persönlicher Individualitäten. Aber wie scharf begrenzt, und welcher Art, wie reich, wie werth= und kraftvoll die Persönlichkeit sein mag; sie ist immer in ihrer Entwickelung durch die räumlichen Verhältnisse eines bestimmten Ortes, durch die zeitlichen eines bestimmten Zeitpunktes, durch einen besonderen Volks=, Familien= und Standes=Geist, sowohl nach dem Grade ihrer möglichen Bildung, wie auch nach Inhalt und Form des Geistes bedingt. Nicht nur sein Wissen, sondern auch sein Gewissen, sein Fühlen und sein Wollen, sein Thun und sein Genießen, sein Empfangen und darum auch sein Schaffen, ist mit seiner Geburt an diesem Punkte der geistigen Gesammtentwickelung im Voraus bestimmt.

Folglich - und das ist schon anerkannt und ausgesprochen - "bleibt die Psychologie immer einseitig, so lange sie den Menschen als allein stehend betrachtet" (Herbart, Lehrb. z. Psych. 2. Ausg. § 240).

Die Sache ist nun aber damit nicht abgethan, daß man diese Einseitigkeit hinterher durch gewisse Zusätze, durch eine gewisse Rücksicht auf die Verhältnisse des Menschen in der Gesellschaft, zu ergänzen sucht; sondern diese Ergänzung ist überhaupt erst dann möglich, wenn zuvor der Mensch als gesellschaftliches Wesen, d. h. wenn die menschliche Gesellschaft, also ein ganz anderer Gegenstand als der einzelne Mensch, zum Gegenstande einer besonderen Untersuchung gemacht ist. Denn innerhalb des Menschen=Vereines treten ganz eigenthümliche psychologische Verhältnisse, Ereignisse und Schöpfungen hervor, welche gar nicht den Menschen als Einzelnen betreffen, nicht von ihm als solchem ausgehen. Es sind nicht mehr sowohl Verhältnisse im Menschen, als zwischen Menschen; es sind Schicksale, denen er nicht unmittelbar unterliegt, sondern nur mittelbar, weil er zu einem Ganzen gehört, welches dieselben erfährt. Kurz es handelt sich um den Geist einer Gesammtheit, der noch verschieden ist von allen zu derselben gehörenden einzelnen Geistern, und der sie alle beherrscht.

Es verbleibe also der Mensch als seelisches Individuum Gegenstand der individuellen Psychologie, wie eine solche die bisherige Psychologie war; es stelle sich aber als Fortsetzung neben sie die Psychologie des gesellschaftlichen Menschen oder der menschlichen Gesellschaft, die wir Völkerpsychologie nennen, weil - um hier nur kurz auszusprechen, was die Wissenschaft selbst zu beweisen hat - für jeden Einzelnen diejenige Gemeinschaft, welche eben ein Volk bildet, sowohl die jederzeit historisch gegebene als auch im Unterschied zu allen freien Culturgesellschaften, die absolut nothwendige und im Vergleich mit ihnen die allerwesentlichste ist. Einerseits nämlich gehört der Mensch niemals bloß dem Menschengeschlechte als der allgemeinen Art an, und andererseits ist alle sonstige Gemeinschaft, in der er etwa noch steht, durch des Volkes gegeben. Die Form des Zusammenlebens der Menschheit ist eben ihre Trennung in Völker, und die Entwickelung des Menschengeschlechts ist an die Verschiedenheit der Völker gebunden. Was wir aber hier als anerkannten Sachverhalt voraussetzen, hat die Völkerpsychologie als nothwendig zu erweisen, und zwar sowohl in causaler, als in teleologischer

Hinsicht; d. h. sie hat sowohl die Ursachen darzulegen, aus denen die Vertheilung des Menschengeschlechts in verschiedene Völker erfolgt, als auch zu zeigen, wie dieser Umstand der Entwickelung des menschlichen Geistes förderlich ist.

Wenn im Laufe der Geschichte hie und da gesellige Elemente die Schranken der Volkseinheit durchbrechen, wenn Religionen, Staaten, wissenschaftliche Richtungen und Kunstepochen Einheiten oder Kreise bilden, welche aus Segmenten verschiedener Nationen zusammengesetzt sind, so wird die Völkerpsychologie solche Erscheinungen natürlich nicht minder zum Gegenstande wissenschaftlicher Betrachtung zu machen haben. Es liegt im Begriff der Völkerpsychologie, ob sie ihren Grundgedanken auch zunächst auf das natürlichste und allzeitige Band der menschlichen Gesellung richtet, durchaus nicht, irgend eine Form menschlicher Gesellschaft von der psychologischen Erforschung auszuschließen. Wo große, allgemeine Ideen ihre Kraft über mehrere Völker ausbreiten, wo ein Gedanke den Genius mehrerer Nationen ergreift und beherrscht, und ihn unterdrückt oder belebt, da wird die psychologische Untersuchung nicht bloß auf das Verhalten des Volksgeistes, sondern auf die Natur und das Gesetz jener Gemeinschaften gerichtet sein, welche über diesen hinausgehen. Ob sich aber nicht auch hier der Volksgeist, sowohl in causaler wie in teleologischer Beziehung, als der wesentlichste Ausgangs= und Zielpunkt erweisen wird, ist eine Frage, welche die Wissenschaft erst zu lösen hat. Wenigstens in dem großen Beispiele der Geschichte des Mittelalters, wo politische und religiöse Ideen die Bestimmtheit der Volksgeister zu überspringen und ihre Bedeutung zu verwischen scheinen, möchte vielleicht gerade die Ausnahme die Regel bestätigen; um so viel mehr, als am Ende desselben, in der Zeit der Reformation, sowohl in politischer wie in religiöser und aller Culturbeziehung, gerade die ursprüngliche Bestimmtheit des germanischen Volksgeistes einen so ungeheuren, wesentlichen und günstigen Rückschlag ausübt, daß man bekanntlich lange genug das ganze Mittelalter für eine bloße Nacht chaotischer Gährung ansehen konnte, aus welcher die moderne Welt des national=gesonderten Geisteslebens wie ein junger Tag sich leuchtend emporhebt. - Andererseits ist auch beim Hinblick auf die Einheit der Volksgeister im Mittelalter nicht zu vergessen, daß dieselbe auf der Einheit der germanischen Stämme beruht. Alle schaffenden Culturkräfte des europäischen Mittelalters sind germanisch, nicht celtisch, nicht iberisch. Das Hervortreten der gesonderten eigenthümlichen Nationalitäten um das 16te Jahr. dagegen ist verbunden mit dem Untergange der germanischen Elemente in den romanischen Ländern und dem Aufschwunge des germanischen Geistes in den rein deutschen Völkern.

So hat unsere Wissenschaft sich selbst zu begründen - neben der Wissenschaft von der individuellen Seele - als Wissenschaft vom Volksgeiste, d. h. als Lehre von den Elementen und Gesetzen des geistigen Völkerlebens. Es gilt: das Wesen des Volksgeistes und sein Thun p s y c h o l o g i s c h zu erkennen; die G e s e t z e zu entdecken, nach denen die innere, geistige oder ideale Thätigkeit eines Volkes - in Leben, Kunst und Wissenschaft - vor sich geht, sich ausbreitet und erweitert oder verengt, erhöht und vertieft oder verflacht, sich verschärft und belebt oder ermattet und abstumpft; es gilt, die Gründe, Ursachen und Veranlassungen, sowohl der Entstehung als der Entwickelung und letztlich des Unterganges der Eigenthümlichkeiten eines Volkes zu enthüllen. Soll der Begriff des Volks= oder Nationalgeistes nicht eine bloße Phrase, ein sachleerer Name, soll er nicht ein bloß unbestimmtes, willkürliches Zusammenfassen oder ein phantastisches Bild der inneren Eigenthümlichkeit eines Volkes sein, sondern (wie der "Geist" des Individuums) den Quell, das Subject aller inneren und höheren Thätigkeit ausdrücken: dann muß die Auffassung desselben nicht diese und jene einzelnen und zufälligen Richtungen und Thatsachen seiner Erscheinung, sondern die Totalität derselben umfassen und die Gesetze seiner Bewegung und Fortbildung offenbaren. Der Geist, im höheren und wahren Sinne des Wortes, ist ja eben: d i e g e s e t z m ä ß i g e B e w e g u n g u n d E n t w i c k e l u n g d e r i n n e r e n T h ä t i g k e i t.

Herbart war an der oben angeführten Stelle nahe daran, die Völkerpsychologie zu finden. Er hat sie aber, wie die sogleich auf jene Worte folgenden Bemerkungen zeigen, nicht gefunden, sondern ist an ihr vorüber gegangen. Dies wollen wir hier mit wenigen Worten zeigen, nicht um für uns ein Verdienst in Anspruch zu nehmen; es scheint nur geeignet, in diesen zur Verständigung angestellten Betrachtungen, auch darauf hinzuweisen, was die Völkerpsychologie nicht ist, und wofür man sie leicht nehmen könnte. Sie ist aber nicht "eine politische Grundlehre", zu der Herbart ablenkt; vielmehr verhält sie sich zu einer nur so, wie sich die Psychologie auch zur Pädagogik, zur Aesthetik, überhaupt zu den Kunstlehren verhält, nämlich als ihre synthetische Grundlage.

Was Herbart wollte, ist nur dies. Er hat auf die Bewegung der Vorstellungen eine Methode angewandt, welche gar "nicht unmittelbar aus dem Begriff eines erkennenden Wesens abgeleitet", also auch gar nicht eigentlich, weder ausschließlich noch specifisch, psychologisch ist (Ges. W. VI, S. 31); sie paßt "vielmehr auf alle inneren Bestimmungen irgend welcher Gegenstände, sofern dieselben unter einander entgegengesetzt sind und dergestalt zusammentreffen, daß sie nach dem Maße ihres Gegensatzes einander hemmen, daß ihr Gehemmtes sich in ein Zurückstreben zum vorigen Zustande verwandele, und daß die noch ungehemmten Reste zu Gesammtkräften verschmelzen" (das.). Ein solches Verhältniß zeigt sich nun aber auch unter den in der Gesellschaft wirksamen Kräften; und so, meint Herbart, müssen seine psychologischen Grundlehren auch auf den Staat, die Politik, sich anwenden lassen, was er Behufs der Erläuterung seiner Psychologie weiter ausführt. Er hegt aber auch die Hoffnung, daß die nämlichen Grundsätze auch das organische Leben auf ähnliche Weise begreiflich machen werden; denn auch dieses sei eine Verkettung einfacher Wesen, unter denen ähnliche Verhältnisse wie unter den Vorstellungen stattfänden (das. S. 46). Es handelt sich also bei Herbart höchstens nur um Analogien mit seiner psychologischen Betrachtungsweise, genau genommen aber um noch weniger, nämlich bloß um die vorläufige Einübung der Methode, die auf die Psychologie angewandt werden soll, an einem hier gleichgültigen Beispiele. Würden nun auch die Politik und Physiologie um ihrer selbst willen und vollständig nach jener Methode bearbeitet: so würden sie darum doch noch keine psychologischen Disciplinen sein. Daher kommen auch natürlich nicht nur in letzterer, sondern auch in ersterer, in der Statik und Mechanik des Staates, Verhältnisse mit Nothwendigkeit zur Sprache, die fern von aller Psychologie sind: wie das Gleichgewicht der Mächte Europas, welches Herbart gleichwohl ganz passend dem Gleichgewicht der Vorstellungen in uns analog stellt. Eben so wenn er vom Verhältnisse zwischen Freien und Unfreien spricht, welches an sich ein rein politisches ist, ob es allerdings auch psychologische Folgen hat. So nahe sich also auch die politische Grundlehre und die Psychologie berühren: so bleiben sie dennoch verschieden; während z. B. die Politik die Bedeutung jenes Verhältnisses zwischen Freien und Unfreien für die Gesellschaft zu untersuchen hat, für die Gesundheit und Festigkeit des Staates: hat die Psychologie die Seelen=Erregungen, die Förderungen und Hemmungen der geistigen Entwickelung, die Antriebe zur Charakter=Bildung, die Stimmungen des Gefühlslebens zu prüfen, die dem Unfreien aus seiner politischen Gedrücktheit entstehen. Aus dieser Erkenntniß kann der Politiker wieder seinen Vortheil ziehen; aber seine Betrachtungsweise ist immer nicht die psychologische, sondern die praktische. Es bedarf bloß der Hülfe der Psychologie, weil die Kräfte, die er leiten will, psychologischer Art sind; Mittel und Ziel dieser Leitung aber sind es nicht.

Ganz abgesehen von ihrer Methode, stehen zwar Politik und Völkerpsychologie darum in inniger Verbindung, weil sie beide auf denselben Gegenstand gerichtet sind: auf die Kräfte des Volksgeistes; aber in der Absicht sind sie von einander verschieden: diese will bloß erkennen, jene will leiten und wirken; diese ist eine rein theoretische Wissenschaft, jene ist die Ethik der Völker und die Technik oder Aesthetik der Staaten. So erwartet die Politik ihre wissenschaftliche Begründung von der

Völkerpsychologie, wie die Pädagogik sie von der individuellen Psychologie empfängt. Dies ist aber nur die eine Seite des Verhältnisses zwischen Politik und Völkerpsychologie, nach welcher der Staat als eine Wirkungsform geistiger Kräfte angesehen wurde. Der Staat ist aber auch ein Complex äußerer Verhältnisse, Thätigkeiten und Mittel zur Thätigkeit, und bildet als solcher eine reale, vom Volksgeiste verschiedene Macht. Die Kräfte der Gesellschaft und die Beziehungen innerhalb derselben mögen immerhin geistiger Art sein; andererseits aber bleibt auch zu beachten, daß der Volksgeist in der gesellschaftlichen Verfassung und in allem, was den Staat ausmacht, wie eine Seele in ihrem Leibe wohnt. Jeder Staat ist eine geäußerte, der Realität eingebildete Idee eines Volkes, ist also ein Aeußeres, an sich ungeistig, und nur darum und insofern von idealem Werth und Wesen, als er die Ausprägung eines Innern ist. Von dieser Seite aus betrachtet wird das Verhältniß zwischen jenen Wissenschaften ein ganz anderes: die Politik wird sich nun zur Völkerpsychologie verhalten, wie die Physiologie zur Psychologie. Welche Wirkung die Unterdrückung einer Partei, die Nothwendigkeit eines großen stehendes Heeres, Krieg, Aufruhr, Sieg oder Niederlage, einträglicher Handel u. s. w. für den Staat haben, das ist eine rein politische Frage; denn diese Wirkung betrifft zunächst nur äußere Verhältnisse, wie politische Macht, Reichthum der Bürger u. s. w. Diese staatlichen Verhältnisse aber sind für den Volksgeist von derselben Wichtigkeit, wie Gesundheit oder Krankheit des Leibes, Verlust oder Lähmung eines Gliedes für den Geist des Einzelnen. Umgekehrt wird auch der Volksgeist noch ungleich größeren Einfluß auf die Form des gesellschaftlichen Lebens üben als die Seele auf ihren Leib, und er wird dem Staate immer noch mehr zurückgeben, als er von ihm empfängt. Ein Sieg kann seinen nächsten Grund in einer Aeußerlichkeit haben; der tiefere Grund ist doch schon der Volksgeist. Dieser errungene Vortheil hat vor allem seine rein äußerlichen Folgen, Erbeutung von Kriegsmaterial, Wachsthum an Land, Vermehrung der Macht überhaupt; er hat aber auch seine psychologischen Folgen: Hebung des Muths, des Nationalgefühls, der schöpferischen, geistigen Kräfte überhaupt; und diese inneren Wirkungen fließen abermals in den Leib des Staates.

So setzen sich Politik und Völkerpsychologie einander voraus. Sie müssen zusammenwirken, um die Thatsachen zu begreifen. Aber sie sind verschiedene Wissenschaften, mit verschiedenen Principien und Zwecken. - Wir kommen jetzt auf das Verhältniß der Völkerpsychologie zur individuellen zurück.

Da der Volksgeist doch nur in den Einzelnen lebt und kein vom Einzelgeist abgesondertes Dasein hat: so kommen auch in ihm natürlich nur dieselben Grundprocesse vor, wie in diesem, welche die individuelle Psychologie näher erörtert. Es handelt sich auch in der Völkerpsychologie um Hemmungen und Verschmelzungen, Apperception und Verdichtung; ein Volk hat in seiner Dichtung seine Einbildungskraft, zeigt seinen Verstand und seine Sittlichkeit im praktischen Leben, zeigt überall sein Gefühl, besonders in seiner Religion. Die Verhältnisse, welche die Völkerpsychologie betrachtet, liegen theils im Volksgeiste, als einer Einheit gedacht, zwischen den Elementen desselben (wie z. B. das Verhältniß zwischen Religion und Kunst, zwischen Staat und Sittlichkeit, Sprache und Intelligenz u. dgl. m.), theils zwischen den Einzelgeistern, die das Volk bilden. Es treten also hier dieselben Grundprocesse hervor, wie in der individuellen Psychologie, nur complicirter oder ausgedehnter. Daher könnte man sich die Gliederung der Psychologie so denken: sie hat einen allgemeinen und einen pragmatischen Theil; jener enthält die synthetische Grundlage für diesen; dieser aber zerfiele in die individuelle und die Völkerpsychologie. Oder, wenn man diese Spaltungen, die nicht durchzuführen sein werden, nicht liebt, so wird man eben nur bemerken, daß die individuelle Psychologie zugleich die Grundlage der Völkerpsychologie enthält. - Und dies über ihr beiderseitiges Verhältniß Gesagte mag vorläufig genügen. Gerade weil dieser Punkt zu wichtig ist für unsere Wissenschaft, so kann er nur mit einem sorgfältigen Eingehen in dieselbe erörtert werden, nachdem sie das Verhältniß des Einzelgeistes und Volksgeistes zu einander schon dargelegt hat. Dieses aber bildet eine ihrer hauptsächlichsten und schwierigsten Aufgaben. Wir gehen daher jetzt über zum zweiten Eingange in dieselbe, der sich von Seiten der Anthropologie her eröffnet.

Es pflegt nämlich in der Anthropologie von der Differenz der Volkscharaktere und den Gründen derselben gehandelt zu werden. Viel Treffendes, Schönes und Brauchbares ist hier gesagt worden; aber weder ist eine vollständige Darstellung aller geistigen Lebensmomente auch nur e i n e s Volkes nur versucht worden, noch könnte das auch innerhalb der Anthropologie im engern und üblichen Sinne des Wortes jemals geschehen. Dieselbe hat sich nämlich mit dem Kreise von Erscheinungen des menschlichen Lebens beschäftigt, welcher zwischen den rein physiologischen und eigentlich psychischen Thatsachen in der Mitte schwebt, und bei dem die Abhängigkeit des Seelischen vom Leiblichen vorwiegt; z. B. die Zustände von Schlafen und Wachen, die Verschiedenheit der Geschlechter, der Lebensalter u. s. w. Auf dem Grunde der Lehre von den Temperamenten hat sie dann eine Charakteristik der Völker zu erbauen gesucht. Demnach können die a n t h r o p o l o g i s c h e n - physiologischen und klimatischen - Verhältnisse, wie viel sie auch zur Darstellung und Erklärung eines Volkscharakters beitragen, doch niemals zureichende Gründe zur Erklärung des Volksgeistes mit allen seinen p s y c h i s c h e n Thatsachen darbieten. Hegel's Einwand gegen die anthropologische Begründung: "Rede man nichts von ionischem Himmel, denn jetzt wohnen da Türken, wo ehemals Griechen wohnten, damit Punctum und laßt mich in Frieden!" läßt sich allerdings - wie dies von Gruppe geschehen (Antäus S. 396 f.), - durch die Behauptung widerlegen, daß der Charakter der Türken schon auf einem anderen Boden gewachsen, selbständig und erhärtet war und sich als solcher dem Einfluß des neuen Klimas entziehen kann. Aber - ohne mit einer vollständigen Erörterung der Frage hier vorgreifen zu wollen - Herr Gruppe und Jeder bedenke nur dies: welch' eine Mannigfaltigkeit und Differenz der geistigen Fähigkeit hat unter den Ioniern selbst zur Zeit der ionischen Blüthe unter demselben ionischen Himmel statt gehabt? und - unter demselben ionischen Himmel, wo der griechische Geist blühte, hat er auch abgeblüht und ist verwelkt; allgemeiner: der Verfall der Nationen unter demselben Himmel, unter welchem sie emporwuchsen, beweist, daß ihre Entwickelung nicht von diesem allein abgeleitet werden darf. Oder will man sich hiergegen darauf berufen, daß eben unter demselben Himmel auch gar manche Pflanzen und Thiere wachsen, daß unter derselben Sonne auch die Blume blüht und welkt? - nun so hat man auch schon zugestanden, daß die Entwickelung der Fauna und Flora nicht bloß von Sonne, Luft und Boden abhängt, sondern wesentlich durch den organischen Keim je nach seiner Artbestimmtheit bedingt ist. Ebenso ist die Entwickelung des Geistes wesentlich von seiner inneren Bestimmtheit abhängig. Gerade diese aber konnte die bisherige Anthropologie nur wenig oder doch nicht streng wissenschaftlich beachten. Indeß werden wir in derselben an Bemerkungen, Anregungen und dergl. viel Schätzbares finden.

Eng an die Anthropologie schließt sich die Ethnologie. Diese Wissenschaft freilich, wie sie bisher vorzugsweise bearbeitet worden ist, möchte man ein Capitel der Zoologie nennen; denn ihr Gegenstand ist eigentlich der Mensch als Thier, als Natur=Erzeugniß, abgesehen von seiner geistigen Entwickelung, bloß nach dem Bau seines Körpers, im Ganzen und in seinen Varietäten, in denen er über die Erde verbreitet ist, endlich nach seiner leiblichen Lebensweise, wie sie von dem jedesmaligen Boden und Klima bedingt ist. Auch werden dabei berücksichtigt die Abstammungs= oder Verwandtschafts=Verhältnisse der Völker, ihre vorgeschichtlichen Wanderungen und Mischungen, oder so zu sagen, ihre Verpflanzungen und Pfropfungen.[1]

Der Mensch aber ist schon von Natur mehr als Thier; denn in

---

[1] Einzelne Bearbeitungen der Ethnologie, wie z. B. Vollgraff's, sind schon auf psychologische Art und werden daher eine größere Berücksichtigung verdienen.

seiner Natur an sich schon ist die Anlage zur Vergeistigung gegeben; der Geist gehört zu seiner Natur. Der Mensch ist ein geistiges Thier, mit, um es kurz zu auszudrücken, angeborenen geistigen Anlagen, Neigungen, Strebungen, Gefühlen, noch ganz abgesehen von seiner geistigen Entwickelung und Bildung in der Geschichte. Ja sogar diese traditionellen geistigen Elemente muß man, insofern sie ganz unbewußt angeeignet, mit der Muttermilch, wie man sagt, eingesogen werden, zur menschlichen Natur rechnen. Auch von dieser Seite sollte natürlich der Mensch betrachtet werden. Hiermit würde das Gebiet der Ethnologie, also, wenn man will, der Zoologie noch nicht verlassen; wir würden nur zu der bisherigen physikalischen Ethnologie die p s y c h i s c h e E t h n o l o g i e hinzuzufügen haben, und d. i. eben die Völkerpsychologie. Sie hat die specifischen Lebensweisen und Thätigkeitsformen der verschiedenen Volksgeister zu ergründen, insofern sie die geistige Natur der Völker bilden. Hiernach wäre die Völkerpsychologie zu bestimmen als die Erforschung der geistigen Natur des Menschengeschlechts, der Völker, wie dieselbe die Grundlage zur Geschichte oder dem eigentlich geistigen Leben der Völker wird.

Dies ist der Gesichtspunkt, welchen Carl Ritter, der große Geograph, hervorhob, anknüpfend an die Geographie, die er so geistvoll zu machen verstand. Er sagt (Erdkunde I. S. 19), er mache es sich zur Aufgabe: „alle wesentlichen Naturverhältnisse darzulegen, in welche die Völker auf diesem Erdrunde gestellt sind, und es sollen aus diesen alle Hauptrichtungen ihrer entwickelten Zustände, welche die Natur bedingt, hervorgehen. Wäre dieses Ziel dann wirklich erreicht: so würde eine Seite der Historie im Allgemeinen einen Fortschritt gewonnen haben, indem das erregende Wesen der Antriebe der äußeren Naturverhältnisse auf den Entwickelungsgang der Menschheit dadurch zu größerer Klarheit gekommen sein müßte. Es bliebe ein anderes Gebiet, d a s d e r i n n e r e n A n t r i e b e d e r v o n d e m A e u ß e r e n u n a b h ä n g i g e n r e i n g e i s t i g e n N a t u r i n d e r E n t w i c k e-

lung des Menschen, der Völker und Staaten, zur vergleichenden Untersuchung übrig, als würdiger Gegenstand einer leicht noch glücklicheren Betrachtung und nicht minder lohnenden Forschung."
Aber auch Wilhelm v. Humboldt betrachtete zuerst die Sache von diesem Gesichtspunkte aus und scheute sich nicht vor der starken zoologischen oder botanischen Beleuchtung (Ankündigung einer Schrift über die Baskische Sprache und Nation). Später hebt er mehr das psychologische Element hervor; so heißt es z. B. im Anfange der Abhandlung: Ueber den Zusammenhang der Schrift mit der Sprache, Ges. W. IV. S. 427. "Die Gesetze, nach welchen das geistige Streben im Einzelnen erwacht und zur Reife gedeiht, könnte man die Physiologie des Geistes nennen. Aehnliche Gesetze muß es auch für eine ganze Nation geben. Die Nation ist e i n Wesen so wohl, als der Einzelne."
Daß wir in den Werken solcher Männer wie Klemm, Berghaus, Frankenheim, Riehl, Andrée, Golz u. A. reiche historische Ausbeute finden, braucht kaum gesagt zu werden; auch in solchen Zeitschriften wie das Ausland, die Cotta'sche Vierteljahresschrift, das Magazin für Litteratur des Auslandes, liegt gar Mancherlei aus der Gegenwart und Vergangenheit aufgespeichert. - Hier müssen wir auch die historisch=ethnologischen Untersuchungen von E c k s t e i n empfehlen. In seinen, in Pariser Zeitschriften erschienenen, Abhandlungen hat dieser ungemein belesene und geistvoll combinirende Forscher der geschichtlichen Ethnologie einen ganz neuen Anstoß gegeben. Wie der Geologe Schichten der Steinarten in der Erdrinde unterscheidet, so er Schichten von Völkern, deren eine über der anderen lagert. Freilich sind es hier lebendige Schichten, die nicht ruhig lagern, sondern sich gegenseitig mittheilen. Nicht nur die leibliche und sprachliche Mischung kommt hier in Betracht; sondern das gesammte Volksleben nach allen seinen Seiten, der religiösen, politischen, häuslichen u. s. w. Seite, wird von Herrn v. Eckstein erforscht, und so das Charakteristische der verschiedenen Völkerstämme und die Verwandt-

schaft der zu e i n e m Stamme gehörigen Völker allseitig dargelegt.

Wir haben in dem eben Gesagten schon den dritten Standpunkt berührt, von dem aus ein allgemeiner Blick auf die Völkerpsychologie leicht zu gewinnen ist: den geschichtlichen.

Wie es nur zwei Formen alles Seins und Werdens giebt, Natur und Geist: so kann es auch, nach Abzug der formalen und ästhetischen Wissenschaften, nur zwei Classen von realen Wissenschaften geben, eine, deren Gegenstand die Natur, und eine andere, deren Gegenstand der Geist ist. Demnach stehen sich gegenüber Naturgeschichte und Geschichte der Menschheit. Man kann Bedenken tragen, in welche dieser Classen man die Psychologie versetzen solle. Sehen wir die Sache ein wenig genauer an.

Das Wesen des natürlichen Geschehens ist blinde Nothwendigkeit, das der geistigen Geschichte Freiheit. Mit diesem Gegensatze ist zugleich der andere gesetzt: die Natur lebt in einem streng mechanischen Ablauf und einem organischen Kreislauf ihrer gesetzmäßigen Processe. Diese Läufe bleiben vereinzelt, jeder für sich: sie wiederholen sich ewig von neuem; aber die Wiederholung ist nur die Wiedererzeugung des schon Dagewesenen: es entsteht nichts Neues. Der Geist hingegen lebt in einer zusammenhängenden Reihe von Schöpfungen, deren jede die frühere voraussetzt, aber gegen sie gehalten, etwas Neues bietet; er zeigt einen Fortschritt. Der geistige Keim erzeugt nicht, wie der natürliche, bloß wieder einen gleichartigen Keim, sondern durch Hinzunahme und unter Begünstigung anderer geistiger Elemente bringt er etwas von sich selbst und diesen mitwirkenden Elementen Verschiedenes hervor, etwas, was ihn selbst und diese umgestaltet in sich trägt, aber auch noch mehr umfaßt, als in der bloßen Summe der verzehrten Elemente lag, was also von dem anfänglichen Keime im Wesen verschieden, reichhaltiger, gebildeter, entwickelter ist. Im Allgemeinen gilt also auf dem geistigen Gebiete fortschreitender Entwickelung der Satz, daß das Folgende immer das gehaltvollere, vorzüglich aber, daß es etwas Anderes, noch nicht Dagewesenes ist. Darum ist denn auch die Zeit von ganz anderer Wichtigkeit für den Geist als für die Natur; sie ist hier das Maß der Wiederkehr, dort der Abwechselung, hier des Umschwungs, dort des Aufschwungs.

Hiernach müßten wir wohl bedenken tragen, die Psychologie zu den Wissenschaften des Geistes zu zählen. Sie entwickelt nur eine mechanische Gesetzmäßigkeit gewisser Processe, einen unvermeidlichen Ablauf innerer Bewegungen, die Entstehung gewisser Erzeugnisse im Bewußtsein, wie der Vorstellungen, der Kategorien von Raum, Zeit u. s. w., welche in jedem Menschen nothwendig und in gleicher Weise wie in anderen entstehen, welche sich also in eben der Weise wiederholen, wie ein Keim die Wiederholung des anderen ist. Es fehlt hier sowohl die Freiheit, wie der Fortschritt, und darum kommt auch die Zeit für die psychologische Entwickelung nicht in Betracht - kurz es fehlt dieser alles, was wir so eben als bezeichnend für den Geist erklärten.

Wir könnten demnach veranlaßt sein, die Psychologie als eine dritte Wissenschaft zwischen die Naturwissenschaft und Geschichte zu stellen. Denn von der Naturwissenschaft einerseits unterscheidet sie sich entschieden dadurch, daß sie eben den Geist zum Gegenstand ihrer Forschung hat; man müßte denn als Materialist die geistigen Schöpfungen nur für Blüthen der körperlichen Processe erklären: dann ist freilich die Lehre vom Geistesleben ein bloßer Appendix der Physiologie; andererseits aber sucht sie am Geiste das zu erklären, was er, im Unterschiede von seiner freien und geschichtlichen Entwickelung, mit den Naturwesen gemein hat, nämlich die gleichbleibende allgemeine Gesetzmäßigkeit der einzelnen psychischen Processe.

In der That muß man im Wesen des Geistes selbst immer diese Zwiefältigkeit erkennen, daß er einerseits alle seine Thätigkeiten auf dem Grunde einer sich gleichbleibenden Gesetzmäßigkeit vollzieht, worin seine ewige Verwandtschaft mit der Natur besteht, und andererseits zu historisch fortschreitenden, neuen und freien Schöpfungen sich aufschwingt, wodurch er ewig von aller Natur sich unterscheidet. Der Geist bildet demnach so zu sagen die höchste Spitze der Natur und damit zugleich die Erhebung über dieselbe hinaus. Sein Wirken ist in die Mitte gestellt und bildet den Uebergang von einer lediglich an das allgemeine Gesetz gefesselten Realität und einer freischöpferischen Idealität.

Allein, wenn wir die Aufgabe der Psychologie näher betrachten, so erkennen wir, daß dieselbe nicht bloß das Vorhandensein dieser beiden Seiten oder Formen des geistigen Lebens, sondern auch die Vermittelung und Durchdringung beider, d. h. der Gebundenheit des Gesetzes und der Freiheit der Entwickelung nachzuweisen hat. In der That nun liegt diese Durchdringung in der specifischen Natur der geistigen Gesetzmäßigkeit selbst. Denn obgleich diese mit der in allen realen Naturwesen waltenden darin gleich ist, daß das Gesetz selber gleichbleibend und unveränderlich ist: so unterscheiden sich doch die Elemente und Processe, welche dem psychischen Gesetz unterworfen sind, eben dadurch von allen natürlichen Elementen und Processen, daß in ihnen der Keim zu einem Fortschritt gelegt ist. Wenn eine Mehrheit von Vorstellungen oder Gefühlen in eine Bewegung gerathen, so wird diese auf eine gesetzmäßige Weise verlaufen. Allein der Erfolg dieses gesetzmäßigen Verlaufs wird es sein, daß durch eine combinatorische Verschmelzung neue psychische Elemente entstehen, deren Werth und Bedeutung, zumal in fortgesetzter Verbindung, unendlich größer ist, als die der ursprünglichen Masse. Die Processe der Naturwesen sind nicht bloß darin gleichbleibend, daß unter gleichen Bedingungen immer auch gleiche Erfolge stattfinden, sondern auch, daß wenigstens seit Menschengedenken auch die Bedingungen immer die gleichen waren; so daß die Productivität der Natur einen fast wandellosen Kreislauf darstellt. Das Gleichbleibende der psychischen Gesetze aber zeichnet sich eben dadurch aus, daß zwar ebenfalls unter gleichen Bedingungen stets gleiche Erfolge hervorgehen, daß es aber in der Natur der psychischen Bedingungen liegt, Erfolge zu haben, welche einen Fortschritt einschließen, der selbst wieder eine neue Be-

dingung zu einem neuen Schritte wird. Die gesetzmäßig gleichbleibende Thätigkeit des Geistes also ist Entwickelung, und der Fortschritt gehört so sehr zur Natur des Geistes, daß eben deshalb der Geist nicht zur Natur gehört.
Nicht bloß in praktischer, sondern auch in theoretischer Beziehung ist, was Franklin in seiner Definition des Menschen hervorgehoben hat, von der wesentlichsten Bedeutung. "Der Mensch ist ein Werkzeug machendes (tool-making) Thier." Eine Reihe von erfindenden Vorstellungen gewinnt im Werkzeug ihre Verwirklichung und wird zu einer Kraft, welche von den durch die Natur selbst gegebenen Kräften verschieden ist; sie bewirkt den Fortschritt und die Erhebung über die Natur hinaus, während alle Thiere auf die Art und das Maß der von Natur gegebenen Kräfte beschränkt bleiben. Und das Werkzeug und sein Product wirkt wieder auf den Geist und seine That zurück: zur Erfindung anreizend und befähigend.
Tiefer liegend aber und nicht minder wichtig ist die Betrachtung, daß innerhalb des menschlichen Geistes, rein in dem Wesen seiner Thätigkeit es gegeben ist, fast mit jeder geistigen Arbeit zugleich ein geistiges Werkzeug zu schaffen, was hier nur im Allgemeinen angedeutet werden mag.
Die vorhandenen Vorstellungen werden zu appercipirenden Massen, welche so Inhalt wie Form des künftigen geistigen Stoffes gestalten helfen. In ihnen liegt wiederum die Möglichkeit, Regeln, Normen und Gesetze zu bilden, welche die Auffassung der Welt und die Einwirkung auf sie zu ordnen und zu leiten vermögen. Daraus bilden sich endlich herrschende Ideen, welche allem einzelnen geistigen Thun Zweck, Rhythmus und Adel verleihen. - So schließt die Bewegung der Vorstellungen ein organisches System ein zur Erzeugung von geistigen Werkzeugen, welche einander helfen, heben und fortbilden.
Ist es nun klar, daß wir es bei der Zweitheilung der Wissenschaften bewenden lassen können, und die Psychologie zu denen des Geistes gezogen werden muß: so kann uns eine andere Betrachtung noch näheren Aufschluß über deren Stellung zur Geschichte geben.

Die Naturforschung hat eine doppelte Reihe von Disciplinen entwickelt, nämlich erstlich die beschreibende Naturgeschichte, wozu Mineralogie, Botanik und Zoologie, aber auch Astronomie und Geologie gehören. Neben diesen aber, parallel laufend und sie begründend, stehen die rationalen Disciplinen der Naturlehre, nämlich die Physik und Chemie, die Pflanzen= und Thier=Physiologie, und endlich die Mathematik. Während die erste Reihe ein natürliches Leben und Sein, die vorhandenen Dinge, das Reich der Wirklichkeit nach den in ihm hervortretenden Formen beschreibt: entwickelt die andere Reihe die allgemeinen Gesetze, nach welchen diese Formen der Wirklichkeit entstehen und vergehen, sucht die abstracten Urelemente und Elementar=Kräfte der Natur auf; jene beobachtet: diese experimentirt. - Die Betrachtung des Geistes muß nothwendig eine analoge doppelte Wissenschaft erzeugen. Nun entspricht aber die Geschichte der Menschheit nur der beschreibenden Naturgeschichte; sie ist Darstellung der gewordenen Wirklichkeit im Reiche des Geistes. Wird sie nun nicht auch eine der synthetischen Naturlehre parallel laufende Disciplin fordern? wird sie nicht einer Darstellung der in der Geschichte waltenden Gesetze bedürfen, um synthetisch begründet und begriffen werden zu können? - Wo ist denn aber die Physiologie des geschichtlichen Lebens der Menschheit? Wir antworten: in der Völkerpsychologie. Wie die Biographie der einzelnen Persönlichkeit auf den Gesetzen der individuellen Psychologie beruht: so hat die Geschichte, d. h. die Biographie der Menschheit, in der Völkerpsychologie ihre rationale Begründung zu erhalten. Die Psychologie in ihren beiden Zweigen hat also für Biographie und Geschichte zu leisten, was die Physiologie für die Zoologie.

Man glaube nicht, daß diese Aufgabe von der Philosophie der Geschichte schon gelöst, oder daß ihre Lösung von derselben zu erwarten sei. Daß sie ihr oft vorgeschwebt habe, ist allerdings anzuerkennen; allein sie hat, statt Entdeckung der G e - s e t z e der Völkerentwickelung, meist nur eine übersichtliche und räsonnirende D a r s t e l l u n g d e s g e i s t i -

gen Inhaltes, der Quintessenz der Geschichte gegeben; wobei denn auch gewöhnlich von einem bestimmten Begriffe ausgegangen wurde, welcher als die Idee und das Ziel der Menschheit von vornherein festgestellt war, das zu erreichen der Gang der Geschichte sei. So kam es ihr denn auch mehr darauf an, den Geist der einzelnen Völker summarisch zu schildern, um dann besonders die relativen Fortschritte von einem zum andern ins Auge zu fassen, und so ein concentrirtes Bild der gesammten Menschheit zu gewinnen. Davon, daß auch die Zukunft schon mit in den Kreis hineinprophezeit wurde, wollen wir hier nicht reden. So viel ist gewiß, daß nicht die Gesetze der Entwickelung, sondern vielmehr eine Schilderung derselben allemal die Hauptsache war. Nur einzelne Bemerkungen zielten darauf hin, vielfach wiederholte historische Thatsachen als gesetzmäßig zu bezeichnen. - Das Beste hat auf diesem Gebiete unstreitig Hegel geleistet; allein ihm erschien es hier, wie in der Psychologie überhaupt, überflüssig, eine Gesetzmäßigkeit in der Entfaltung der bloßen Erscheinung aufzusuchen; ihm genügt vielmehr die Entwickelung der Idee nach ihrer immanenten Reihenfolge, d. i. die Erkenntniß, daß und worin sich auch hier der dialektische Proceß im Großen und Ganzen manifestire. Hegel sieht auch die einzelnen psychologischen Thatsachen - die Sammlung und Bewegung, das Gehen und Kommen, die Anziehung und Trennung der Vorstellungen in der Seele - gleichsam als die bloße Technik des Denkens an, welche in der Psychologie ebensowenig zu beachten sei, als die technischen Regeln der Künste in der Aesthetik; wenn wir in der Seelenthätigkeit nur die nach der dialektischen Stufenfolge aufsteigende That der Ideen nachweisen können, so sei die Arbeit gethan, zu welchem Behufe es hinreicht, all jene Erscheinungen summarisch zu betrachten und zu classificiren, nach einem Gesetze aber gar nicht zu fragen. Gegen diese bloße dialektische Schematisirung der subjectiven Thätigkeiten den Werth und die Nothwendigkeit der wissenschaftlichen Erforschung der psychischen Causalität weitläufig zu vertheidigen, ist hier der Ort nicht. Nur zweierlei sei angemerkt: erstens, daß die Gesetzmäßigkeit der psychischen Erscheinungen bei weitem nicht so äußerlich, deshalb auch deren wissenschaftlich=theoretische Erkenntniß nicht so gleichgültig sein kann, da auch bei Hegel's Voraussetzung, daß die Idee allein die treibende Kraft ist, welche die Erscheinungen hervorbringt, gewiß zugestanden werden muß, daß die Idee nicht nach Zufall oder Willkür, sondern nach bestimmten, bis in die einzelnsten Thatsachen hin angewendeten, Gesetzen dieselben erzeugt; Gesetze, die zu erkennen uns ebenso wichtig sein muß, als die Erkenntniß der Gesetze der Natur auch für den Theologen, welcher Gott für das einzige Agens in der letzteren hält. Nicht bloß daß, sondern auch wie Gott oder die Idee in der Natur oder Geschichte wirksam ist, soll die Wissenschaft zeigen. Zweitens ist auf die praktische Seite der Psychologie, nämlich als Fundament der Pädagogik - im weitesten Sinne, hinzuweisen; welches sie nur dann werden kann, wenn sie die Gesetzmäßigkeit aller einzelnen psychischen Erscheinungen und Thatsachen erkennt. - Von der praktischen Seite der Völkerpsychologie ist theils schon einiges gesagt, theils wird noch weiter unten einiges bemerkt werden.

Wir hoffen doch, es werde Niemand unserer Behauptung, daß die Geschichte aus allgemeinen psychologischen Gesetzen zu begreifen sei, den Vorwurf machen, der die Versuche einer früheren Zeit, die großen Ereignisse der Geschichte aus kleinen und kleinlichen Beweggründen der handelnden Personen zu erklären, mit allem Rechte trifft. Es handelt sich in der Völkerpsychologie noch weniger als in der individuellen um jene eingebildete Menschenkennerei, sondern nur, wie gesagt, um die Gesetze, denen der Geist unterworfen ist, da er eben so wenig, wie die Natur, jemals ohne Gesetz oder gar gegen das Gesetz wirkt. Man fürchte also nicht, daß eine psychologisch begriffene Geschichte etwas von ihrer Würde und Erhabenheit verlieren könne; eben so wenig, wie unsere Anschauung der Natur dadurch sich verkleinert, daß sie durch die Physik als gesetzmäßig begriffen wird.

Einen anderen Einwand werden wir mehr zu fürchten haben. Man wird sagen, und mit Recht, die scheinbar dem schwankenden Zufall anheimgegebene Natur kann in unserer Schätzung nur gewinnen, wenn wir sie feste Gesetze befolgen sehen; der Geist aber, das ist ein Axiom unseres Vernunftglaubens, ist Freiheit; sein Leben, die Geschichte, ist das Erzeugniß der Freiheit. Kaum erträgt man's, daß diese Freiheit durch die Pläne der göttlichen Vorsehung beschränkt werde: um wie viel weniger, daß sie durch eine unwandelbare, unverletzliche und unentrinnbare Causalität gebunden, und d. h. vernichtet werde. Denn wird dadurch nicht der Geist entgeistet und um nichts weniger geläugnet als vom Materialismus?

Diesem Einwurfe könnten wir uns zunächst ganz im Allgemeinen dadurch entziehen, daß wir darauf hinweisen, wie er die individuelle Psychologie in noch höherem Grade treffen würde, weil das Bedürfniß nach der Annahme einer persönlichen Freiheit noch entschiedener ist. Nichts desto weniger haben auch die Lehrer der absolutesten Willensfreiheit eine individuelle Psychologie vorzutragen, Stoff und Ursache gefunden.

Sodann aber läßt sich dieser Einwand schon durch einen flüchtigen Hinblick auf das Wesen der Freiheit beseitigen. Neben dem Willen, auch wenn er unbedingt frei gesetzt wird, erscheint in dem psychischen Processe eine Reihe von ihm verschiedener Elemente. Nicht nur in der Sphäre der Erkenntniß und des Gefühls, sondern auch in der des Handelns bestehen die Erscheinungen des geistigen Lebens weder in dem bloßen Willen noch durch ihn. Betrachtet man nun auch den Willen als die alleinige bewegende Kraft für diese verschiedenen Elemente, so kann doch diese Bewegung keine durch den Willen allein bedingte sein. Vielmehr folgen dieselben gewissen psychologischen Gesetzen, innerhalb deren allein der Wille mit ihnen operiren kann. Denken wir uns den Willen gleichsam wie einen Feldherrn, welcher eine Truppenmasse nach seinem Befehl in Bewegung setzt, so ist offenbar, daß, wie frei dieser Befehl auch sei, er an die einfachen Gesetze der Truppenbewegung, die sich aus der Natur derselben ergeben, gebunden ist.

Die räumlichen Bedingungen der Ausdehnung einer Masse, der Fortbewegung ihres Kriegsbedarfs, schließen Gesetze ein, welche kein Befehl verändert, und denen kein Führer ungestraft sich entziehen kann. So wie nun der Befehl des Feldherrn nur darauf gerichtet und darauf gegründet sein kann, die, eigenen Gesetzen unterworfenen, Kräfte gemäß denselben in Bewegung zu setzen: so auch kann der freie Wille die Vollziehung der verschiedenen Processe im menschlichen Geiste nur in so fern und dadurch lenken, daß er die psychischen Elemente innerhalb der ihnen selbst einwohnenden Gesetze in Bewegung bringt. - Die Erforschung nun dieser Gesetze, welche der freie Wille in Dienst zu nehmen befähigt ist, bildet eben eine Aufgabe der Psychologie. Hieran aber knüpft sich die weitere Aufgabe, sowohl die Frage nach der Freiheit des Willens überhaupt zu entscheiden, als auch das Maß seiner Einwirkung, da er nur e i n e Kraft unter den Kräften ist, zu bestimmen.

An die Bestrebungen der Philosophie der Geschichte knüpfen sich die der geistvollen Historiker, namentlich der Culturhistoriker, der Philologen und Sprachforscher, wie H u m b o l d t , G r i m m , B ö c k h , W a c h s m u t h , G a g e r n und ihre Genossen und Schüler, bei denen wir eigentlich Materialien finden, welche unmittelbar den Stoff der psychologischen Bearbeitung abgeben. Die Werke dieser Männer können uns freilich nur die concreten Erscheinungen des inneren und äußeren Lebens der Völker, einzelner oder mehrerer zugleich, also die Thatsachen, in denen die Volksgeister sich manifestiren, und die historische Entfaltung darbieten. Der Völkerpsychologie fällt nun die Aufgabe zu, aus diesen concreten Erscheinungen heraus auf wissenschaftliche Weise und in wissenschaftlicher Form die Gesetze zu finden, nach denen sie sich erzeugt haben. Es verhalten sich jene Arbeiten zur Völkerpsychologie wie Biographien und Novellen zur Psychologie: die besseren liefern reichen Stoff und häufige Winke, welche der Psychologe wohl benutzen und kaum entbehren kann; aber sie überheben ihn seiner Arbeit nicht.

Aus dem eben Gesagten geht hervor, was dennoch ausdrücklich

wiederholt werden muß: d a ß d i e V ö l k e r p s y c h o l o g i e nur von den T h a t s a c h e n d e s V ö l k e r l e b e n s a u s g e h e n k a n n, daß sie aus der Beobachtung, Ordnung und Vergleichung der Erscheinungen allein hoffen kann, die Gesetze des Volksgeistes zu finden. Daß eine Construction der verschiedenen Volksgeister und der aufsteigenden Kräfte nach irgend welchen fertigen Kategorien keinerlei Art wissenschaftlich begründeter Resultate ergeben kann, wird man heutzutage gern zugestehen. Die Construction kann sich - geistvoll behandelt - ganz dem Gesetze der Wirklichkeit fügen, finden wird sie es nimmermehr! Von den Thatsachen also muß ausgegangen werden, ja um bloß die Aufgabe der Völkerpsychologie v o l l s t ä n d i g richtig zu bestimmen, wird eine reiche und wiederholte Sammlung derselben nöthig sein.

Die Quelle der Thatsachen strömt auch hier nicht sparsamer als bei den Individuen, obwohl sie, umfassender an Form und Inhalt, bei weitem schwieriger zu finden und zu fassen ist. Die Culturgeschichte a l l e r Nationen, so weit sie uns irgend bekannt, mit all' ihren einzelnen Zweigen liefert uns eine so reiche Ausbeute des mannigfaltigsten Materials, daß sich uns ein unabsehbares Feld der Beobachtung und Combination eröffnet; und eine Zusammenstellung und Vergleichung der verschiedenen Richtungen in dem Leben eines und desselben Volkes, dann wiederum der verschiedenen Völker, ist offenbar auch für die volle und klare Erkenntniß eines einzigen erforderlich. Nur auf e i n e m Punkte scheint uns die Beobachtung beschränkt, nämlich die der Kindheit, welche für die individuelle Psychologie gewiß von hoher Bedeutung und Fruchtbarkeit ist. Indeß reicht, wenn gleich nicht die directe, so doch die indirecte Kenntniß der Menschheit bis zu den frühesten Zeiten der Bildung hinauf; nämlich durch die etymologischen Studien, besonders eines G r i m m (Geschichte der deutschen Sprache) werden uns durch die Sprache auch die Vorstellungen und Sitten u. s. w. selbst der ersten Jugend der gebildeten Nationen auf überraschende Weise vor die Augen gestellt. In dieser Richtung dürfen wir von künftigen weiteren Forschungen noch Vieles hoffen, und die täglich sich erweiternde genauere Kenntniß der roheren und ungebildeteren Stämme wird uns in anderer Weise das Bild der Kindheit eines Volkes zeigen. Von der anfänglichen Staaten= und Gesellschaftsbildung liefert uns das jüngere America höchst mannigfache und interessante, und, wenn auch durch das Wesen der Einwanderung eigenthümlich geartete, dennoch allgemein belehrende Thatsachen. Für die empirische Psychologie könnte man also diese Lücke mit der Zeit ausfüllen. Der metaphysische Streit aber: ob die Geschichte des Menschengeschlechts mit einem allmählichen Fortschritt beginnt oder bare mit einem Rückschritt, einem Abfall vom einem besseren Sein - bleibt uns fern; denn jedenfalls muß die Wissenschaft, um sich nicht selbst aufzuheben, von jener mythischen Voraussetzung, daß Elemente einer untergegangenen antediluvianischen Culturwelt auf die Entwickelung der gegenwärtigen gewirkt hätten, absehen, und es versuchen, aus den geschichtlich feststehenden Thatsachen und der geistigen Natur des Menschen, wie sie heute sich noch offenbart, die Entwickelung des Menschengeschlechts genügend zu begreifen.

Sind wir durch vorstehende Betrachtungen in den Kreis völkerpsychologischer Thatsachen eingetreten, so wollen wir uns nun hier ein wenig umsehen und versuchen, ob wir nicht einen gewissen Plan, nach dem sich das Einzelne gruppirt, erkennen mögen.
Wir sehen aber sogleich, wie sich das Ganze in zwei Theile zerlegt. Es soll geredet werden vom Volksgeiste und von den Volksgeistern, und zwar beides zugleich mit Bezug auf Geschichte. Denn von der Psychologie ausgehend, kamen wir vom Einzelgeiste zum Volksgeiste; von der Ethnologie aus gelangten wir vom Menschen als einem natürlichen, sich in Varietäten spaltenden, Geschlecht zu den Völkern als den Modificationen des menschlichen Geistes; und durch beide Betrachtungen verlangte die Geschichte Einsicht in ihren gesetzlichen Gang.

So verhalten sich zwar nun beide Theile der Völkerpsychologie zur Geschichte als synthetische Grundlage derselben; davon aber abgesehen, steht der erste Theil zum zweiten selbst wieder in gleichem Verhältnisse, was näher zu betrachten ist.
Die synthetischen, rationalen Disciplinen haben zum Gegenstande die Urelemente (die Chemie), aus denen, und die allgemeinen Gesetze (Physik und Physiologie), nach denen das einzelne Dasein entsteht, sich erhält und vergeht; die beschreibenden Disciplinen betrachten eben dieses wirkliche Dasein nach den Formen, die es durch die eigenthümliche Combination jener Elemente und Gesetze in jedem Falle erhalten hat. Die ersteren sind abstract; denn jene Elemente und Gesetze zeigen sich seltener oder niemals in selbständiger Vereinzelung, und haben meist nur eine künstliche Existenz durch das Experiment, die Ausscheidung des Forschers. Die einfachen Körper der Chemie existiren meist nur in den zusammengesetzten Körpern; und die Fälle der Physik kommen in der Wirklichkeit fast nie so rein vor, wie die Wissenschaft sie darstellt; sondern es greifen dort immer mehrere physikalische Gesetze in einander. - Die andere Klasse ist concret; ihr Gegenstand ist die gegebene Wirklichkeit, die lebenden Thierarten, Pflanzenarten, die Erde als Ganzes und mit ihren vielen mineralogischen Bildungen. - So gehört nun die Psychologie zur ersten Klasse, im Gegensatze zu Biographie und Geschichte; relativ aber genommen, steht erstlich, wie schon bemerkt, die individuelle Psychologie zur Völkerpsychologie in demselben Gegensatze, und abermals nun auch der erste Theil der Völkerpsychologie zum zweiten derselben.
Denn der erste Theil soll zeigen, was überhaupt der Volksgeist ist, unter welchen ganz allgemeinen Bedingungen und Gesetzen er lebt und wirkt; welches überall seine constitutiven Elemente sind, wie diese sich bilden, in welche Verhältnisse sie zu einander treten, und was jedes für das Ganze wirkt; so daß hieraus die Entstehung und Entwickelung des Volksgeistes klar werde. Dieser Theil also ist abstract und allgemein, natürlich nicht ohne Rücksicht auf die einzelnen Völker und ihre Geschichte,

aber, mit Beseitigung des Eigenthümlichen, nur das Allgemeine heraushebend. Es ist hier die Rede von der Menschheit als Volk; von Sprache, Religion u. s. w. wie diese als Aeußerungen des zum Volksgeiste bestimmten Menschengeistes sich offenbaren.

- Der andere Theil dagegen ist concret; er behandelt die wirklich existirenden Volksgeister und ihre besonderen Entwickelungsformen. Jener stellt die Gesetze auf, die für alle Völker gelten: dieser beschreibt, charakterisirt die einzelnen Völker als die besonderen zur Wirklichkeit gelangten Formen jener Gesetze. Bei einem tieferen monographischen Eingehen auf den Gegenstand können auch andere als gerade die Volkseinheiten dieser zwiefachen Betrachtung unterworfen werden; es kann von den psychischen Gesetzen des Staatslebens, der Religionsgenossenschaft u. dergl. überhaupt und dann wiederum von bestimmten Staaten und Kirchen gehandelt werden, in denen jene Gesetze zu einer individualisirten Verwirklichung gelangt sind.

Demnach können wir den ersten Theil völkergeschichtliche (ethnologische und politische) Psychologie nennen, den zweiten aber psychische Ethnologie, während für das Ganze der Name Völkerpsychologie gelten mag. Wie die individuelle Psychologie aus den einfachsten Seelen=Ereignissen und den Gesetzen, nach welchen sie sich mit einander verbinden und im Bewußtsein auf= und niedertauchen, das verwickelte Getriebe des ausgebildeten Bewußtseins sich entwickeln lassen soll: so hat die völkergeschichtliche Psychologie aus den einfachsten Erzeugnissen der menschlichen Geselligkeit den umfassenden Organismus des Volksgeistes zu erklären. Es ist also zu zeigen, wie sich die einfacheren, elementaren Kräfte des menschlichen Bewußtseins combiniren zu complicirten Gesammtkräften und Gebilden des Volksgeistes; so daß wir allmählich alle wesentlichen Formen und Erzeugnisse des Zusammenlebens der Menschheit, wie Familie, Staat, Stände, Religion, Literatur u. s. w. nach und neben einander entstehen, sich gegenseitig fördern und auch hemmen sehen.

Wir haben bis hierher den Begriff, die Methode und die Möglichkeit der Völkerpsychologie nur ganz im Allgemeinen besprochen; es kommt nun darauf an, wenigstens die wesentlichsten Momente derselben als Wissenschaft näher zu beleuchten. Zunächst könnte die Anwendung des Begriffs der Psychologie auf das Völkerleben, d. h. die Gründung einer solchen Wissenschaft, Zweifel gegen sich d a d u r c h erregen, daß, weil eine Psyche des Volkes im eigentlichen Sinne des Wortes undenkbar, die Substanz, welche als Träger der Thätigkeit gedacht werden muß, zu fehlen scheint. Fassen wir aber die Sache näher ins Auge, so leuchtet bald ein, daß die Erkenntniß der Seele, d. h. der Substanz und Qualität derselben, keineswegs das Ziel oder auch nur das Wesentliche der Aufgabe ist, welche die Psychologie zu lösen hat. Vielmehr besteht diese wesentlich in der Darstellung des psychischen Processes und Progresses, also in der Entdeckung der Gesetze, nach denen jede innere Thätigkeit des Menschen (vom Rechnen bis zum Dichten, vom sinnlichen Begehren bis zum sittlichen Wollen, von der materiellen bis zur ästhetischen Anschauung der Dinge) vor sich geht, und in der Auffindung der Ursachen und Bedingungen jedes Fortschrittes und jeder Erhebung in dieser Thätigkeit. Wir könnten deshalb, da man in unserer Sprache fast allgemein und sicher den Unterschied zwischen Seele und Geist darin begreift, daß j e n e eine Substanz, ein reales Etwas, d i e s e r aber mehr die bloße Thätigkeit bedeutet - die Psychologie in Seelenlehre und Geisteslehre unterscheiden, so daß jene, welche mehr das Wesen oder die Substanz und Qualität der Seele an sich betrachtet, eigentlich einen Theil der Metaphysik oder Naturphilosophie, diese aber (die Geisteslehre), welche die Thätigkeiten der Seele und deren Gesetze betrachtet, die eigentliche Psychologie ausmacht.[2] Demgemäß ist leicht ersichtlich, wie von einer Völ-

---

[2] Die wissenschaftlichen Resultate beider werden zwar mit einander innig zusammen= aber darum nicht von einander abhängen. So hat die frühere empirische Psychologie eine bedeutende Summe von Erfahrungen und Beobachtungen zusammengetragen, ohne den Begriff der Seele in den Kreis der Betrachtung zu ziehen.

kerpsychologie, analog der individuellen Psychologie, die Rede sein kann: nämlich als Volksgeisteslehre in dem eben bezeichneten, engeren Sinne. (In diesem Sinne pflegt man denn auch von dem Volksgeist analog dem individuellen, von der moralischen Persönlichkeit einer Nation, eines Staates, einer Gesellschaft zu reden). - Wenngleich nun aber auch eine Substanz des Volksgeistes, eine substantielle Seele desselben nicht erfordert wird, um die Gesetze seiner Thätigkeit zu begreifen, so müssen wir doch jedenfalls und nur um so mehr den Begriff des Subjects als einer bestimmten Einheit feststellen, um von ihm etwas prädiciren zu können.
Die bloße Summe aller individuellen Geister in einem Volke - welche allerdings das substantielle Wesen des Volksgeistes ist - kann den Begriff ihrer Einheit nicht ausmachen, denn dieser ist etwas Anderes und bei weitem mehr als jene; - ebenso wie der Begriff eines Organismus (einer organismischen Einheit) bei weitem nicht durch die Summe der zu ihm gehörenden Theile erschöpft wird; vielmehr fehlt dieser Summe gerade noch das, was sie zum Organismus macht, das innere Band, das Princip, oder wie man es sonst nennen mag. - So ist auch der Volksgeist gerade das, was die bloße Vielheit der Individuen erst zu einem Volke macht, er ist das Band, das Princip, die Idee des Volkes und bildet seine Einheit. Diese Einheit nun ist die des Inhaltes und der Form oder Weise seiner Thätigkeit, in der gemeinschaftlichen Erzeugung und Erhaltung der Elemente seines geistigen Lebens. Denn in dem geistigen Thun aller Individuen eines Volkes herrscht eine Uebereinstimmung und Harmonie, welche sie zusammenschließt und zu einer organisch verbundenen Einheit macht. Das nun, was an dem verschiedenen geistigen Thun der Einzelnen mit dem aller Andern übereinstimmt und jene Harmonie bildet, zusammengenommen, ist die geistige Einheit des Volkes, der Volksgeist. In der Form einer Definition wird die Völkerpsychologie den Volksgeist als das Subject, von welchem sie etwas prädiciren will, demnach etwa so bezeichnen: das, was an innerer Thätig-

keit, nach Inhalt sowohl wie nach Form, allen Einzelnen des Volkes gemeinsam ist; oder: d a s a l l e n E i n z e l n e n G e m e i n s a m e d e r i n n e r e n T h ä t i g k e i t. (Eine viel schärfere und prägnantere Fassung ist gewiß nicht nur möglich, sondern zu hoffen; einstweilen gelte diese als unvorgreifender Versuch, der überdies sogleich weiter ergänzt werden soll).

Nach dieser Definition des Subjects könnte man, bei der ungeheuren Verschiedenheit der Individuen, von denen fast niemals auch nur zwei einander völlig gleichen, wohl fürchten, daß die Prädicate desselben gar dürftig ausfallen müßten. Aber man stelle nur einmal zwei Völker zusammen, und gleich wird man aus dem Grade ihrer Verschiedenheit den der Gleichheit aller Einzelnen innerhalb eines jeden dieser Völker wahrnehmen; man denke zwei Individuen aus ihnen, etwa einen Perser und einen Griechen - von specifisch gleichem Range und Stande, so ähnlich an Charakter, Intelligenz u. s. w. als immer möglich, und Jeder wird zugeben, daß sie, psychologisch näher betrachtet, dennoch bei weitem mehr von einander verschieden sind, als jeder der beiden von einem seiner ihm an Rang und Bildung entferntesten Stammgenossen. Um sich diesen Gesammteindruck deutlicher zu machen und ihn begreiflich zu finden, bedenke man nur, daß die w i c h t i g s t e n E l e m e n t e des geistigen Lebens, trotz aller Verschiedenheit ihrer Handhabung bei den Individuen, Allen gemeinsam sind; vor allem z.B. die g a n z e S p r a c h e - bis auf die verhältnißmäßig höchst geringe Ausnahme künstlicher Formen - a l s o d e r g a n z e S c h a t z v o n V o r s t e l l u n g e n u n d B e g r i f f e n ist das Allen gemeinsame Eigenthum der Nation (wie sehr auch die Individuen in dem Maße und Grade der Erwerbung - Auffassung der Begriffe - und Anwendung dieses Eigenthums abweichen mögen). - Mit der Sprache hängen dann die psychologischen Formen des Denkens aufs Innigste zusammen, und jeder, dem das Wesen der Sprache im wahren Lichte erscheint, wird erkennen, daß g r u n d v e r s c h i e d e n e Redeformen nur die Erscheinung grundverschiedener

Denkformen sind. - Dazu kommen noch Sitten und Gewohnheiten von der Nahrung und Bekleidung bis hinauf zur Pflege des Rechts und der Verfassung des Staates, Uebung der Künste, Betrieb der Handwerke und Cultur der Wissenschaften, endlich die Religion - Alles specifisch=verschiedene Prädicate des Volksgeistes und dennoch g e m e i n s a m e s Gut aller Einzelnen - (diese mögen sich affirmativ oder s o g a r n e g a t i v dazu verhalten; denn der griechische Irreligiöse, Kunstlose u. s. w. ist von dem persischen eben so sehr verschieden, als der Gläubige, Künstler u. s. w.). So bilden ferner fast alle Momente des geistigen Lebens, der inneren Thätigkeit, trotz ihrer Differenz und Zersplitterung in den Individuen, durch ihren inneren Zusammenhang unter einander, eine wahrhafte Monas im Volksgeiste, sind der geforderten Einheit des Subjects darin völlig angemessen und dadurch geeignet als Prädicate desselben bezeichnet zu werden.

Andererseits ist doch der Volksgeist nicht eine solche Monas, daß der Einzelne sich gänzlich in ihr verlöre; es ist vielmehr auch dies wesentlich für den Volksgeist, von den Einzelnen fortwährend getragen und geschaffen zu werden.

Indem sich nun zwar das Gemeinsame der individuellen Geister als der Inhalt des Volksgeistes erwiesen hat, dieser sich aber dennoch nicht anders als in den einzelnen Individuen manifestirt, und zwar so, daß - was am wichtigsten ist - die Blüthen und Höhen desselben, die specifisch höhere und fördernde Intelligenz und reinere und exemplarische Sittlichkeit, die besseren Kunstwerke, nur wenigen zukommen: so ist die nächste und wichtigste Aufgabe der Völkerpsychologie, das Verhältniß der Gesammtheit zum Einzelnen zu untersuchen und festzustellen. Daß sich dies Verhältniß durchschnittlich als eine Wechselwirkung darstellt, wird man auf den ersten Blick begreifen. Denn alle und jede geistige Thätigkeit eines Individuums, sie mag sich noch so sehr über die der Andern, über den ganzen zeitigen Standpunkt des Volkes erheben, wurzelt dennoch in dem Geiste des Volkes, ist ein Product desselben, oder hat wenigstens in ihm einen der wesentlichsten Factoren. Andererseits wirken diese Thaten der Individuen - unmittelbar oder mittelbar - wieder auf den Volksgeist zurück, sie bleiben nicht isolirt, sie werden vielmehr Eigenthum und bildendes Element desselben. (So wird jeder zugestehen, daß die Werke eines Aeschylus, Phydias und Plato, wie weit sie sich auch über frühere Leistungen in ihren Fächern emporheben, dennoch dem griechischen Volksgeist eigen und eigenthümlich, durch ihn entstanden sind und nur in ihm entstehen konnten; daß aber auch die gesammte Anschauung der Griechen in Leben, Kunst und Wissenschaft durch diese Werke geläutert und gehoben wurde). Das Gesetz dieser Wechselwirkung und ihre näheren Bestimmungen zu finden, ist eine würdige Aufgabe der Psychologie.

Schon der erste Theil der Völkerpsychologie hat die Verschiedenheit der Völker zu berücksichtigen, wenn auch nur in noch abstracter Weise, insofern er nämlich zu zeigen hat, wie dieselbe möglich ist. Jene Elemente, welche den Volksgeist constituiren, können und müssen sich, trotz ihrer Nothwendigkeit und allgemein menschlichen Natur, dennoch aus inneren, in ihnen selbst oder im Volks=Subject liegenden, wie aus äußeren durch das Schicksal des Volkes gegebenen Gründen, in sehr verschiedener Weise offenbaren. Die causalen Verhältnisse, durch welche die Elemente erzeugt werden, und dann wieder diese Elemente selbst, welche den Volksgeist bilden, erlauben unter sich, und je nach den verschiedenen äußeren Schicksalen, äußeren Förderungen und Hemmungen, die mannigfaltigsten Combinationen.

Es entsteht also hier die Frage: was ist ein Volk? was macht dasselbe zu diesem bestimmten Volke? Durch die Beantwortung dieser Frage hoffen wir der obigen Definition von Volksgeist festeren Halt und bestimmtere Bedeutung zu geben.

Bei der Definition von Volk - und um eine solche handelt es sich hier - hat man gemeint, als die wesentlichen Merkmale angeben zu können: Gemeinsamkeit der Abstammung und der Sprache derer, die zu d e m s e l b e n Volk gehören. Hiermit ist aber die Sache keineswegs getroffen. Die Zweige eines Volkes kommen nicht allemal von e i n e m Stamm, sondern dasselbe hat sich oft genug durch Vermischung von Zweigen ganz verschiedener Stämme gebildet. Ganz ungemischt dürften nur wenige Völker sein. Andererseits aber greift die Gemeinsamkeit der Abstammung weit über ein Volk hinaus, da auch mehrere, und sogar viele Völker von e i n e m Urstamme (z. B. dem germanischen, dem slavischen, u. s. w. und noch weiter hinab: dem indoeuropäischen) sich abgezweigt haben, noch abgesehen von der Ansicht, daß das Menschengeschlecht e i n e m Paare entsprossen sei. - Oder soll die Gleichheit der Abstammung bedeuten, daß diejenigen zu einem Volke gehören, deren Väter schon ein Volk bildeten? Das wäre ein klares idem per idem.

In anderer Weise geräth man mit dem zweiten Merkmal, der Gleichheit der Sprache, in einen Kreis. Hat man nämlich zuerst gehört: e i n Volk ist eine Menge Menschen, welche e i n e Sprache reden, und fragt dann weiter, was ist e i n e Sprache? so erhält man die Antwort: die Gesammtheit der Redemittel, deren sich e i n Volk bedient. So wird der Begriff Volk auf den Begriff Sprache gegründet, und dieser wiederum auf jenen zurückgeführt. - Es ist auch in der That eben so schwer zu sagen, was e i n e Sprache ist, was e i n Volk ist. Denn die Gleichheiten und Verschiedenheiten der menschlichen Rede sind keinesweges immer so deutlich und streng in der Stufenfolge, daß man auf einem festen Punkte dieser Leiter die Einheit einer Sprache fixiren könnte. So gelten z. B. das Schwedische, das Dänische, das Niederländische als eigene Sprachen neben der Deutschen; gleichwohl finden sich innerhalb der deutschen Sprache Unterschiede, wonach wir nur die verschiedenen Dialecte unterscheiden, welche durchaus nicht geringer sind, als die von jenen Sprachen; ja die Allemannische und selbst die Schwäbische und Elsässische Mundart ist von der hochdeutschen sicher eben so weit entfernt, wie das Niederländische vom Niederdeutschen, welches doch mit zur deutschen Sprache gezählt wird. Aufwärts also in der Stufenleiter sind die verschiedenen Sprachen einander oft so gleich, daß man erst im

Sprachstamm eine geschlossene Einheit oder e i n e Sprache erblicken kann; und abwärts erscheinen die Dialecte wieder von einander so verschieden, daß man schon in ihnen verschiedene Sprachen erblicken möchte.
Ueberblicken wir das ganze Gebiet menschlicher Sprache, so finden wir als äußerste und wirkliche feste Grenzen nur, daß einerseits aller Menschen Rede darin gleich ist, daß sie eben menschliche Sprache ist, daß andererseits aber ein jedes Individuum eine gewisse Besonderheit und Eigenthümlichkeit der Sprache besitzt. Dazwischen aber liegt eine so beträchtliche Anzahl von Abstufungen, in welchen die Sprache von Individuen mit einander gleich und gegen alle übrigen verschieden ist, daß ein fester Punkt der Spracheinheit kaum zu finden ist. Nächst dem Individuum hat bekanntlich jede Familie und jede Stadt einen gewissen gleichmäßigen Sprachtypus; wiederum bilden dann die Provinzen nach ihrer geographischen Lage und die Volksstämme nach ihrer genealogischen Stufe Mundarten, denen weiterhin Dialecte folgen; und wenn nach dieser die Sprachen kommen, so gehen diese wieder zusammen in Sprachstämme und in Racenspracheinheiten.
Zur bloßen Mannigfaltigkeit dieser Elemente der Gleichheit und Verschiedenheit in der Redeweise der Menschen kommt noch hinzu, daß sie auf den verschiedenen Stufen einander durchkreuzen.
Es liegt daher in der Stufenleiter der Verwandtschaftsgrade der Sprechweisen nicht mehr Grund, irgendwo eine scharfe Grenze zu ziehen, als in den Verwandtschaftsgraden, nach welchen die Menschen sich zu einander ordnen.
Nun liegt aber außerdem noch auf der Hand, daß das Verhältniß der Sprachen zu einander mit dem der Völker andererseits gar nicht immer denselben Lauf inne hält. Die niederdeutsche Sprache steht der niederländischen viel näher als der oberdeutschen; aber die Holländer bilden ein Volk für sich und die Niederdeutschen und Oberdeutschen gehören zu e i n e m Volke.
Die Beantwortung der Frage: was ist ein Volk? scheint zunächst den Sinn zu haben, als handle es sich um eine, in natur-

geschichtlicher Weise gemachte Eintheilung der Menschen=Art nach ihren Varietäten und nach den immer geringer werdenden Unterschieden und Trennungen, und der dagegen in gleichem Grade wachsenden Aehnlichkeit und Zusammengehörigkeit; und als früge es sich dann: wo liegt auf dieser Stufenleiter von geringerer oder größerer Verbindung und Gesondertheit und daraus erfolgenden Ueber= und Unterordnungen der Grad und der Umfang, den wir als Volk bezeichnen. Wie man fragt: welchen Grad der Aehnlichkeit, welche gleichen Merkmale müssen zwei Pflanzen oder Thiere haben, welche zu e i n e r Familie oder e i n e r Art gerechnet werden sollen? so meint man fragen zu müssen: was werden zwei Menschen gemeinsam haben, die zu e i n e m Volke gehören sollen? - Eine solche Classification des Menschengeschlechts würde eine genealogische sein müssen. Allein in der Reihe der so entstehenden vom ganzen Geschlechte abwärts immer geringer an Umfang werden Classen, auf dieser Stufenleiter der Aehnlichkeiten liegt der Punkt, die Classe Volk nirgends, weil er überhaupt nicht auf diesen natürlichen Verhältnissen beruht, weil thatsächlich fast bei jedem Volke andere genealogische Verhältnisse obwalten, weil also der Begriff Volk gar nicht vom leiblichen, zoologischen Gesichtspunkt aus gebildet ist, sondern von einem geistigen. Demnach ist die Frage, wie sie vorstehend gegeben ist, falsch gestellt und darum nicht zu beantworten; sie ist vor allem anders zu fassen.

In die natürliche Vertheilung des Menschengeschlechts nämlich nach Racen, größeren und kleineren Stamm=Gruppen, Stämmen, Familien=Vereinen, Familien, greift der Geist, die Freiheit, die Geschichte ein, und trennt natürlich Zusammengehöriges, vermischt natürlich Verschiedenes oder ähnlicht dasselbe einander an. Die geistige Verwandtschaft und Verschiedenheit ist also unabhängig von der genealogischen. Aus diesem Eingriff nun der geistigen, geschichtlichen Verhältnisse in die natürlich gegebenen Unterschiede beruht der Begriff Volk; und das, was ein Volk zu eben diesem macht, liegt wesentlich nicht sowohl in gewissen objectiven Verhältnissen wie Abstammung, Sprache u. s. w. an sich als solchen, als vielmehr bloß in der subjectiven Ansicht der Glieder des Volks, welche sich alle zusammen als ein Volk a n s e h e n . Der Begriff Volk beruht auf der subjectiven Ansicht der Glieder des Volkes selbst von sich selbst, von ihrer Gleichheit und Zusammengehörigkeit. Handelt es sich um Pflanzen und Thiere, so ist es der Naturforscher, der sie nach objectiven Merkmalen in ihre Arten versetzt; Menschen aber fragen wir, zu welchem Volke sie sich zählen. Race und Stamm bestimmt auch dem Menschen der Forscher objectiv; das Volk bestimmt sich der Mensch selbst subjectiv, er rechnet sich zu ihm.

So scheint uns nun die einzig mögliche Definition etwa folgende: ein Volk ist eine Menge von Menschen, welche sich für e i n Volk ansehen, zu e i n e m Volke rechnen. Mit dieser Definition ist dann - schon um den logischen Fehler, den sie enthält, zu corrigiren - die Aufgabe gestellt, zu zeigen, was diese subjective Ansicht der Glieder eines Volkes enthält, welche Gleichheit unter einander sie meint, nach der sich die Einzelnen zusammenrechnen; worauf sie beruht und wie sie sich bildet. Nicht wir also haben aus uns, d. h. aus der Prüfung objectiver Verhältnisse eine Definition von Volk zu geben, als von einem festen, objectiven Begriffe, der einem festen Objecte entspräche; sondern wir haben die vorhandenen subjectiven, von den Völkern stillschweigend (implicite) gegebenen Definitionen von sich selbst zu erläutern. Denn es leuchtet auch ein, daß nicht jedes Volk dieselbe Definition oder denselben Begriff Volk zu haben braucht, wie auch jedes auf besonderem Grunde ruht. Nach anderen Merkmalen rechnet der Franzose jemanden zum französischen Volke, nach anderen sieht der Deutsche den Deutschen als solchen an, und nach wieder anderen nennt der freie Nordamerikaner jemanden seinen Mitbürger: wiewohl es diesen Definitionen nicht so sehr an gemeinsamen Elementen fehlt, daß sich nicht auch sollte allgemein sagen lassen, was die Völker unter Volk verstehen.

Man wundere sich nicht über die subjective Natur, die wir dem Begriffe Volk zuerkennen. Das Volk ist ein rein geistiges Wesen ohne irgend etwas was man anders als bloß nach Analogie, ganz eigentlich seinen Leib nennen könnte, wenn es auch nicht unabhängig ist von materiellen Verhältnissen. Volk ist ein geistiges Erzeugniß der Einzelnen, welche zu ihm gehören; sie sind nicht ein Volk, sie schaffen es nur unaufhörlich. Genauer ausgedrückt ist Volk das erste Erzeugniß des Volksgeistes; denn eben nicht als Einzelne schaffen die Einzelnen das Volk, sondern insofern sie ihre Vereinzelung aufheben. Das Bewußtsein von dieser Selbstaufhebung und von dem Aufgehen in einem allgemeinen Volksgeiste spricht sich aus in der Vorstellung Volk. Der Volksgeist schafft die Vorstellung und damit auch die Sache Volk, und hat in dieser Vorstellung sein Selbstbewußtsein, in dem Grade etwa wie der Mensch, der sich als besonderen Menschen weiß, also wie das Kind, welches sich mit seinem Namen bezeichnet, oder auch schon wie die große Masse der Menschen ein empirisches Ich hat. Es ist bemerkenswerth, daß ein gewisser mongolischer Stamm keinen besonderen Namen hat und sich nur "Wir" nennt, aber auch von den anderen Stämmen nur so genannt wird. Wie jedes Individuum, also hat auch jedes Volk sein eigenthümliches Selbstbewußtsein, wodurch es erst zu einem besonderen Volke wird, wie jenes zu einer besonderen Person; und wie jedes Einzelnen, so beruht auch des Volkes Selbstbewußtsein auf einem bestimmten objectiven Inhalt; das Selbstbewußtsein geht aus dem Bewußtsein hervor, seine Kraft und seine Würde richtet sich nach letzterem; so wird auch das Selbstbewußtsein des Volkes sich immer auch auf solche objective Verhältnisse wie Abstammung, Sprache u. s. w. stützen; der springende Punkt in ihm aber, oder das Licht, womit er sich beleuchtet, ist jener subjective, freie Act der Selbsterfassung als ein Ganzes und als ein Volk. Diese Eigenthümlichkeit jedes Selbstbewußtseins hindert aber nicht, das Selbstbewußtsein auch an sich als allgemeines Erzeugniß des Bewußtseins im Einzelgeiste und im Volksgeiste nach Inhalt und Form in Betracht zu ziehen.

Die Ansicht, welche jedes Volk von sich hat, und nach welcher es die Einzelnen alle zu sich zählt, gewinnt eben dadurch, obwohl sie an sich etwas Subjectives ist, eine objective, schöpferische Macht und kann also niemals irren. Ob z. B. der Ungar ein Indoeuropäer ist, ob er zur kaukasischen Race gehört, daß weiß er als Ungar nicht, das muß er sich von der Ethnologie sagen lassen, und diese kann sich irren; aber, daß er Ungar ist, das weiß er unmittelbar als solcher und unfehlbar, weil er sich unaufhörlich dazu macht. Hier ist der Fall, wo eine Erkenntniß ihren Gegenstand schafft, also mit ihm zugleich ist. Es rechnet jeder den anderen in einem Volke mit sich zusammen; es findet also Wechselseitigkeit statt. Dies muß eine gewisse Gleichheit zur Ursache haben, wird aber auch selbst wieder Ursache dieser Gleichheit. Der Inhalt dieses Gleichen ist der V o l k s g e i s t. Der Volksgeist - d. h. also ein gleiches Bewußtsein Vieler mit der Bewußtheit von dieser Gleichheit, und also mit der Vorstellung der Zusammengehörigkeit dieser Vielen, in jedem Einzelnem derselben - entsteht ganz ursprünglich durch die äußeren Verhältnisse der gleichen Abstammung und der Nähe der Wohnorte. Beides nämlich, obwohl an sich nur äußerlich, ist doch unmittelbar wirksam auf den Geist. Mit der Verwandtschaft der Geburt ist Aehnlichkeit der Physiognomie, überhaupt des Leibes, gegeben. Abgesehen nun von der mechanischen Abhängigkeit der Seele vom Leibe, wirkt der gegenseitige Anblick der im Aeußern einander Aehnlichen auch innerlich einander annähernd. Die bloß leibliche Aehnlichkeit wird geistig anerkannt und hört hiermit auf ein lediglich objectives Verhältniß zu sein, sondern wird eine Vorstellung und eine subjective Macht. - Noch wichtiger aber ist, daß durch Gleichheit der Geburt und des Wohnortes die Schicksale gleich werden müssen. Dieselben Eindrücke werden aufgenommen, dieselben Arbeiten werden vollzogen, dieselben Gefahren bestanden, dieselben Freuden genossen, und sie werden sogar in Gemeinsamkeit vollzogen, bestanden, genossen; man verbindet sich zur Ueberwindung der Allen in gleicher Weise im Wege stehenden und nur durch gemeinsame Kraft überwindlichen Hindernisse, zur gemeinsamen Bekämpfung und Abwehr der Allen gleich sehr drohenden Gefahren. So bildet sich ein durchgreifendes

Zusammenleben, ein gemeinsames Bewußtsein und Gemüth im Volksgeist. Jeder Einzelne weiß, daß der Erfolg ihm nur zum Theil gehört; daß er aber vernichtet wäre ohne die Anderen. So ist jeder Genuß und all sein Vorstellen immer mit dem Gedanken an die Anderen verbunden. Sie sind in seinen Geist hineingewachsen; denn er hat keine Erinnerung von sich, die nicht die Anderen einschlösse.

Verstärkt wird dieses Gefühl der Zusammengehörigkeit durch das Bewußtsein, daß die Gemeinsamkeit nicht bloß von ihnen gestiftet, sondern von den Vätern, die sich schon derselben erfreuten, ererbt ist, d. h. also durch das Bewußtsein einer gemeinsamen Geschichte, eines gemeinsamen alten Ruhmes, durch den Anblick der gemeinsamen Bauten der Väter, durch den Genuß von Vortheilen, welche die Eltern gemeinsam für die Nachkommen bereitet haben.

Darum löst sich sehr leicht ein Zweig von einem Volke ab, wenn er Gefahren zu bestehen hat, von denen die anderen Zweige nicht getroffen werden, zu deren Bekämpfung sie ihm nicht beistehen können oder wollen. Dann bildet sich dieser Zweig ein besonderes Leben, eine besondere Geschichte. So riß sich Holland von Deutschland ab; eben so die Schweiz.

Die verschiedenen objectiven Elemente oder Mächte des Volksgeistes wie Sprache, Religion u. s. w. sind nun die verschiedenen Formen und Stufen des Selbstbewußtseins eines Volkes. Von der untersten Stufe eines wirren empirischen Selbstbewußtseins, das, weniger in sich gekehrt als nach außen gerichtet, sich nur erfaßt, indem es sich dem anderen Volke entgegenstellt, steigt der Volksgeist auf zum reinen Selbstbewußtsein in der Wissenschaft, vorzüglich in der Philosophie.

Es sind zunächst in einem besonderen Kapitel die Einflüsse der Natur, des Bodens, des Klimas, der Nahrung, des Reichthums an Natur=Erzeugnissen überhaupt, und an gewissen besonderen u. s. w. u. s. w. zu erwägen. Dieses Kapitel muß besonders dem Naturforscher empfohlen werden. Denn will man auch nicht bis zu der äußersten Behauptung gehen, daß alle Verschiedenheit der Volksgeister nur von der Verschiedenheit des Wohnortes abhänge: so wäre es doch eben so sehr das andere Aeußere, wollte man den Einfluß der Natur auf die Bildung des Volksgeistes völlig läugnen. Es ist vorzüglich zu beobachten, daß, wenn auch der unmittelbare Einfluß des Leibes auf den Geist im Besondern dunkel bleibt, ein unmittelbarer (mystischer) Einfluß der äußeren Natur auf den Geist aber geradezu abzuweisen ist: so doch ein mittelbarer um so klarer und bestimmter vorliegt, wie ihn geistvolle Geographen und Geologen schon vielfach nachgewiesen haben. Die Natur gestaltet den Geist nicht: das ist festzuhalten; aber der Geist gestaltet sich selbst so oder anders je nach der Anregung, die ihm die Natur gewährt. Nähe des Meeres mit bequemen Häfen macht ein Volk noch nicht zu Seefahrern; reiche Kohlenlager machen ein Volk noch nicht industriell; aber sie können Neigung zur Schiffahrt wekken oder nähren, die Industrie unterstützen, die Bemühungen erleichtern, lohnen, und die Erfolge sichern, dadurch die Kräfte und Bestrebungen anspornen und von anderen Richtungen ablenken: so können sie nützen und schaden. Kein Volksgeist ist Erzeugniß der Natur; und keiner ist so, wie er ist, ohne Mitwirkung der Natur. Es ist nicht gleichgültig für den Volksgeist, ob das hauptsächlichste Nahrungsmittel des Volkes in Fleisch oder Kartoffeln besteht; aber daß dieses oder jenes der Fall ist, hängt schon selbst wieder von dem, noch durch ganz andere Verhältnisse bestimmten, Volksgeist ab. Weil der Irländer den irischen Volksgeist hat, ist er durch solche Schicksale gegangen, und aus beiden Gründen lebt er von Kartoffeln. Jetzt ist, in Folge der Rückwirkung, der irische Volksgeist durch die Kartoffel mitbestimmt.

Wichtiger noch als die Natur sind die Schicksale der Völker; und besonders von constitutiver Wichtigkeit für den Volksgeist nach seinem inneren Wesen sind die vorgeschichtlichen Schicksale. Es gehört jedes Volk erstlich einem Völker=Stamme, einer Race an. Es ist nicht nöthig über die Wichtigkeit dieses Abstammungs=Verhältnisses ausführlich zu sein, und es sei nur erwähnt, daß durch dasselbe nicht bloß der Leib mit seinen noch unbegriffenen Wirkungen auf die Seele, sondern auch die Form der Sprache, gewisse religiöse und sittliche Grundanschauungen, Grundzüge des häuslichen und staatlichen Lebens gegeben sind, welche eben das Volk mit den verwandten Völkern, den Zweigen desselben Stammes, gemeinsam hat. - Hierauf folgt die Losreißung des Volkes vom gemeinsamen Stamme, die Auswanderung aus dem Ursitz, die Gewinnung eines neuen Wohnortes, wo eben ein Volk oder ein Menschen=Haufe erst zu diesem bestimmten Volke wird.

Unter den Elementen des Volksgeistes selbst, zu deren Betrachtung wir nun übergehen, steht obenan die S p r a c h e: sie ist das erste geistige Erzeugniß, das Erwachen des Volksgeistes. Weil nun alles, was der Geist einmal geschaffen hat, ihn für die folgenden Schöpfungen bestimmt, anregt und beschränkt: so übt die Sprache einen constitutiven Einfluß auf die innerste Eigenthümlichkeit des Volksgeistes aus, wie er sich in seinen folgenden Schöpfungen weiter entwickelt. Daher ist die, allerdings übertriebene, Behauptung Humboldts und Schellings, daß die Sprache, früher als die Volkseigenthümlichkeit, diese erst schaffe, wohl verzeihlich, zumal einer niedrigen Ansicht von der Sprache gegenüber. Wir haben aber jetzt die Sache auf ihr rechtes Maß zurückzuführen. Die Sprache ist nur ein Geschöpf des Volksgeistes, in welchem er zuerst individuell offenbar wird; aber sie ist von mächtiger Rückwirkung auf den Geist, welche um so bedeutsamer wird, als sich für die Bildung der Sprache auch etwas äußerliche Einflüsse neben den rein innerlichen geltend machen. Ueberdies ist sie der vollkommenste Ausdruck des Volksgeistes, da sie ihn nicht nur nach allen Richtungen, in denen er wirkt, darstellt, sondern auch eine durch alle Geschlechter gehende ununterbrochene Arbeit ist, welche jeden neuen Zuwachs an innerem Gehalt in sich aufnimmt. Zugleich ist sie so weich und schmiegsam, daß sich die Eigenthümlichkeit des Volksgeistes in ihr scharf und vollkommen ausprägen kann.

Besondere Wichtigkeit für die Bildung des Volksgeistes selbst

hat aber die Sprache noch dadurch, daß sie, als das allgemeine geistige Apperceptions=Organ, auch die Apperception der einen Person durch die andere bewirkt, durch welchen Proceß sich eben die Personen gegenseitig so in einander aufnehmen, daß sie sich zu einem Volke machen, in sich den Volksgeist bilden. Sprechend lernen und lehren sie einander ihr Inneres verstehen, und verständigen, d. h. einigen sie sich im Geiste.
Wir begreifen jetzt, warum man bei der Definition des Volkes so viel Gewicht auf Abstammung und Sprache gelegt hat. Man hat sogar Recht daran gethan und nur darin geirrt, daß man in denselben als objectiven Elementen das Wesentliche zu finden meinte, während sie nur als subjective Auffassungen des Volkes selbst von Bedeutung sind. Nicht die Abstammung an sich ist das Bedeutsame, sondern die damit verbundene Vorstellung von der Gleichheit der abstammenden Personen, ihrer Eltern, ihrer Geschichte, ihrer Bestimmung, ihrer ganzen Vergangenheit und folglich auch ihrer Zukunft. Nicht die Gleichheit der angewandten Wörter ist das bedeutsame, sondern das dem Redenden sowohl als dem Hörenden im gegenseitigen Verständniß erwachsende Bewußtsein und erwachende Gefühl der Gleichheit mit einanden. - Auch begreifen wir das oben erwähnte irrationale Verhältniß zwischen den Völkern und ihrer Abstammung und Sprache. Nur scheinbar steht der Niederdeutsche sprachlich dem Holländer näher als dem Oberdeutschen. Er ist dennoch besser mit diesem verständigt als mit jenem, zwar nicht durch seinen besonderen Dialekt, aber durch die allgemeine deutsche (hochdeutsche) Sprache, jenes Product des deutschen Volksgeistes, das erhaben über allen besonderen Dialekten schwebt, dem Ganzen angehörig, dem Volke als rein geistigem Individuum. Der Holländer wollte dieses Deutsch nicht verstehen und nicht gebrauchen, sich mit dem Deutschen nicht verständigen, d. h. einigen, ihn nicht appercipiren und sich nicht von ihm appercipiren lassen, d. h. nicht mit ihm ein geistiges Volk sein, einen Volksgeist bilden. So riß er sich ab. -
Für die ganze Geschichte des Mittelalters und für die Einsicht in die Ursachen, warum seine Einheitsbestrebungen immer

wieder scheitern mußten, ist es von der größesten Wichtigkeit, daß diese Einheiten außerhalb des Nationalgeistes standen, und daß im officiellen Verkehr eine fremde Sprache das Bindemittel der Völker sein mußte.

Wegen dieser besonderen Wichtigkeit der Sprache für den Volksgeist, wenden wir uns ganz besonders an die Sprachforscher. Diejenigen unter ihnen, welche in Humboldts Fußstapfen treten wollen, mögen Ernst damit machen, in den Sprachen die Abbilder der eigenthümlichen Volksgeister nachzuweisen. Uns scheint, als schlösse die psychologisch bearbeitete Sprachwissenschaft einen Reichthum der anziehendsten und wichtigsten Aufgaben in sich, der bis jetzt kaum von fern geahnt worden ist.

Man kann im Bewußtsein Inhalt und Form unterscheiden. Der Inhalt liegt in den Empfindungen und den daraus gebildeten Vorstellungen und Begriffen nebst den ihnen anhaftenden Gefühlen. Die Form liegt in der Bewegung dieses Inhaltes durch das Bewußtsein hindurch, oder in der Verbindung der Elemente desselben. Sowohl im Inhalte wie in der Form bekundet sich die Volkseigenthümlichkeit, aber feiner, zarter und inniger in der Form. Alle Elemente nun, die das Volksbewußtsein ausmachen, Religion, Sitte, Verfassung u. s. w. sind ein Gedanken=Inhalt; die Sprache allein stellt neben dem Vorstellungs=Inhalt in den Wörtern auch die Gedanken=Form dar, die Gedanken=Bewegung, in der Wortbeugung und den Satzbildungsmitteln. Die Sprache enthält nicht nur die Weltanschauung des Volkes, sondern ist auch das Abbild der anschauenden Thätigkeit selbst. Erst in späten Zeiten der Cultur eines Volkes tritt die Wissenschaft auf und setzt in einzelnen Individuen die Kundgebung der psychischen Bewegung fort, welche in der Sprache sich allgemein geäußert hatte.

Die nächste Aufgabe wäre demnach die Betrachtung des Wortschatzes als des Umfanges des Begriffskreises eines Volksgeistes. Charakteristisch ist schon die Weite des Umfanges, ob eine Sprache überhaupt wortreich ist. Wichtiger aber noch ist der Reichthum oder die Armuth innerhalb der besonderen Gebiete, wie z. B. ob die Sprache reich ist an Bezeichnungen sinnlicher Eigenschaften, religiöser Vorstellungen, innerer Gefühlsverhältnisse überhaupt. Aber nicht sowohl auf die Mannigfaltigkeit der Vorstellungen kommt es an, als auf die Tiefe und Schärfe, womit Völker das Wesen der Dinge und Begriffe erfassen; auf die Wesentlichkeit mehr, als auf die Feinheit der Unterschiede, welche sie hervorheben.

Die ursprüngliche, etymologische Bedeutung erschöpft fast bei keinem Worte die innere Form desselben; oder, wie man zu sagen pflegt, fast jedes Wort hat mehrere Bedeutungen, welche sich aus der etymologischen entwickelt haben. Die Gesetze dieser Entwickelung und somit auch die Gesetze der Entwikkelung des Wortschatzes aus der verhältnißmäßig geringen Anzahl von Urwurzeln - denn beides hängt eng zusammen - sind sowohl im Allgemeinen als auch mit Bezug auf das Charakteristische der einzelnen Völker darzulegen. - Dasselbe ist zu thun für die Wortbildungs= und Flexions=Mittel, aber in entgegengesetzter Weise. Denn während die Fülle der Wörter und der durch sie bezeichneten Begriffe auf eine möglich geringste Anzahl von Wurzeln und ursprünglichen Anschauungen zurückzuführen ist, stellt uns z. B. die Declination der Nomina die Aufgabe, zu zeigen, wie eine kleine Anzahl von Casusformen aus einer ehemals bedeutend größeren herausgehoben ist. - Endlich sind Gesetze aufzustellen für die Entwickelung und Geschichte der Sprachen überhaupt.

Es ist nicht zu verkennen, daß die Lösung dieser Aufgaben noch bedeutender, rein historischer, bis jetzt noch nicht ausgeführter Vorarbeiten bedarf, und wir werden solche historische Arbeiten, welche das angegebene Ziel fest im Auge behalten und sichtbar darauf lossteuern, gern in unsere Zeitschrift aufnehmen. Von ihr ausgeschlossen bleiben natürlich alle Untersuchungen über bloße Lautverhältnisse und Etymologien als solche, für welche unser geehrter Freund, Herr Prof. Kuhn, ein anerkanntes Organ leitet. In unseren Blättern ist es lediglich die psychologische Ausbeute der bekannten, und besonders sicher gestellten Etymologien, um die es zu thun ist, weswegen es wesentlich allein auf die durch Etymologie und Sprachgebrauch entwickelte Bedeutung ankommt.

Es mag hier ein Beispiel eingeschaltet werden, wie es deren viele giebt, das anregen könnte. Die sanskritischen Sprachen[3] haben alle die Kategorie des Adjectivums. Der Gebrauch der Adjectiva ist aber durchaus nicht in allen diesen Sprachen gleich. Was mag es z. B. für eine Bewandtniß damit haben, daß unsere deutsche Sprache nicht die schöne Fähigkeit besitzt, die nicht nur die griechische und römische besaß, sondern auch noch die heutigen romanischen Sprachen kennen, das Adjectivum zu substantiviren in Fällen wie Poetik, Grammatik, Insect, Mammalia u. s. w.? Warum müssen wir mit ausdrücklicher Hinzunahme eines Substantivs und dem Proceß einer Zusammensetzung sagen: Sprach=Lehre, Kunst=Lehre, Kerbthier, Säugethier? Dieses umständliche, pedantische Verfahren kann nicht bloß in dem Mangel an elliptischer Kraft gegründet sein, da dieser selbst erst aus der Bedeutung der Adjectiva zu erfolgen scheint. Wir können eben deswegen nicht sagen: die Sprachliche, Buchstäbliche, Künstliche u. s. w., weil wir auch nicht sagen können: die sprachliche, buchstäbliche u. s. w. Lehre statt Buchstaben=Lehre u. s. w.

Mit der Sprache eng verknüpft ist M y t h o l o g i e. Es scheint uns ein verderblicher Irrthum, den man aber meist begangen hat, dieselbe mit Religion für eins zu nehmen. Daß beide mit einander verwebt sind, kann zwar Niemand läugnen; ja wir gestehen sogar zu, daß die Mythologie einen religiösen Charakter trägt; aber nur um so mehr müssen sie in der Forschung auseinander gehalten werden; denn dem Wesen nach sind sie völlig von einander verschieden. Dies zeigt sich thatsächlich schon darin, daß nicht alles Mythologische religiös ist,

---

[3] Die Benennung „sanskritische Sprachen" statt der üblichen sowohl unbequemen als unpassenden „indogermanisch" oder „indoeuropäisch" hat längst Wilhelm v. Humboldt und neuerdings wieder Bopp empfohlen; wir werden sie anwenden. Sie scheint um so zweckmäßiger, als heute ein Mißverständniß derselben nicht mehr befürchtet werden darf. Für Laien in der Sprachwissenschaft sei ausdrücklich bemerkt, daß sie nur aussagt: mit der Sanskrit=Sprache verwandt; wörtlich aber bedeutet Sanskrit: vollkommen, classisch.

und nicht die ganze Religion in Mythologie steckt. Auch ist Mythologie nicht wesentlich **Polytheismus**, obwohl dieser immer und nothwendig viel Mythisches hat. Aber auch der **Monotheismus** kann seine Mythologie haben. Denn Mythologie ist, wie das Wort der Sprache, eine Apperceptionsform der Natur und des Menschen, eine Anschauungsweise auf einer gewissen Stufe der Entwickelung des Volksgeistes; sie schließt keinen Inhalt aus, welcher Gegenstand des Volks=Bewußtseins werden kann, also auch nicht die Idee Gottes und der Sittlichkeit. So ist nun die Religion allerdings ihr vorzüglichster Inhalt, aber keineswegs der einzige; noch weniger aber ist die Religion an diese Form gebunden. Nicht also aus Religiosität, wie man gemeint hat, sehen die ältesten Zeiten alles mythologisch an - als wären sie religiöser gewesen als wir und überhaupt als die Zeit späterer, höherer Entwickelung - sondern weil der Volksgeist zuerst nur mythologisch appercipirt, bildete er in der Urzeit auch seine Religion mythologisch; und so waren es alle seine Erkenntnisse. Weil aber seine Religion mythologisch war, so wurden auch alle seine Erkenntnisse, indem sie mythologisch wurden, zugleich auch religiös. Das mythische Erkennen greift immer nach religiös=mythischen Kategorien (Göttern, Heroen); und so gilt alle Mythologie als religiös, eben weil sie große allgemeine Apperceptionen enthält, die Religion selbst aber die Sehnsucht und theilweise Erfüllung der Apperception der Natur und Welt durch einen höchsten Begriff ist; und wie theoretisch auch praktisch; Apperception des Ethischen unter einem Ethisch=Höchsten. - Daher ist auch Philosophie mit Religion verwandt und vertritt in den Individuen ihre Stelle; ja die Zusammenfassung und Harmonisirung der mannigfaltigen und widerspruchsvollen Masse der Endlichkeit geschieht in der Philosophie oft eben so unvollkommen wie in der Mythologie: Spinoza's Substanz ist ein mythisches Wesen wie nur Eines in den Kosmogonien; abstracter aber nicht klarer. Man kann heute noch beobachten, wie das Volk Mythen dichtet, und jedes Kind hat seine kleine Mythologie.

Die Mythologie, überhaupt die Sage, ist darum so wichtig für die Völkerpsychologie, weil sich hier, wie nirgends sonst, die Processe der Apperception und Verschmelzung in den großartigsten Zügen studiren lassen. Die Umgestaltungen, welche die Sage im Laufe der Jahrhunderte und Jahrtausende erfährt, bieten die anziehendste Erscheinung der Geschichte des Volksgeistes dar. Die Schöpferkraft, welche die Volksgeister auf diesem Gebiete bewiesen haben, kann nicht Staunen genug erregen. Die vergleichende Mythologie, die noch nicht zwei Jahrzehnte alt ist, hat doch schon den Beweis geliefert, daß der sammte, unübersehbare Sagenschatz der sanskritischen Völker sich aus einem Keime entwickelt hat, der im Verhältniß zu ihm gewiß geringfügiger erscheint als die Wurzeln der sanskritischen Sprachen zu dem ganzen Wort= und Gedanken=Reichthum derselben.

Es schien uns überflüssig, etwas zur Empfehlung der vergleichenden Grammatik zu sagen; aber über die Bestrebungen der vergleichenden Mythologie dürfen wir wohl noch nicht schweigend hinweggehen. Es sollte zwar die Anerkennung des Werthes von Arbeiten, wie sie unser geehrter Freund, Hr. Kuhn liefert, ebensowohl unumstößlich fest, als allgemein sein; indessen ist zu bemerken, daß auf diesem Gebiete früher so vielfach nicht nur, sondern auch so stark geirrt worden - obwohl wesentlich doch nicht schlimmer, als in der vergleichenden Etymologie der Wörter - daß man es denen nicht so sehr verargen kann, welche auch an die neuesten Versuche noch nicht glauben wollen, da sie selbst nicht im Stande sind, die vorgetragenen Combinationen gründlich zu prüfen. Sie fürchten, daß nur neue Verwirrungen auftauchen, welche nächstens eben so wie die ältere sich in ihrer Blöße zeigen werden.

Vielleicht nun kann folgende einfache Betrachtung Vertrauen einflößen. Wer zweifelt heute noch an der ursprünglichen Gemeinschaft der sanskritischen Sprachen und Völker? Höchstens doch nur Jemand, der Bopps vergleichende Grammatik und Grimms Geschichte der deutschen Sprache nicht einmal gelesen hat. Man braucht dies nicht nothwendig gethan zu haben und kann ein ganz vortrefflicher, verdienstvoller, ja ein großer Philologe sein; nur darf man dann sich nicht öffentlich über die Verhältnisse der Sprachverwandtschaft äußern. Wer aber öffentlich die Ergebnisse jener Werke läugnet, ja angreift, ohne sie genau geprüft zu haben, begeht einen Verstoß gegen die Sittlichkeit, und es hilft nicht zu sagen, Andere haben es auch nicht gethan. Die Einheit also jener Sprachen und Völker vorausgesetzt, kann man dann weiter bezweifeln, daß neben jener Ursprache auch eine Urreligion, eine Urmythologie, urthümliche Sitten im öffentlichen und häuslichen Leben stattgefunden haben müssen? Dieser Folge wird man sich doch schwerlich entziehen können. Nun lehren aber doch viele Erscheinungen, wie zäh solche Urschöpfungen vom Volksgeiste festgehalten werden. Wenn selbst das Christenthum so manche heidnische Anschauung und Sitte, mehr oder weniger modificirt, bis heute noch lebendig sehen muß: durch welche Kraft hätten im Alterthum jene Vorstellungen der Urzeit sollen vertilgt werden können? Sie haben also die Völker bei ihrer Auswanderung aus den Ursitzen in neue Heimathen begleitet, haben sich dort mannigfach modificirt, sind aber im eigentlichen Stoffe dieselben geblieben. Mehr behauptet die vergleichende Mythologie nicht; der Wahn, als hätten sich die Griechen Sprache, Götter, Sitten aus Indien geholt, ist ihr fremd.

Wir begreifen, wie abstoßend es im ersten Augenblick einem Kenner und Liebhaber der griechischen Schönheit sein muß, den Hermes auf den indischen Hund der Unterwelt, auf einen Kerberos, zurückgeführt zu sehen. Aber soll ihn nicht andererseits auch bald die höchste Bewunderung von der Schöpferkraft des griechischen Schönheitssinnes erfüllen, welcher aus einem Scheusal die herrliche Göttergestalt hervorzubilden gewußt hat?

Solche Metamorphosen zu begreifen ist die Aufgabe der Völkerpsychologie. Es ist nicht eben vergleichende Mythologie, Geschichte der Mythen als solche, als philologische Disciplinen, welche wir in unseren Blättern besprochen wünschen; sondern es sind nur die mit den dort gefundenen Thatsachen gestellten psychologischen Aufgaben. Es soll das Wesen der mythischen Anschauungsweise, die Entstehung der Mythen, ihre mannigfaltige Umgestaltung im Volke und später durch die Dichter und endlich ihr Schicksal unter der Herrschaft des Christenthums, resp. des Buddhismus u. s. w., sowohl aus den in ihnen selbst liegenden Bedingungen, wie auch aus dem Gesammtzustande des Volksgeistes begriffen werden.

Wenn Sprache und Mythologie uns die tiefsten Aufschlüsse über die intellectuelle Seite des Volksgeistes zu geben haben: so lernen wir ein Volk aus seinem Verhältnisse zur Religion zugleich von der theoretischen, praktischen und gemüthlichen Seite kennen. In der R e l i g i o n zeigt sich der ganze Mensch. Hier enthüllen sich seine Ideale, was er als das Letzte und Erste erkennt, als das Höchste verehrt, als den eigentlichen Zweck erstrebt.

Es ist hier wieder zuerst die uranfängliche Entstehung der Religion, der Gottes=Idee und Gottes=Verehrung allgemein psychologisch zu zeigen; dann, wie, auf welchen Wegen, die Verschiedenheit entstehen konnte, in der die religiöse Idee sich ausbildete. Zwei entgegengesetzte Fehler wollen wir hier abweisen, die sich nur durch das Geistreiche und das Großartige des Irrthums einschmeicheln konnten. Unbefangen betrachtet, können wir wohl nur eine Gedankenlosigkeit erstlich darin sehen, wenn man die verschiedenen Religionen für nichts anderes als "den getreuen Widerschein der Natur der Länder" erklärt. Als wenn der Volksgeist nur der passive, an sich leere, rein aufnehmende Spiegel der Oertlichkeit wäre, in der das Volk lebt! - Nicht weniger gedankenlos ist genau genommen die andere Ansicht, die freilich durch eine großartige Weltanschauung getragen wird. Nach ihr ist jede Religionsform eine Offenbarung, und d. h. Selbstschöpfung des Absoluten, Gottes, selbst. Diese Ansicht Hegels, die bei ihm durch die bald menschenvergötternde, bald gottvermenschlichende Dialektik verwirrt und abgestumpft wird, tritt positiver hervor bei Weiße, am positivsten, ich hätte beinahe gesagt am crassesten, bei Schelling. Nicht die Völker haben sich hiernach ihre Religionen gebildet, sondern in den Völkern hat Gott die Religionen, und in den Religionen sich selbst geschaffen. Zeus war eine Wirklichkeit, ein wirklicher Gott, war wirklich der ewige, einige Gott, der und wie er sich im griechischen Volksgeiste schuf. Das heißt doch in kräftiger Weise den Menschen als G e f ä ß Gottes auffassen: wenn nicht vielmehr in einer schlaffen, menschliches Wesen zerstörenden Weise. Dahin führte der unschuldige Gedanke, daß in allem Wirklichen Vernunft ist!

Wie es sich mit der Wahrheit und dem Irrthum der heidnischen Religionen und aller Religion verhält, dies zu untersuchen, gehört der Religions=Philosophie. Der Völkerpsychologie liegt es nur an, die Religion aus dem Volksgeiste, der sie schuf, zu entwickeln oder die Eigenthümlichkeit des Volksgeistes in ihm wiederzuerkennen, und zwar mit Ausschluß jeder anderen Wirkungsweise als der allgemeinen psychologischen Causalität.

Man täusche sich auch darüber nicht: jedes Volk hat s e i n e Religion; die Katholicität ist und war unmöglich. Der Deutsche, der Italiener und der Grieche haben und hatten zu allen Zeiten verschiedene Religionen, weil sie verschiedene Völker sind. Man rede also weniger vom Christenthum, als von den christlichen Völkern und zwar von jedem derselben besonders. Denn der Volksgeist ist das eigentliche Agens, das die Botschaft hört und sie deutet und versteht, wie es kann. Wenn es eine wirkliche Katholicität geben kann, so ist es die der Theologie oder jeder Wissenschaft. Diese eignen zunächst nicht dem Volke und können demselben auch fern bleiben; die Individuen aber können sich wohl von den Schranken des Volksgeistes befreien, sie können von allgemeinen Ideen so sehr ergriffen und durchdrungen werden, daß ihre ursprüngliche Bestimmung durch den Volksgeist dadurch verschwindet oder auf ein Minimum reducirt wird. Diese Individuen können dadurch befähigt werden, die Vermittelung allgemeiner Ideen mit dem besonderen Volksgeist zu bewirken; wenn sie nur nicht, was im Mittelalter von Theologen und Juristen gleich sehr und vielfach geschehen ist, bei dem Anschluß an eine außernationale Allgemeinheit der Ideen es verlernen, den echten Sinn des eigenen

Volkes zu achten und zu beachten. Daher z. B. ein Luther kommen mußte, um den geraderen Weg vom deutschen Volksgeist zum Christenthum zu zeigen.

Der C u l t u s ist eine ideale Praxis; es sind die Höflichkeitsformen im Betragen gegen die Gottheit. In ihm zeigt sich die Kraft des Volksgeistes, religiöse Gedanken in Handlungen zu symbolisiren. Er ist also auch eine Sprache, eine mimische, insofern nicht die Wortsprache hinzutritt im Gebet. Wie nun bei der Lautsprache Wohlklang eine schöne Seite derselben sein kann, aber keineswegs das Wesentliche ist, welches vielmehr in der Bedeutsamkeit liegt: so ist es auch beim Cultus nicht die Schönheit der Form, auf die es ankommt, sondern die Tiefe der Bedeutsamkeit. In dieser Rücksicht aber unterscheiden sich eben die Völker, indem bald diese, bald jene Seite vorwiegt.

In Sage und Cultus liegen die ersten Elemente der Dichtung und der übrigen Künste. Hymnus, also Lyrik, und Epos und Drama, im Ursprung kaum geschieden, treten dann, unter günstigen Umständen, gesondert und selbständig hervor. Wie Sprache, Mythos und Religion Schöpfungen des Volksgeistes sind: so sind auch die Anfänge der Poesie V o l k s d i c h t u n g , die sich besonders in der Lyrik, am wunderbarsten im Epos offenbart.

Hierüber walten noch viel Mißverständnisse ob, und der Streit über Homer ist noch fern von seiner Schlichtung. Der Grund aber, weswegen man bisher in der Behandlung der homerischen Frage nicht recht glücklich war, liegt nicht bloß darin, daß man meist den Gesichtskreis zu beschränkt hielt - indem man den Blick nicht von Homer wandte, da man doch nur durch Erforschung und Vergleichung aller epischen Dichtungen aller Völker zum Ziele zu gelangen hoffen kann; - sondern es kommt noch der Mangel der Völkerpsychologie hinzu, die den letzten Ausschluß über das Wesen der Volkspoesie, über das Verhältniß des Dichters zum Volksgeiste zu geben hat. Der Philologe Wolf hätte also über den Philosophen Fichte, der ihm freundlich sagen ließ, daß er schon selbst ähnliche Gedanken wie

Wolf über Homer gehabt habe, nicht spötteln sollen; er hat sich dabei eben nur in der philologischen Eigenschaft gezeigt, welche schon die Alexandriner besaßen. Auch werde ich mich wohl hüten, Herdern, der ebenfalls schon vor Wolf manches über Homer gedacht haben wollte, ohne weiteres "Perfidie" vorzuwerfen. Herder war schwach, nicht gemein. Ein Mann, der soviel Volksliteratur kannte, wie er, und wer so viel über den Volksgeist nachgedacht hatte, wie Fichte, konnte recht wohl eine Vorstellung von Homer gewinnen, die sich um so viel der Wahrheit näherte, als sie sich von der herrschenden Ansicht entfernte. Hatte doch auch schon der Italiener V i c o eine schöne Ahnung vom wahren Homer. Und wie viel mehr als Ahnung ist Wolf's Ansicht?

Nach unserer Ueberzeugung kann auch die genaueste Untersuchung der homerischen Gedichte die Frage über ihre Entstehung nicht zum Ziele führen. Die Erforschung des vorliegenden Thatbestandes muß zwar die Grundlage aller weiteren Betrachtung bilden; sie muß sich aber anschließen an die vergleichende Erforschung aller Volksliteraturen. Durch die Vergleichung soll hier so wenig wie irgendwo das Eigenthümliche jedes Volkes verwischt werden; sondern durch Gegeneinanderstellung der Volksgeister soll der Charakter eines jeden und so auch die Einzigkeit Homers ans rechte Licht treten. Das letzte Wort hierbei aber bleibt der Völkerpsychologie.

Wie wenig selbst unter den besseren Philologen mancher sich in die streitige Frage und in die Ansicht seiner Gegner zu versetzen weiß, mag der verdienstvolle Grote beweisen, der es tadelte, daß sich die Untersuchung bis zum Erscheinen seiner Geschichte Griechenlands so vorzüglich um die Ilias bewegt habe, statt mit dem Leichteren anzufangen, und das Leichtere sei die Odyssee! - Was nun aber auch dieses letztere Epos betrifft, ist denn wohl seine Einheit derartig, daß sie für die Frage augenblickliche Entscheidung herbeiführen muß? Ist es etwa die Einheit einer Antigone? oder auch eines Lear? Welche Einheit, bei der so viel Gelegenheit zu Einschiebseln bleibt! Die Concentration, die man so sehr bewundert, ist doch, genau besehen, weniger eine Einheit als bloß ein geschickter Rahmen, der das Mannigfaltige, ohne inneren Zusammenhang an einander Gereihte, in einer und derselben Peripherie zusammenhält. Und, was die Hauptsache ist, wer hat denn schon ergründet, welche Einheit in einer Volksdichtung möglich ist, und welche nicht? welche nothwendig den bewußten Plan eines besonnenen Dichters erfordert? Könnte nicht sogar jene zusammenfassende Anordnung der Odyssee statt der bloß anreihenden mehr ein Ereigniß in der Geschichte der Volksdichtung als eine poetische That sein? Doch nicht erörtern wollen wir hier die Aufgaben der Völkerpsychologie, sie nur bezeichnen.

Die deutsche Sage ist viel durchsichtiger als die griechische. Der Mythos von Siegfried würde dem Völkerpsychologen, nachdem er von den Germanisten so vortrefflich bearbeitet ist, ein schönes Thema darbieten.

Als Volksdramen haben wir die Spiele anzusehen, die Festaufzüge, die bei den Heiden von streng religiöser Bedeutung waren und sich zum Theil noch heute als Vergnügungen an Festtagen und als Kinderspiele erhalten haben. Hier ist Action, Unterredung und Chor.

Noch eines eigenthümlichen Zweiges der Volksdichtung ist zu gedenken: das Sprichwort, woran sich die Fabel knüpft. Man findet beide, wie es scheint, bei allen Völkern der Erde. Klugheit und Weisheit eines Volkes, tiefe und scharfe Beobachtung und tüchtiger Charakter, Witz, Phantasie und sogar echter Humor zeigt sich im Sprichwort. Dasselbe verdiente wohl, zunächst Gegenstand einer geschichtlich vergleichenden, dann einer psychologischen Forschung zu werden. - Die Fabel aber erscheint im germanischen Mittelalter als ein vollkommenes Thier=Epos, das von Jacob Grimm gelehrt und geistvoll bearbeitet ist. Hier liegt eine Aufgabe vor, die an Interesse keiner Sagen=Forschung nachsteht, und deren Lösung von unmittelbarem Einfluß auf die oben berührte epische Frage sein würde.

Die Bildung der S c h r i f t ist noch ein Erzeugniß des Volksgeistes, ein rein völkerpsychologisches Object. Aber die Verbreitung derselben macht in der Entwickelung des Bewußtseins eines Volkes den wichtigsten Abschnitt. Mit ihr tritt dasselbe in die Geschichte, erhält es ein staatliches, geschichtliches Bewußtsein, und hiermit beginnt das wirkliche Selbstbewußtsein des Volkes. Diese Epoche im Völkerleben gleicht derjenigen des Einzelnen, wo er zum ersten Male sich mit Ich bezeichnete. Mit ihr beginnt die Civilisation. Jetzt gewinnt das Ich des Einzelnen eine höhere Bedeutung; denn jetzt beginnt die Zeit, wo sich der Einzelne dem Volke gegenüberstellt, sich aus der Gesammtheit heraushebt, eine individuelle Eigenthümlichkeit gewinnt. Auch im Naturzustande des Volkes herrscht eine ungleiche Begabung der Einzelnen; es zeichnet sich das eine und das andere Individuum vor Allen aus, aber nur in einer allgemein herrschenden Eigenschaft durch einen ungewöhnlich hohen Grad, nicht d u r c h eine Eigenschaft, welche die Andern nicht hätten. Die Personen unterscheiden sich nach dem Grade der geistigen Kraft, nicht durch eine individuelle Richtung. Sie alle enthalten in sich nichts als den Volksgeist, das Allgemeine, ohne individuelle Form, nur daß der Eine und der Andere ihn vorzüglich vollständig, besonders tief, kräftig darstellt. Alle leben noch concentrisch, nur daß der Kreis des Einen umfassender ist als der des Andern. Erst durch die Cultur und Civilisation bildet sich der Einzelne seinen Kreis um ein besonderes Centrum, das freilich immer noch innerhalb der Peripherie des National=Kreises liegen muß.

Dieses Verhältniß des Einzelnen zum Volksgeiste vor und nach dem Entstehen der individualisirenden Cultur ist einer vorzüglichen Beachtung zu empfehlen. Es bildet den Kernpunkt gar mancher völkerpsychologischen Frage. Es unterscheiden sich hier nicht nur die einzelnen Völker je nach der Macht, mit welcher das Allgemeine den Einzelnen beherrscht, oder nach der Freiheit, mit der sich letzterer eigenthümlich bewegt und auf das Allgemeine selbständig wirkt; sondern auch die besonderen Thätigkeitsweisen des Volksgeistes gestatten hier dem Einzelnen mehr oder weniger freien Spielraum. In den politischen Einrichtungen z. B., in der Leitung des Staates, ist die Wirksamkeit des Einzelnen entschiedener sichtbar als in der Sprache oder in der Sitte. Auch beginnt meist die zweite, selbstbewußte Periode der Völker mit einem großen Staatsmanne, welcher eine Grundform des Staates schafft und sie schriftlich feststellt, also mit der Wirksamkeit der Schrift und einer Persönlichkeit. Die Sprache nun dürfte auch für diese Frage die lehrreichsten Aufschlüsse gewähren, gerade weil in ihr die Macht des Volksgeistes am entschiedensten, die des Einzelgeistes am unwirksamsten ist. Und dennoch, was hat Luther für die deutsche Sprache geleistet! wie viel Lessing, Göthe, Voß! Dies ist in dieser Allgemeinheit und Unbestimmtheit schon so oft ausgesprochen, daß es uns wohl an der Zeit zu sein scheint, die Sache nun endlich einmal sorgfältig bis ins Einzelne und doch nach allgemeinen Gesichtspunkten zu erörtern. Schade, daß das Wörterbuch der Gebrüder Grimm noch nicht fertig ist. - Man wird verwandte Erscheinungen in den anderen Literaturen zur Vergleichung herbeiziehen müssen: Dante, Boccaccio für das Italienische; Descartes, Pascal für das Französische u. s. w. - Hier wäre auch das Verdienst der griechischen Dichter um ihre Kunstsprache zu erforschen. Das Dorisch der tragischen Chöre ist nirgends so gesprochen worden, wie es der Dichter zeigt; es mag sich zum dorischen Volksdialekt verhalten, wie die durch die Kunst des Gärtners veredelte Blume zu der natürlich wachsenden.

Nicht nur durch die Sprache, selbst durch die Kunstform ist der Schriftsteller an den Volksgeist gebunden. Denn so objectiv und absolut die allgemeinen literarischen Formen, der Poesie zumal, aber auch der Prosa, sind: so erscheinen sie dennoch bei den Völkern je nach ihrer Eigenthümlichkeit individualisirt. Die dramatische Form vorzüglich, aber auch die lyrische, und selbst die epische, ist bei jedem Volke anders entwickelt. Verweilen wir hier nur ein wenig bei der ersten. Außer den Athenern haben bloß die vier modernen Völker eine wirkliche für die Weltliteratur bedeutsame dramatische Form entwickelt, zwei romanische und zwei germanische: jedes in eigenthümlicher Weise. Es war nicht etwa bloß ein Mißverständniß des Aristoteles, was dem französischen Drama seine Beschränktheit gab; sondern diese lag im Schönheits=Sinne des französischen Volksgeistes. Die ins Corsett gesteckte Tragödie war schon vorausbestimmt durch den in der Mitte geschnürten Alexandriner, dessen sie sich bediente. - Dieser geschmackloseste aller Verse, diese Carricatur des schönen iambischen Trimeters, eignet sich indessen gerade wegen seiner scharfen Einschnitte recht gut für Sinnsprüche und Antithesen; und so ist er in Deutschland von Rückert vortrefflich angewandt. Auch zu Schlag=Phrasen paßt er. Kein Volk aber liebt Sinnsprüche und Schlagwörter so sehr wie das französische. Darum ist auch die moralisirende Fabel von ihm geliebt und begünstigt, wie von keinem anderen Volke. Wenn nicht Aesop, sagt man, schon früher gelebt hätte: Lafontaine würde sie erfunden haben. Wie sich aber eine Fabel Lafontaines vom altfranzösischen Roman du Renart unterscheidet, so überhaupt der neue Franzose von dem des Mittelalters.

Die kathartische Ansicht des Aristoteles von der Tragödie ist kürzlich neu erklärt worden und zwar unzweifelhaft richtig. Nur darin irrt der ausgezeichnete Forscher, der diese Erklärung gefunden hat, Bernays, wenn er uns diese Ansicht als die absolut das Wesen der Tragödie aussprechende empfiehlt, da sie doch höchstens nur das der attischen Tragödie trifft, die germanische aber, Shakespeares und Schillers, durchaus verfehlt. Dieser Dichter Tragödien sind eben wesentlich von den griechischen verschieden. Der Ruhm des Sophokles wird ewig unangetastet bleiben; aber auf unsere heutige Bühne bringt ihn nur die Romantik.

Was aber von der Literatur, das gilt überhaupt von allen K ü n s t e n . Am mächtigsten aber zeigt sich der Volksgeist in der Baukunst, wo freilich auch die Elemente mitbestimmend wirken: Klima und Baumaterial. - Das Psychologische in den Kunststylen und ihr Zusammenhang mit den übrigen Culturerscheinungen konnte so geistvollen Forschern wie Schnase und Kugler nicht entgehen.

So zeigt sich überall, auch noch in den freiesten Schöpfungen der Kunst, das Wirken des Volksgeistes. Er fehlt selbst in der

Wissenschaft nicht, nicht in der tiefsten Speculation der individuellen Persönlichkeit. Denn was wir denken, ist abhängig von dem, was wir leben. Plato und Aristoteles sind immer noch Griechen, zumal in ihrer Ethik, Religion und Aesthetik, wie wir soeben an einem Beispiel sahen; wenn es die Stoiker und Epikuräer weniger sind, so rührt es daher, weil das echte Griechenthum mit Alexanders Geschlecht ausstirbt. - Eben so hängt der Ruhm der deutschen Literatur und Wissenschaft, wie ihre Mängel, eng zusammen mit dem deutschen Volksgeiste überhaupt. Göthe, diese Persönlichkeit von seltener Kraft und Größe, hat dennoch dem deutschen Volksgeiste immer noch weniger gegeben, als er von demselben empfangen und - gelitten hat. Und weil nun der gegenwärtige deutsche Volksgeist so verschieden ist von dem des vorigen Jahrhunderts, so ist es wahrlich nicht Göthes Geist, der die "echten Söhne" unserer Zeit beherrscht.

Der Einzelne geht nicht immer in derselben Richtung mit dem Volksgeiste; häufig widersetzt er sich ihm. Aber noch im Gegensatze zu ihm wird er durch ihn bestimmt, noch abgesehen von der gleichen Grundlage, welche die Glieder eines Gegensatzes allemal voraussetzen.

Im Vorstehenden haben wir nur der intellectuellen Seite des Volkslebens gedacht. Das praktische Leben des Volksgeistes bietet der Psychologie nicht minder eine große Fülle der anziehendsten Aufgaben, die wir noch kurz bezeichnen müssen.

In jedem Zwecke, der gewollt wird, wie in der Gesammtheit der uns zur Erreichung desselben zu Gebote stehenden inneren und äußeren Mittel liegt die Weise schon vorbereitet, wie irgend eine Handlung, in der die Mittel zum Zwecke angewandt werden, ausgeübt wird. Bei der Wiederholung dieser Handlung wirkt theils dieselbe Prädisposition, theils die Reproduction der bei der früheren Ausübung erregten und associirten Vorstellungen. So bildet sich Gewohnheit und Sitte in der Handlungsweise. - Aber auch der Zweck selbst, noch als Gedanke, als Bestre-

bung wird theils schon an sich überhaupt, theils nach seiner näheren Modification, durch den Volksgeist und durch äußere Umstände bedingt, und damit die Sitte noch tiefer begründet.
So entsteht die Sitte unbewußt, unbeabsichtigt; und so wird sie vererbt von Geschlecht zu Geschlecht. Sie ist die väterliche Sitte und gehört wie die Sprache, wie der Leib zur Nationalität selbst. Ihre Entstehungsgründe, wenn man sie je im Gedanken erfaßt hat, werden vergessen; und sie erscheint als eine Macht über den Einzelnen um so mehr, als er auch alle anderen Einzelnen von derselben Macht beherrscht sieht. Die Sitte wird ihm also zu einer Satzung der Gottheit oder ihrer Boten, der Heroen. Oft ist diese Ansicht nicht einmal unrichtig, da gewiß oft genug die Handlungsweise, die Einrichtung einer allgemein verehrten Persönlichkeit, sei es wegen der Zweckmäßigkeit oder wegen der Verehrung, zur allgemeinen Sitte geworden ist.
Ursprünglich beherrscht die Sitte das ganze praktische Leben. Sie ist zugleich Sittlichkeit und ist in so fern ein Ausfluß der Religion, als sie für die Satzung der Gottheit gilt, welche ihre Verletzung bestraft. Denn Vernunft wird Unsinn, und Wohlthat Plage; die Herrschaft der Sitte wird, wie sie zu gewissen Zeiten der Völkergeschichte regiert, dem Volke unerträglich; sie wird abgeschüttelt, und es werden zum Ersatz G e s e t z e   g e -
s c h r i e b e n . Die Anwendung der Schrift, deren hohe Wichtigkeit für das theoretische Leben wir schon hervorgehoben haben, ist noch früher für das praktische Leben von Bedeutung. Die erste ausgedehntere Anwendung der Schrift findet statt bei der Aufzeichnung von Gesetzen.
Es kann keine kurze Entwickelung sein, welche ein Volk durchzumachen hat, bevor es von der Sitte zum Gesetz gelangt. Denn so lange die Sitte wahrhaft lebendig ist, bedarf sie nicht, niedergeschrieben zu werden. Sie muß also abgestorben sein. Das Gesetz soll neues Leben schaffen. Dieses ist wohl überall nur die reformirte alte Sitte. So ist es zwar dem Inhalte nach von dieser in wesentlichen Punkten gar nicht verschieden. Der wesentliche Unterschied liegt aber auf der formalen Seite, d.h. in der Weise wie beide im Volksgeiste leben. Ursprünglich lag

das Rechte, d.h. das der Sitte Gemäße, unmittelbar im Bewußtsein des Einzelnen; es hatte hier ein bloß subjectives, aber um so frischeres Leben und fand einen äußeren Halt wieder nur an und in Subjecten, nämlich in den höchsten Persönlichkeiten, im Vater, im König, in den Edeln; das Gesetz hat freilich die Sitte objectivirt, hat ihr durch die Schrift gewissermaßen ein äußeres Dasein noch außerhalb des Volksgeistes gegeben, und hat sie dadurch gesichert, gefestigt; aber es hat sie eben dadurch auch veräußerlicht, dem Gesammtgeiste des Volkes, dem unmittelbaren Bewußtsein mehr oder weniger entzogen. Bedenkt man nun, daß die Sitte zugleich religiös und Moral war, so zeigt sich sogleich, welch' eine Umgestaltung der Volksgeist durch den Wandel derselben in das Gesetz erfährt. Wir heben hier nur folgende drei Punkte heraus.

Erstlich: wenn das Verhalten der Person zum Gesetz und damit auch zur Sittlichkeit nicht mehr das unmittelbare ist, welches dieselbe zur Sitte hatte, sondern erst vermittelt werden muß: so kann diese Vermittelung in verschiedenen Graden, ja in verschiedenen Weisen geschehen, und sie wird und muß dies auch, weil zu dieser Zeit überhaupt die Lebenskreise und in Folge dessen die Denkweisen der verschiedenen Personen schon sehr verschieden sind. Die Edeln stehen mit ihrem Bewußtsein längst nicht mehr innerhalb des Volkes; sie haben schon eine Bildung und dadurch eine persönliche Eigenthümlichkeit, welche sie sowohl unter sich, wie sie alle vom Volke scheidet. So wird nun auch die Vermittelung mit dem Gesetz und der Moral, die doch Jeder nur durch sich selbst vollziehen muß, nur je nach dem Bildungsgrade und dem eigenthümlichen Charakter eines Jeden vollzogen werden. Was sich für den Einen schickt, schickt sich nicht mehr für Alle. So entstehen in verschiedenen Volksschichten verschiedene moralische Anschauungsweisen; es entsteht eine bürgerliche, eine adlige u. s. w. Sittlichkeit.

Zweitens aber führt die Entäußerung der Moral, welche durch das Gesetz bewirkt wird, noch weiter dazu, daß die Vermittelung des Einzelnen mit der Moral, der Religion, nicht mehr durch jeden Einzelnen für sich selbst vollzogen, sondern An-

dern übertragen wird. Das Innere, das sonst in Jedem ganz lebte, und nur in dieser Unmittelbarkeit und Subjectivität lebte, erhält jetzt seine besonderen Vertreter in gewissen Personen, in Lehrern, Priestern, Rechtskundigen.
Drittens tritt nun auch die Unterscheidung der göttlichen und menschlichen Verhältnisse, der Religion, Sittlichkeit und des Rechts auf. Conflicte lehren, daß es ewige, ungeschriebene, göttliche, und geschriebene, vergängliche Gesetze gibt.
In den angegebenen Punkten sind nun natürlich wieder nicht alle Völker gleich: was hier weiter auszuführen nicht nöthig ist. Dagegen fügen wir hinzu, daß sowohl die Spaltung rücksichtlich der Moral als die Entfremdung von ihr immer weiter geht, indem später die Bemühungen auftreten, die alten moralischen und religiösen Vorstellungen durch die Vernunft zu begründen. Denn dies geschieht nicht nur überhaupt in mannigfach verschiedener Weise; sondern es bildet sich selbst der Gegensatz des Esoterischen und Exoterischen, d. h. man glaubt, daß die volle Wahrheit und das tiefste Innere vor der Menge zu verbergen und nur den Eingeweiheten mitzutheilen sei; oder auch man kommt zur sophistischen Leugnung aller festen Wahrheit und objectiven Giltigkeit der herrschenden Satzungen.
Alles was der Geist geschaffen, was er aus sich herausgesetzt hat, wirkt auf ihn zurück. Darum hilft die B e s c h ä f t i - g u n g des Menschen seinen Charakter bilden; oder genauer: in den Handlungen bildet sich der Charakter des Menschen. Auf der untersten Stufe der Cultur aber wird dem Menschen die Lebensweise von der Natur dictirt, und bei jenen elenden Fischervölkern ist der Geist fast ganz der Natur unterworfen. - Das frischeste Leben zeigen die Jäger=Völker, aber doch noch kein geistiges. In den Hirten=Völkern träumt der Geist; und ihre Träume sind oft poetisch und Quell der Poesie nicht nur, sondern auch der Wissenschaft. - Jedoch erst der Ackerbau ist der Anfang und Grund der Civilisation.
Zuerst haben alle Glieder eines Volkes nur eine und dieselbe Beschäftigung. Auch die Fürsten sind Hirten und Ackerbauer. Aber der Ackerbau verlangt mannigfache Geräthe. Ferner ver-

anlaßt er feste Wohnsitze, welche wieder mit manchen Geräthschaften ausgerüstet sein wollen. Ursprünglich macht sich jeder selbst alles, was er braucht. Dann aber tritt die Theilung der Arbeit auf. Neben den Ackerbauern erheben sich Handwerker. Hiermit ist nun schon die Nothwendigkeit des Handelns gegeben. Zunächst tritt er auf in der Form des Tauschhandels. Aber nicht jedes Volk wird darum ein Handels= und industrielles Volk. Wird es dies aber, so mag es unter den begünstigenden Verhältnissen leicht auch Seefahrt treiben. Welch ein Unterschied aber zwischen einem Volke, dessen Macht auf die See gegründet ist, und einem anderen, das nur seine Landmacht pflegt! Nicht nur die Beschäftigungsweise, nicht nur das Staats=Leben ist in jedem anders gestaltet; sondern auch der Volksgeist selbst, bis in die innersten Regungen seines Wesens, offenbart andere Formen und einen anderen Inhalt.

Das Haus= und Familien=Leben wird wesentlich von der Beschäftigung und dem öffentlichen Leben bestimmt. Die Stellung und Schätzung der Frauen ist hier der Mittelpunkt. Der Jäger blickt anders auf die Frau, als der Ackersmann, weil diese an der Beschäftigung und dem Leben beider sich verschieden betheiligt. - Doch mehr noch hängt das Verhältniß der Frauen von dem ganzen Gemüthsleben eines Volkes ab.

Das Gemüthsleben, wie es selbst sich seine Arbeit bestimmt, wird freilich auch wiederum wesentlich von der Arbeit bedingt. Wie ein Volk arbeitet, so fühlt es auch; so genießt und besitzt es, so freut es sich, so sehnt es sich, so klagt es.

Die Stellung der Frauen ist aber der Angelpunkt aller gesellschaftlichen Beziehungen, der Heerd des Gemüthsfeuers. Sie bestimmt nicht nur die Auffassung der Ehe, das Verhältniß des Vaters zu den Kindern, sondern auch das des Mannes zu anderen Männern. Es ist wohl beachtenswerth, daß gerade da, wo die Frauen eine würdige Stellung einnahmen, wie bei den Spartanern und Deutschen, auch schöne Männerbündnisse sich bilden, während in Athen neben Geringschätzung des Weibes unnatürliches Laster auftritt.

Zu den wundersamsten Erscheinungen, welche das menschliche Leben in seiner Ausbreitung über die Erde und durch die Jahrtausende bietet, gehört die G y n a i k o k r a t i e, eine der ältesten Formen religiöser und politischer Civilisation, die sich aber heute noch über einen weiten Raum Asiens und Afrikas erstreckt, vielfach dicht neben dem mohamedanischen Harem, dem sie äußerlich gerade entgegengesetzt, innerlich dennoch verwandt ist (vergl. Eckstein, de la gynécocratie des Cariens, in der Revue archéologique, XVe année).

Endlich werde noch der Erziehung der Jugend gedacht, deren Wesen allseitig mit dem Volksgeiste zusammenhängt.

Wir haben bei der vorstehenden Darlegung der Momente des Volksgeistes schon mehrfach ihrer gegenseitigen Wechselwirkung gedacht. Wir schalten hier über das Verhältniß derselben zu einander im Allgemeinen noch folgende zwei Bemerkungen ein.

Erstlich: so wie in dem Geiste des Individuums, trotz seiner geschlossenen Einheit, verschiedene - in gewissem Sinne höhere und niedere - Thätigkeiten unterschieden werden,[4] und die Psychologie dann zu zeigen hat, d a ß und w i e die höhere Thätigkeit einen gesetzmäßigen Einfluß, resp. eine Herrschaft, auf die niederen, etwa die moralischen Grundsätze oder die praktische Vernunft auf das sinnliche Begehren, ausübt und ausüben soll und kann: ebenso erkennen wir in jedem Volke höhere und niedere Thätigkeiten des Geistes, - gleichviel ob sie sich auf verschiedene Classen und Stände des Volkes vertheilen oder nicht - und die Völkerpsychologie hat zu zeigen: daß und wie die höheren Thätigkeiten einen gesetzmäßigen Einfluß auf die niederen ausüben können, etwa die Wissenschaften und Künste auf Sitte und Lebensweise. Wie viel die ästhetische Bildung der Griechen auf die Einrichtung ihres Privat= und öffentlichen Lebens eingewirkt hat, ist bekannt. Der Einfluß der Theologie auf die religiöse und der Jurisprudenz auf die Rechtsanschauung bieten im Mittelalter reiche, nicht immer

---

[4] Man mag nun diese Verschiedenheit auf verschiedene geistige Kräfte oder Vermögen wie die ältere Psychologie, oder, wie die neuere, bloß auf eine gradwise Verschiedenheit in der Thätigkeit selbst zurückführen.

erfreuliche Thatsachen. Am klarsten liegt vor uns der Einfluß, den heute die Naturwissenschaft auf Industrie, Handel und Verkehr übt. - Auch die umgekehrte Richtung, der Einfluß der niederen Thätigkeitskreise auf die höheren bleibe nicht unbeachtet, wie ja auch in Einzelnen die niedere Seelenthätigkeit die höhere bedingt, sie nährt oder verschlingt. Wie in guten Zeiten die ideale Kunst alle Forderungen und Befriedigungen des Lebens idealisirt: so entgeistet in unglücklichen Jahrhunderten ein materielles Vegetiren oder Schwelgen die Kunst.

Ferner erwähnen wir ein psychisches Verhältniß, welches an und für sich wichtig und bedeutsam genug, es dadurch noch mehr wird, daß man es selbst in der individuellen Psychologie selten, bei der Betrachtung des Volksgeistes noch seltener berücksichtigt hat. Es ist nämlich die sehr einfache, aber vielfach unbeachtbare Thatsache, welche Herbart treffend mit der "Enge des menschlichen Geistes" bezeichnet: daß von allen den Vorstellungen, die ein Mensch in sich trägt, und an welche man ihn erinnern kann, in jedem Augenblicke nur ein äußerst geringer Theil im Bewußtsein gegenwärtig ist. Von einer längeren Vorstellungsreihe kann jedesmal nur ein geringer Theil im Bewußtsein sich gegenwärtig befinden; je mehr die Reihe nach der einen Seite hin ins Bewußtsein aufgenommen wird, um so mehr entschwindet von der anderen Seite aus demselben. Will der Mensch dennoch mehr Vorstellungen als gewöhnlich zugleich umfassen, werden alle an Klarheit verlieren; immer nur eine kleine Reihe von Vorstellungen kann der Geist gegenwärtig und klar im Bewußtsein haben. Für dies Verhältniß scheint kein analoges im Volksgeiste vorhanden zu sein; denn bei der Vielfalt der Individuen des Volkes kann die ganze Summe der Vorstellungen, welche den Volksgeist ausmachen, in demselben Augenblicke im Bewußtsein sich befinden. Näher betrachtet werden wir jedoch auch im Volksgeiste eine ganz ähnliche Enge finden. Die Thatkraft des Volksgeistes gliedert sich in verschiedene Richtungen, religiöse, ästhetische, politische, militärische u. s. w. Zu verschiedenen Zeiten kommt mehrentheils nur je eine derselben zum Bewußtsein des Volkes, e i n Gedanke oder Zweck nimmt sein ganzes Interesse in Anspruch: wir nennen dies das Zeitbewußtsein; alle anderen Richtungen des Geistes (Vorstellungsreihen), sind dann nicht verschwunden - wie auch beim Einzelnen nicht - aber gehemmt, lebenslos und ohnmächtig, ohne Productionskraft. Man denke nur an die römischen Kriege - an die Kreuzzüge ganz besonders - an die Reformationszeit - an die Freiheitskriege u. s. w. - Was aber beim Individuum Augenblicke, das sind beim Volke Jahre und Jahrzehende. Das Maß dieser Enge des Geistes ist bei verschiedenen Menschen und Völkern natürlich verschieden; wie wichtig dasselbe ist, ist offenbar; denn von der Frage: **wie viele Gedanken und Beziehungen im Menschen zugleich lebendig sein, und einander gegenseitig bestimmen können, hängt das Ganze des geistigen Vermögens und Thuns ab.** Das bedeutendste Gegengewicht gegen diese Enge liegt, um es nur kurz anzudeuten, in der **Beweglichkeit des Geistes**. Durch diese werden z. B. einem gebildeten Menschen bei einer Ueberlegung, wenn ihm jetzt die Gründe im Bewußtsein vorschwebten, im nächsten Augenblicke auch die Gegengründe im Bewußtsein erscheinen, und bei seiner Entscheidung werden beide mit größerer oder geringerer, wohl selten mit ganz gleicher Klarheit ihn bestimmen. Dadurch ist es dann auch im Stande mehrere Interessen und Zwecke besser auszugleichen oder zu verbinden. Ebenso wird ein Volk bei größerer Beweglichkeit des Geistes mehrere oder alle seine Interessen - die materiellen mit denen der Ehre, die humanen mit denen der Klugheit, die religiösen mit den politischen und wissenschaftlichen u. s. w. - auszugleichen und zu verbinden wissen. Diese Enge wie die Beweglichkeit aber haben ihre Gründe und Gesetze.

Wir wiederholen aber, daß die Geister der Völker sowohl in jedem Elemente, als auch vorzüglich in ihrer innersten und allgemeinen Richtung weit von einander verschieden sein können. Welch ein Unterschied z. B., ob die wichtigsten Quellen der Fortbildung eines Volkes diesem als Schöpfung des menschlichen Geistes und der menschlichen Kraft (wie den Griechen ihr Homer), oder als ein übermenschliches, transcendentales Werk Gottes (wie den Israeliten die Bücher Mosis) überliefert sind; es ist offenbar, daß dort eine größere und freiere muthige Schaar von Nach= und Fortbildnern - hier aber nur die Männer der höchsten Begeisterung und tiefsten Einsicht, die als Gottesmänner auftreten können, sich zu dem Ausbau des Gedankens entschließen werden. Ferner: ob die Verfassung der Gesellschaft eine monarchisch=despotische, oder eine freie; ob die Tendenz des Gemeinlebens auf innere Entwickelung, oder Ausbreitung der Macht gerichtet ist u. s. w.

Die Volksgeister sind auch, wie aus dem eben Gesagten hervorgeht und schön öfter angedeutet ist, nichts Starres, ewig sich gleich Bleibendes; sie verändern sich in der Geschichte. Wenn nun im ersten Theile der Völkerpsychologie die Gesetze solcher Veränderungen dargelegt sind, so ist im zweiten Theile zu zeigen, wie diesen Gesetzen gemäß und nach den jedesmaligen individuellen Bedingungen der Geist in den geschichtlichen Völkern sich umgewandelt hat. Man kann also, wenigstens in abstracto, zum Behufe der Deutlichkeit unterscheiden zwischen Volkscharakteristik und Entwickelung der Nationalgeister. Diese haben etwas Substantielles, einen unveränderlichen Kern, in sich, der selbst alle Veränderungen der Geister bestimmt.

In dieser Veränderung der Volksgeister nun ist ein Fortschritt und ein Verfall, aber niemals eigentlich ein Rückschritt, erkennbar. Denn beim Verfall, der einen Volksgeist im Allgemeinen trifft, sind - abgesehen davon, daß er an sich ein negativer Fortschritt, ein Fortschritt der Negation, der Auflösung ist - doch auch positive Fortschritte in einzelnen Richtungen sehr wohl möglich, wie dies in der Geschichte vor Augen liegt. Dem tieferen Blicke aber offenbart sich im Verfall die Vorbereitung zu einer neuen Erhebung, die Entstehung neuer Keime zu einer neuen Entwickelungsbahn. - Es ist hier nicht unsere Absicht, den Fortschritt in der Weltgeschichte zu beweisen; vielmehr wollen wir nur, ihn als anerkannt voraussetzend, darauf hinweisen, daß er sowohl bei der Betrachtung der Geschichte nur e i n e s Volkes, als auch bei der Vergleichung der neuen Völker mit den alten, noch in tieferer Weise vorhanden ist, als man wohl meinen mag; daß er sich nämlich auf den eigentlichen Denkproceß selbst und auf die Weise und die Macht des Gefühls erstreckt. Die Verschiedenheit des Letzteren beweist sich am entschiedensten in der Religion und dem Cultus und in der mit ihnen zusammenhängenden Kunst, vorzüglich in der Baukunst und der Musik. Es ist eine andere Gefühlswelt, welche im gothischen Dome beim Orgelton und Glockenklang vor dem Bilde des gekreuzigten Gottes und der Jungfrau lebt, als die im Parthenon und Erechtheion Wirklichkeit hatte.[5]

Ist der Unterschied des Gefühls mächtiger, so ist doch der Unterschied im Denken noch bemerkenswerther, und er ist ein klarer Fortschritt. Auch ihn zeigt uns die Sprache, und nur sie, durch den verschiedenen Styl der Literaturen. Der Styl ist nicht nur eine eigenthümliche, dem Denken aber gleichgültige Anwendung der Sprachform; sondern er beruht wesentlich auf der Gedankenbewegung selbst. Den modernen Styl der Prosa haben die Franzosen gebildet, und dies ist das weltgeschichtliche Verdienst ihrer Literatur. Boccaccio und Cervantes haben noch keinen modernen Styl, sondern latinisiren. Sie sind breit und weitschweifig; und weil ihre Sprache die alte Periodik nicht nachbilden kann, so ist ihre Rede schlaff; die Sätze kollern auf

---

[5] Von diesem Unterschiede ist auch der Sprachlaut ergriffen. Die neuesten Untersuchungen über den Accent der alten Sprachen haben gelehrt, daß der Unterschied, den man immer so ausgesprochen hat, daß man den modernen Versbau accentuirend, den alten quantitativ nannte, viel umfassender und tiefer ist. Was wir Accent nennen, Betonung, nachdrückliche Hervorhebung, Wechsel von Arsis und Thesis, worauf bei uns die Einheit des Wortes und des Satzes, der Periode ruht - Wort-Accent und rhetorischer Accent -: dieser scheint im klassischen Alterthum nur dem Verse und der Musik angehört zu haben, gar nicht der Sprache als solcher. Die Vocale in der gewöhnlichen Rede modificirten sich nach Quantität und nach Höhe und Tiefe; unser rhetorischer Accent aber wurde durch die Wortstellung ersetzt. Unsere Sprachen sind rhythmischer, die alten waren melodischer. Die Untersuchungen sind freilich noch fern vom Abschluß.

einander, wie Sand von einem Haufen, den man berührt. Vico schreibt noch in dieser ungebundenen, haltlosen Weise. Descartes beginnt die moderne Periodik zu bilden, und Pascal erreicht gelegentlich schon die volle Höhe rhythmischen Satzbaues. Der hier angedeutete Unterschied zwischen der antiken und der modernen Prosa beruht aber darauf, daß wir s c h n e l l e r denken, als die Alten, daß wir vieles verschweigen, was wir darum doch nicht ungedacht lassen; und dies wird dadurch möglich, daß die Vorstellungen, wie sie uns unsere Sprache in Wörtern und Formen bietet, d i c h t e r sind, d. h. daß mehr Inhalt in ihnen zusammengewickelt liegt. So bewegen wir lange Reihen im zusammengepreßten Zustande durch e i n Wort oder e i n e Construction im Nu, welche die Alten, um sie klar zu denken, aus einander wickelten, was wir nicht brauchen, was wir, wenn es noch heute geschähe, langweilig finden würden. Zu schreiben wie Boccaccio hat ein heutiger Schriftsteller, und es zu lesen der heutige Leser keine Zeit mehr.

Dieser Fortschritt im Denken selbst ist ähnlich dem, und beruht auf denselben Grundsätzen wie der, welcher sich kund giebt beim Vergleich zwischen dem geübten Mathematiker oder dem Anfänger. Was sich dieser mühselig aus einander legen muß, um es klar und sicher zu denken, faßt jener massenhaft verdichtet zusammen und denkt es doch sicherer, schärfer, bestimmter. - Dies erinnert überhaupt an die wachsende Macht der Lernfähigkeit und die zunehmende Schnelligkeit des Lernens. Wie viel hat heute ein Abiturient gelernt! und er ist 19, 17 Jahr alt. Drei Jahre später wird er Doctor, welche Würde vor drei Jahrhunderten nur Männer erlangten.

Das Maß der geistigen Kraft des Menschen hat allerdings der Schöpfer ein für alle Mal festgestellt; sie wächst nicht. Aber der Geist (vergl. oben S. 18, i.d.B. S. 144f.) schafft sich unaufhörlich neue, materielle und geistige Organe, und mittelst ihrer wirkt er immer schneller und immer mehr.

In Bezug auf die Geschichte e i n e s Volkes ist folgende Betrachtung die wichtigste. Sowie ein Individuum sich im Laufe der Erziehung und in der Zeit der Bildsamkeit aus einzelnen Anschauungen, Urtheilen, Empfindungen, Gewohnheiten u. s. w. einen Charakter bildet, welcher nach psychologischen Gesetzen eine so feste Gestalt annimmt, daß er, weit entfernt, von späteren Ereignissen und Erfahrungen noch modificirt zu werden, vielmehr die Form und Beschaffenheit aller späteren Einwirkung auf ihn bedingt und so eine Selbständerung unmöglich macht - wie sich, wissenschaftlicher zu reden, aus einer gegebenen R e i h e sowohl receptiver als productiver g e i s t i g e r   T h a t e n eines Menschen, verbunden mit dem M a ß e der ursprünglichen und dann durch jene Thaten mehr oder minder geübten, dadurch so oder so veränderten F ä h i g k e i t e n endlich auf einem gewissen, und nach psychologischen Gesetzen zu bestimmenden Punkte die geistige Beschaffenheit (der Charakter im weitesten Sinne) des Menschen zu einer geschlossenen Totalität abrundet und die fernere Bildsamkeit ausschließt (eine Thatsache, die man jederzeit wahrnehmen kann): so gibt es unbestritten auch in dem geistigen Leben der Völker ein Maß ihrer Entwickelung, welches, wenn es erfüllt ist, den Charakter, oder, wenn man lieber will, die Idee des Volkes umschließt; und ebenso wie das A u f s t e i g e n der Volksbildung bis zur Vollendung des Charakters, geschieht diese, die A b s c h l i e ß u n g der Bildung, aus bestimmten Gründen und Ursachen nach unzweifelhaft bestimmten Gesetzen, welche die Psychologie zu entdecken hat.

Wir haben die Völker bisher nur in ihrer Abgeschlossenheit betrachtet, über die Wirkung des Verkehrs mit anderen in Krieg und Handel, über den Erfolg der Reisen begabter Männer in fremde Länder und den Einfluß der erworbenen Kenntnisse auf den Volksgeist können wir nicht sprechen. Im Vorbeigehen nur dies: daß ein Volk nur dann von der Berührung mit einem anderen Bildungsstoff und Bildungsfähigkeit empfängt, wenn es vorher so weit gediehen ist, eine solche Gedankenfülle und Geisteskraft zu besitzen, daß es für die fremden Gedanken und Verhältnisse in den eigenen G l e i c h u n g s f o r m e l n zu finden vermag. So haben die Griechen von den Phöniciern, nicht aber die Perser von jenen gelernt. - Unter den neueren Völkern sind wir Deutsche bekanntlich am meisten geeignet und geneigt das Fremde zu erkennen und aufzunehmen; wir haben leider mehr aufgenommen, als wir mit dem eigenen Volksgeiste amalgamiren können. Aber es wird hoffentlich eine Zeit kommen, da wir unseres eigenen Besitzthums, des eigenen Nationalgeistes uns bewußt werden und ihn zum Mittelpunkte unserer Gedanken wieder erheben, das Fremde aber sichten und nur was davon möglich und angemessen für uns verwenden werden. - Diese Zeit herbeizuführen wird eine wissenschaftlich strenge psychologische Betrachtung des deutschen Nationallebens und seiner Geschichte gewiß nicht wenig beitragen.

Abgesehen aber von dem was ein Volk vom anderen empfängt, ist es noch wichtiger zu beobachten, wie eins das andere ansieht; ob es zu ihm hinauf= oder hinabblickt. Denn wie ein Individuum das Bild des anderen in seinem Geiste trägt, es beurtheilt: so auch ein Volk das andere. Von dieser Ansicht, die ein Volk vom anderen hat, hängt es eben ab, welchen Einfluß es von ihm erdulden mag. Es ist auch noch allgemein die Frage zu beantworten, wie sich überhaupt ein Volk allen anderen gegenüber auffaßt und sich zu ihnen stellt; welch ein Selbstgefühl es hat, wie viel Neigung zum Verkehr mit anderen Völkern, und welcher Art dieser Verkehr ist. Wie mächtig ist der Trieb zur Vereinigung, oder zur Abschließung? Wie groß ist die Sucht über die Völker zu herrschen, und welche Weise der Herrschaft wird geliebt? In all dem werden sich kaum zwei Völker gleichen.

So können wir denn endlich auch die Frage aufwerfen: wie geht ein Volksgeist zu Grunde? Es sind hierbei allerdings meist auch äußere Schicksale und Berührungen mit anderen Völkern wirksam, aber doch nur in zweiter Linie. Es ist freilich nicht gleichgültig, ob ein Volk die Römer zu Nachbaren hat. Aber die Römer haben kein einziges lebendiges Volk vernichtet; sie haben nur die todten begraben; selbst der griechische Volksgeist war nicht mehr. Daß ferner durch die Einwirkung dieses letzteren der römische Geist geschwächt ward, das lag abermals in der Schwäche des römischen Geistes. Schließlich also muß man immer sagen, es stirbt ein Volk nur von innen heraus. Die Gründe davon sind mannigfach. Hier nur eine Andeutung.

Der Volksgeist beruht auf den Einzelgeistern und steht dennoch im Gegensatz zu ihnen. Vieles, was letztere stärkt, schwächt ihn. Eine zu kräftige Entwickelung der Eigenthümlichkeiten der Einzelnen muß dem Gesammtgeist schaden. Das Volk wird sich in Parteien spalten und dadurch erschöpfen. Denn der Zwiespalt wird zunächst schon praktisch üble Folgen haben; aber auch ideell. Die eigentlichen Volksideen werden immer geringer an Zahl, immer ärmer an Einfluß auf das Bewußtsein. Schwingen sich einzelne Geister zu besonderer Höhe und steigern in sich den Inhalt des Volksgeistes, so bleiben sie einsam, das Volk folgt ihnen nicht und sinkt vielmehr zurück. Sie nehmen dem Volke, und dieses kann nicht aufnehmen, was ihm jene als Ersatz bieten. Man denke an Sokrates.

So entschwinden dem Volksgeiste seine alten Ideale, indem Einzelne sie am glänzendsten entfalten. Ganz im Gegentheile wurden im jüdischen Volke zur Zeit seines Unterganges die Ideale lebendig, welche früher nur das Eigenthum der Wenigen waren. Daher die völlig abweichende Geschichte dieses Volkes.

Wenn aber ein Volk sich in Parteien spaltet, so ist es auch allemal der Volksgeist selbst, der von den Elementen, den Thätigkeitsformen oder Mächten, die ihn ausmachen, gesprengt wird; d. h. diese Elemente fallen aus einander und gerathen zu einander in einen Gegensatz, in welchem sie sich einander vernichten, indem ein jedes von ihnen, besonderen Einflüssen ausgesetzt, eine eigenthümliche Entwickelung erfährt, einen besonderen Inhalt gewinnt und so für sich eine Einheit bildet, unbekümmert um die Gesammtheit des Volksgeistes. Natürlich wird hierdurch auch zugleich eine reale Spaltung des Volkes bewirkt, indem jedes Element innerhalb einer Masse der Einzelnen besonders vorherrscht. So gewinnt jede dieser Massen ein besonderes Interesse und verfolgt Ideen, welche außer dem Boden des Nationalgeistes stehen.

Ein Volksgeist kann sich geradezu, gänzlich oder in gewissen Elementen seines Wesens, ungetreu werden, und dann stirbt er gewiß; so der spartanische, der römische. Der Volksgeist nämlich steht immer in Beziehung zu einem Aeußeren, auf welches er wirken, in welchem er sich erhalten und bethätigen muß. Gelingt ihm dies: so ändert er das Aeußere um. Der alte Zustand des Aeußeren war aber ein Lebensmittel für ihn; indem er ihn abänderte, verdarb er sich durch seine eigene Lebensenergie die Luft, und nun erstickt er - wenn er nicht die Kraft hat, sich ein neues Mittel zu suchen. Rom und Sparta sind nicht ohne Schuld untergegangen; sie bewiesen ihre Schwäche gerade in der Zeit ihrer höchsten Kraft, die Gehaltlosigkeit ihres Ideals, als es verwirklicht war.

Athen dagegen zeigt uns, daß ein Volksgeist auch untergehen könne, wie eine Blume, die verblüht. Er hat alles hervorgebracht, was in seinem Keime lag: alle Ideen, die er entwickeln konnte, waren entwickelt; alle Combinationen desselben waren versucht - nun war er todt. Er war endlich, und, wie alles Endliche, vergänglich.

Wir glauben genug gesagt zu haben, um so verstanden werden zu können, daß nun jeder aufmerksame Leser nicht nur weiß, was wir unter Völkerpsychologie uns denken, sondern auch gemäß solcher Ansicht sich selbst die Aufgaben bilden kann, durch deren Lösung er die zu erbauende Wissenschaft fördern mag.

Oder sollte uns unsere Hoffnung auf ein Zusammenwirken der Philosophen mit einander, und der Historiker und Empiriker mit ihnen für jetzt noch täuschen? Sollte man dieses Ideal aller Zeiten für die wissenschaftliche Wirksamkeit auch heute noch, und auch für diese unsere Angelegenheit noch, in weite Ferne gerückt halten? Es käme auf einen Versuch an, und auf den muthigen Glauben, die ersehnte Zeit sei gekommen. Wir geben zu bedenken:

Erstlich ist die Psychologie überhaupt oder an sich nicht nothwendig eine philosophische Wissenschaft; sie ist es nicht mehr als die Naturwissenschaft. Sie hat ihr empirisches oder historisches Gebiet; und in so weit als es sich nur um die Feststellung und sorgfältige Darstellung von Thatsachen handelt, mag recht wohl aller bloß theoretische Zwist schweigen.
Was nun aber zweitens das rationale Wesen der Psychologie betrifft, so können wir auch hier noch die eigentlich metaphysischen Fragen über das Wesen der Seele völlig unberührt lassen. So wenig der Physiker sich in das metaphysische Problem der Bewegung, der Kraft, zu vertiefen nöthig hat: so wenig braucht es der Psycholog.
Allerdings bedarf die rationale Psychologie gewisser Voraussetzungen. Wir empfehlen die Herbartischen. Man hat gemeint, man dürfe oder brauche sich nicht auf Herbarts Psychologie einzulassen, so lange die Einwendungen gegen seine Metaphysik nicht beseitigt wären - ganz grundlos. Man kann, wie Herbart selbst es empfohlen hat, seine psychologischen Grundsätze, abgelöst von aller Metaphysik, als Hypothesen ansehen, deren wissenschaftlicher Werth sich durch die Anwendung offenbaren mag.
Aber auch als Hypothesen betrachtet, hat man ihre Berechtigung und ihre Brauchbarkeit bestritten. Wir selbst sind ebenfalls keine genauen Anhänger derselben. Wir meinen nur folgendes:
Worauf es in der Psychologie ankommt, das ist wesentlich dasselbe, wonach auch die Naturwissenschaften streben, und was ihnen so gut gelingt, nämlich die Dinge und die Eigenschaften aufzulösen in Verhältnisse. So löst die Naturwissenschaft Feuer und Leben, Wasser und Brod, Licht und Schall, Tag und Jahr, Sonn= und Mondfinsterniß in Verhältnisse auf und befreit uns dadurch von eingebildeten Dingen, Substanzen, Kräften. Der ganze Sinn und das außerordentliche Verdienst der Herbartischen Bemühungen um die Psychologie scheint uns nun eben darin zu liegen, daß er die Seelenvermögen aufzulösen und auf Vorstellungs=Verhältnisse zurückzuführen gesucht hat. Wie

weit ihm dies geglückt ist, ist eine andere Frage. Nur dasselbe Streben haben auch wir inne zu halten und fortzusetzen. So, scheint uns nun, müssen sämmtliche psychologische Epitheten, mit denen man einzelne Personen und ganze Völker zu charakterisiren sucht: geistreich, gutmüthig, scharfsinnig, tief, gemüthlich, einfach, edel u. s. w. auf Verhältnisse des Vorstellens, Fühlens, Strebens und dieser unter einander zurückgeführt werden. Erst so wird es auch möglich sein, uns ein psychologisches Bild einer Person, eines Volkes zu entwerfen, während es jetzt unmöglich ist, die mannigfachen Prädicate, die einem Einzelnen oder einer Gemeinschaft gegeben werden, zur Einheit zusammen zu fassen. Die Fragen, auf welche zuletzt alles ankommt, sind: wie bewegen sich die Elemente des Bewußtseins gegen einander? mit welcher Kraft verbinden, stützen sie sich, wo im Gegentheil machen sie sich das Bewußtsein streitig? welches Element beherrscht die anderen, und welche Richtung zeichnet es vor? wie mächtig ist diese Herrschaft? welche Elemente schließt sie aus? welchen Widerstand hat sie niederzuhalten? u. s. w.

So abstract und allgemein gehalten ist der Boden, den wir vorzeichnen, und den zu betreten nicht das geringste Verfängliche haben kann, da es Jedem überlassen bleibt, nach seiner besonderen Ansicht sich diesen Boden schärfer zu bestimmen. Recht wohl wissend, daß feste und zugleich ausreichende psychologische Principien erst noch zu schaffen sind, wünschen wir, daß auch diese durch das Zusammenarbeiten Vieler erstehen mögen. Wir rathen indessen, diese Grundfragen für's erste noch nicht zu Gegenständen besonderer Prüfung zu machen. Es habe jeder seine Principien und suche sie für sich selbst und die Anderen nur dadurch zu empfehlen, daß er an specielleren Aufgaben ihre Brauchbarkeit zeigt. Wenigstens bitten wir, niemals anders Principien zu erörtern, als sogleich mit Anwendung auf den besonderen Fall. Auf diesem Wege, hoffen wir, werde sich nicht nur die allgemeine Verständigung, sondern auch die wahre Begründung der Psychologie viel leichter erzielen lassen. Man suche, das Allgemeine aus dem Besondern sich gleichsam von selbst erheben zu lassen; man halte den Blick fest auf die wirklichen Erscheinungen gerichtet, stelle sie sorgfältig dar, versuche die Analyse, so weit wie möglich, und lasse sich selbst von den letzten Ergebnissen überraschen. So wird unnützer Streit vermieden, und die Sache wahrhaft gefördert werden. Auch sage man nicht, daß die Völkerpsychologie nicht eher in Angriff genommen werden könne, bevor nicht die individuelle besser begründet und weiter durchgearbeitet ist; sondern man bedenke, ob wohl diese letztere gedeihen könne, wenn ihr nicht die Völkerpsychologie zur Seite steht. Sollen wir an Plato erinnern, der die Natur des Menschen im Wesen des Staates sucht, weil sie hier in größeren, erkennbareren Zügen gezeichnet ist? Jede nur einigermaßen schwierige Aufgabe wird nicht mit dem ersten Angriffe zu lösen sein. Die Analyse wird bald ins Stokken gerathen; die bisherigen Beobachtungen werden sich als ungenau, ungenügend erweisen, man wird mehr und bessere Thatsachen wünschen. Wir verlangen für unsere Blätter keine vollendeten, durchaus reifen Arbeiten. Verschieden von anderen Zeitschriften für eine specielle Wissenschaft, kann die unsrige nicht die Früchte der Arbeit pflücken, sondern nur den Samen streuen wollen. Nicht den Ausbau sondern allererst den Anbau dieser Disciplin haben wir zu bewirken. Wir wünschen dabei das Ineinandergreifen der verschiedenen Forscher. Jeder theile mit, was ihm gelungen ist; der Andere möge aus seinen Mitteln hinzufügen, fortsetzen. Eine Hand voll Körner reicht oft nicht zu, ein Brod zu backen; aber man streue sie als Samen in einen fruchtbaren Boden und sie werden hundertfältig aufgehen und eine reiche Nahrung bieten; und wie oft hat Jemand solche geistige Samenkörner gefunden, die erst auf dem Boden eines anderen Geistes zu ihrer vollen Bedeutung herauswachsen müssen; ja auch dem eigenen Geiste tritt ein öffentlich kundgegebener Gedanke zuweilen anreizender und befruchtender entgegen. Wir werden zu diesem Behufe bestimmte Rubriken anlegen, unter denen wir, skizzenhaft, Thatsachen und Reflexionen mittheilen werden, wie sie uns zugehen, oder wie wir selbst sie geben können. - Auch noch mit Vermeidung aller principiellen Discussionen werden sich manche Gelegenheiten zu widersprechenden Ansichten darbieten; wir werden gern Jedes Ansicht aufnehmen, und unsere Blätter mögen correspondirende Verhandlungen darbieten, den mündlichen Verkehr ersetzend. Sie mögen ein lebendiges psychologisches Parlament sein.

Wer mit uns im Rückblick auf die hier gezeichneten Grundlinien die ganze Breite und Tiefe der Aufgaben übersieht, welche dieser neue Zweig der Wissenschaft darbietet, möchte leicht die Schwierigkeit derselben für eine unüberwindliche halten; aber die Größe der Aufgabe muß eher dazu dienen, den Muth zu stärken und zu spornen, als ihn erschlaffen zu lassen und abzuspannen.

Auch hat dieselbe Betrachtung uns gezeigt, wie reich und mannigfaltig die Quellen der Erkenntniß von allen Seiten her für diese Wissenschaft fließen.

Das Ziel aber, welchem sie entgegen geht: daß der menschheitliche Geist sich selber zur klareren Erkenntniß komme, daß in den Geist der Nationen, der vergangenen wie der gegenwärtigen, dergestalt eingedrungen werde, daß wir das Gesetz ihres Wirkens und die Gründe ihrer Erhebung begreifen, und dadurch lernen, diese auf rechtem Wege zu fördern - dieses Ziel ist ein so erhabenes, daß wir hoffen, es werden alle sittlich strebenden Kräfte aller Wissenschaften mit ihrem Antheil sich demselben zuwenden. So wollen und dürfen wir, in der Zuversicht, daß der menschliche Geist, die Aufgaben, die er klar erkannt hat, auch zu lösen vermöge, erwarten, daß unsere Hoffnung zur Wahrheit werde.

M. Lazarus   *H. Steinthal*

Ziele und Wege
der Völkerpsychologie

Wilhelm Wundt (1886)*

*Wundt schrieb die Abhandlung „Über Ziele und Wege der Völkerpsychologie" im Jahre 1886. Er veröffentlichte sie im Band IV der „Philosophischen Studien", als dessen Erscheinungsjahr 1888 angegeben wird. Eine Wiederveröffentlichung in nahezu unveränderter Form erfolgte 1911 in dem Sammelband „Probleme der Völkerpsychologie". Lediglich der vierte Abschnitt („Völkerpsychologische Streitfragen") wurde hinzugefügt. Für die Veröffentlichung im vorliegenden Band wurde die von der Orthographie her leserfreundlichere Fassung von 1911 verwendet. Dagegen griff der Herausgeber in seinem Einleitungsbeitrag (S. 74f., S. 88-98, S. 102) bei Bezugnahmen auf den Wundtschen Aufsatz auf die Version von 1886 zurück.

1. Die Aufgabe der Völkerpsychologie.

Daß neue Wissensgebiete, oder da es solche im strengsten Sinn des Wortes wohl nicht gibt, neue Formen wissenschaftlicher Betrachtung eine Zeitlang um ihre Existenz kämpfen müssen, ist nicht nur begreiflich, sondern vielleicht sogar bis zu einem gewissen Grad nützlich. Empfängt doch die neu aufstrebende Disziplin auf diese Weise den wirksamsten Antrieb, durch tatsächliche Errungenschaften sich ihre Stellung zu sichern und durch die Auseinandersetzung mit Nachbargebieten ihre wirklichen Aufgaben klarer zu erfassen, indem die etwa zu weit gehenden Ansprüche ermäßigt und die berechtigten schärfer begrenzt werden.

So haben wir im Laufe des neunzehnten Jahrhunderts die vergleichende Anatomie von der Zoologie, die Sprachwissenschaft von der Philologie, die Anthropologie von den anatomisch-physiologischen Wissenschaften und von der Ethnologie sich ablösen sehen. Noch haben selbst diese jetzt anerkannten Gebiete nicht überall feste Gestalt gewonnen. In der Darstellung sieht man die vergleichende Anatomie zumeist immer noch die Wege des zoologischen Systems gehen. Die Sprachforscher sind, so unzweifelhaft das Objekt ihrer Untersuchungen zu sein scheint, doch über dessen Stellung zu andern Gegenständen geschichtlicher Forschung keineswegs allgemein einig. Die Anthropologie vollends hat erst seit kurzer Zeit die Naturgeschichte und die von ihr untrennbare Urgeschichte des Menschen als ihr spezifisches Arbeitsfeld in Anspruch genommen. Immerhin erfreuen sich alle diese Gebiete heute schon eines verhältnismäßig gesicherten Besitzstandes. Mögen die Ansichten über ihre Bedeutung und Aufgabe schwanken, - über ihre Existenzberechtigung und relative Selbständigkeit herrscht kaum mehr ein Zweifel.

Ganz anders ist das bei derjenigen Wissenschaft, deren Namen man heute oft genug nennen hört, ohne daß sich immer ein klarer Begriff mit ihm verbände, bei der V ö l k e r p s y - c h o l o g i e . Seit geraumer Zeit sind die Gegenstände, die man unter ihr zu begreifen pflegt, die Kulturzustände, Sprachen, Sitten, religiösen Vorstellungen der Völker, nicht bloß Aufgaben besonderer Wissenszweige, wie der Kultur- und Sittengeschichte, der Sprachwissenschaft und Religionsphilosophie, sondern man hat auch längst das Bedürfnis empfunden, diese Gegenstände in ihrer allgemeinen Beziehung zu der Natur des Menschen zu untersuchen, und sie haben daher zumeist einen Bestandteil a n t h r o p o l o g i s c h e r Betrachtung gebildet. So hat besonders Prichard in seinem jetzt veralteten, aber für die Anthropologie epochemachenden Werke [1] den seelischen Merkmalen der Rassen und Völker die gebührende Aufmerksamkeit gewidmet. Da jedoch die Anthropologie diese Merkmale nur mit Rücksicht auf ihre genealogische und ethnologische Bedeutung untersucht, so bleibt dabei ein Gesichtspunkt unbeachtet, unter dem alle jene geistigen Erscheinungen, die an das Zusammenleben der Menschen gebunden sind, betrachtet werden können, der p s y c h o l o g i s c h e . Wie es nun die Aufgabe der Psychologie ist, den Tatbestand des individuellen Bewußtseins zu beschreiben und in bezug auf seine Elemente und Entwicklungsstufen in einen erklärenden Zusammenhang zu bringen, so muß unverkennbar auch die analoge genetische und kausale Untersuchung jener Tatsachen, die zu ihrer Entwicklung die geistigen Wechselbeziehungen der menschlichen Gesellschaft voraussetzen, als ein Objekt psychologischer Forschung angesehen werden.
In diesem Sinne haben in der Tat Lazarus und Steinthal d i e V ö l k e r p s y c h o l o g i e der i n d i v i d u e l l e n P s y c h o l o g i e gegenübergestellt. Sie sollte eine Ergänzung und notwendige Fortführung der letzteren sein und so mit

---

[1] Researches into the physical history of mankind, deutsch u. d. T. Naturgeschichte des Menschen, nach der 3. Aufl. herausg. V. Rud. Wagner. 4 Bde. Leipzig 1840-1848.

ihr zusammen erst die gesamte Aufgabe der psychologischen Forschung erschöpfen. Da nun aber alle die Einzelgebiete, mit deren Problemen sich hierbei die Völkerpsychologie noch einmal beschäftigt, die Sprachwissenschaft, die Mythologie, die Kulturgeschichte in ihren verschiedenen Verzweigungen, selber bereits bemüht sind, die psychologischen Entwicklungsbedingungen der geistigen Tatsachen zu ermitteln, so wird dadurch die Stellung der Völkerpsychologie zu diesen Einzelgebieten eine einigermaßen fragwürdige, und es regt sich das Bedenken, ob nicht für die Arbeit, die sie sich vorsetzt, überall schon anderweitig gesorgt sei. Betrachten wir, um dieses Bedenken zu prüfen, zunächst das Programm etwas näher, das Lazarus und Steinthal ihrer, der Sammlung völkerpsychologischer Arbeiten bestimmten „Zeitschrift für Völkerpsychologie und Sprachwissenschaft" vorausgeschickt haben.[2]
Dies Programm ist in der Tat so umfassend wie möglich. Nicht nur Sprache, Mythus, Religion und Sitte, sondern auch Kunst und Wissenschaft, die Entwicklung der Kultur im allgemeinen und in ihren einzelnen Verzweigungen, ja selbst das geschichtliche Werden und Vergehen der einzelnen Völker, sowie die Geschichte der ganzen Menschheit sollen Objekte dieser Zukunftswissenschaft sein. Das Ganze ihrer Untersuchungen soll aber in zwei Teile zerfallen: in einen abstrakten, der die allgemeinen Bedingungen und Gesetze des Volksgeistes ohne Rücksicht auf die einzelnen Völker und ihre Geschichte zu erörtern habe, und in einen konkreten, der die einzelnen, wirklich existierenden Volksgeister und ihre besonderen Entwicklungsformen charakterisieren soll. Das Ganze der Völkerpsychologie wird so wieder in eine „v ö l k e r g e s c h i c h t l i c h e P s y c h o l o g i e" und eine „p s y c h o l o g i s c h e E t h n o l o g i e " geschieden.
Lazarus und Steinthal haben die naheliegenden Einwände, die sich gegen dieses Programm erheben lassen, keineswegs übersehen. Zunächst weisen sie die Behauptung zurück, daß alle

---

[2] Im ersten Band der genannten Zeitschr., 1860, S. 1-73.

jene Probleme, die sich die Völkerpsychologie stelle, in der Geschichte und ihren einzelnen Zweigen bereits ihre Erledigung fänden. Der Gegensatz zwar sei der Völkerpsychologie mit diesen Gebieten gemeinsam, nicht aber die Art der Betrachtung. Die Geschichte der Menschheit sei „Darstellung der gewordenen Wirklichkeit im Reiche des Geistes"; sie verzichte auf die Darlegung der in dem geschichtlichen Werden waltenden Gesetze. Wie die beschreibende Naturgeschichte der Ergänzung bedürfe durch die erklärende Naturlehre, Physik, Chemie und Physiologie, so bedürfe daher die Geschichte als eine Art Naturgeschichte des Geistes der Ergänzung durch eine Physiologie des geschichtlichen Lebens der Menschheit, und dies eben sei die Völkerpsychologie. Insoweit die Historiker, insbesondere Kulturhistoriker, Philologen, Sprachforscher, ein psychologisches Verständnis der von ihnen untersuchten Tatsachen zu gewinnen suchen, liefern sie schätzbare Vorarbeiten; aber es bleibe immer noch die Aufgabe, aus den so gewonnenen Tatsachen allgemeine Gesetze zu finden, und hierzu sei erst die Völkerpsychologie berufen.

Diese Ausführungen, welche die Berechtigung und Selbständigkeit der Völkerpsychologie dartun sollen, sind gewiß geeignet, ihrerseits die schwersten Bedenken zu erwecken. Ich bezweifle, daß die Vertreter der Geschichte und der verschiedenen andern Geisteswissenschaften mit der hier ihnen zugedachten Rolle zufrieden sein werden. Im Grunde ist all ihr Tun doch nur dazu bestimmt, einer künftigen Völkerpsychologie Handlangerdienste zu leisten. In der Tat entspricht die Arbeitsteilung, die vorgeschlagen wird, um der Völkerpsychologie ihr Gebiet zu sichern, nicht den wirklichen Verhältnissen. Wohl ist alle Geschichte, wenn man will, „Darstellung der gewordenen Wirklichkeit im Reiche des Geistes". Aber nimmermehr kann eine solche Darstellung auf die Kausalerklärung des Geschehens Verzicht leisten. Neben der umfassenden Berücksichtigung der äußeren Naturbedingungen befleißigt sich daher jede historische Disziplin der psychologischen Interpretation. Ob es freilich jemals gelingen wird, „Gesetze des geschichtlichen

Geschehens" von ähnlichem Charakter wie die Naturgesetze zu finden, mag füglich bezweifelt werden. Wenn dies aber möglich sein sollte, so würde sich ganz gewiß der Historiker nicht das Recht nehmen lassen, sie aus der umfassenden Kenntnis der Tatsachen selbst abzuleiten. Der Vergleich mit der Naturgeschichte ist schon deshalb hinfällig, weil die Gegenüberstellung einer bloß beschreibenden und einer erklärenden Bearbeitung des nämlichen Tatbestandes heute wohl von keinem Naturforscher mehr als richtig zugestanden wird. Zoologie, Botanik, Mineralogie wollen nicht minder wie Physik, Chemie und Physiologie die Objekte ihrer Untersuchung erklären und so viel als möglich in ihren kausalen Beziehungen begreifen. Der Unterschied liegt vielmehr darin, daß jene es mit der Erkenntnis der e i n z e l n e n N a t u r o b j e k t e in ihrem wechselseitigen Zusammenhang, diese mit der Erkenntnis der a l l g e m e i - n e n N a t u r v o r g ä n g e zu tun haben. Einigermaßen ließe sich daher mit diesen abstrakteren Disziplinen die allgemeine Sprachwissenschaft, die vergleichende Mythologie oder die Universalgeschichte in Parallele bringen, mit jenen konkreteren die systematische Untersuchung der Einzelsprachen, der einzelnen Mythologien und die Geschichte der Einzelvölker. Doch drängt sich auch hier die Bemerkung auf, daß Gebiete von so verschiedener Natur ihre besonderen Existenzbedingungen besitzen, die eigentlich jede Vergleichung unzutreffend machen.

Dies verrät sich im vorliegenden Fall besonders in dem viel innigeren Zusammenhang der allgemeinen mit den speziellen Disziplinen der Geisteswissenschaften. Die einzelnen Sprachentwicklungen, Mythologien und Völkergeschichten bilden so unveräußerliche Bestandteile der allgemeinen Sprachwissenschaft, Mythologie und Geschichte, daß beide einander, insbesondere aber die allgemeinen die konkreten Disziplinen voraussetzen. Man kann ein tüchtiger Physiker oder Physiologe sein, ohne in Mineralogie und Zoologie besonders eindringende Kenntnisse zu besitzen, wohl aber fordert hier das konkrete Gebiet die Kenntnis des allgemeinen. Man kann dagegen kein allgemeiner Sprachforscher und Universalhistoriker sein ohne eine gründliche Kenntnis der einzelnen Sprachen und der einzelnen Teile der Geschichte, - ja, hier ist weit eher das Gegenteil des vorigen Falles möglich: die Forschung im einzelnen kann bis zu einem gewissen Grade der Hilfe der allgemeinen Grundlagen entbehren. In der Entwicklung des geistigen Lebens bildet eben das Einzelne in viel unmittelbarer Weise einen Bestandteil des Ganzen als in der Natur. Zerfällt diese in eine Menge von Objekten, die als solche neben den allgemeinen Gesetzen ihrer Entstehung und Veränderung Gegenstände selbständiger Betrachtung sein müssen, so trennt sich die geistige Entwicklung in jedem ihrer Hauptgebiete immer nur in eine große Zahl von Einzelentwicklungen, die integrierende Bestandteile des Ganzen bilden. Darum bleiben der Stoff und die Art der Betrachtung die nämlichen in den Einzelgebieten wie in den allgemeinen Wissenschaften, die sich auf ihnen aufbauen. Der schon in der Naturwissenschaft unzutreffende Gegensatz einer bloß beschreibenden und einer erklärenden Untersuchung der Erscheinungen wird somit hier ganz und gar hinfällig. Wo es sich nur um Unterschiede des Umfangs, nicht des Inhalts der untersuchten Objekte handelt, da kann auch von Verschiedenheiten der wesentlichen Methode oder der allgemeinen Aufgabe nicht mehr die Rede sein. Diese letztere besteht überall nicht bloß in der Schilderung der Tatsachen, sondern zugleich in der Nachweisung ihres Zusammenhangs und, so weit dies nur immer möglich ist, in ihrer psychologischen Interpretation. Wo also hier die Völkerpsychologie mit ihrer Arbeit eintreten möchte: sie findet aller Orten schon die Einzelforschung am Werk, diese Arbeit selber zu leisten.

Immerhin könnte man denken, daß in e i n e r Beziehung noch eine Lücke bleibe, die der Ausfüllung durch eine besonders geartete Forschung bedürfe. Jede einzelne der historischen Wissenschaften verfolgt den Prozeß des geschichtlichen Werdens nur in einer e i n z e l n e n Richtung des geistigen Lebens. So sind Sprache, Mythus, Kunst, Wissenschaft, Staatenbildungen und äußere Schicksale der Völker gesonderte Objekte verschiedener Geschichtswissenschaften. Sollte es nun nicht notwendig sein, alle diese einzelnen Strahlen des geistigen Lebens gleichsam in einem einzigen Brennpunkte zu sammeln, die Resultate aller jener Entwicklungen noch einmal zum Gegenstand einer sie vereinigenden und vergleichenden geschichtlichen Betrachtung zu machen? In der Tat ist das eine Aufgabe, die man auch bisher nicht ganz übersehen hat. Teils hat die allgemeine Geschichte selbst das Bedürfnis empfunden, die verschiedenen Momente der Kultur und Sitte in ihre Schilderung aufzunehmen. Besonders ist aber eine derartig zusammenfassende Betrachtung stets als die wahre Aufgabe einer P h i l o s o p h i e d e r G e s c h i c h t e angesehen worden. Auch Lazarus und Steinthal verkennen die nahe Beziehung, in der das Programm ihrer Völkerpsychologie zu den Aufgaben einer Geschichtsphilosophie steht, keineswegs; aber sie sind der Meinung, man habe hierbei immer nur eine übersichtliche und räsonnierende Darstellung des geistigen Inhalts, eine Art Quintessenz der Geschichte zu geben versucht und nie sein Augenmerk auf die G e s e t z e der geschichtlichen Entwicklung gerichtet.[3] Ich weiß nicht, ob der Vorwurf in dieser Allgemeinheit berechtigt ist. Sowohl Herder wie Hegel, an die wir doch zunächst denken werden, wenn von Philosophie der Geschichte die Rede ist, haben sich bemüht, bestimmte Gesetze der Entwicklung in dem allgemeinen Verlauf der Geschichte nachzuweisen. Wenn sie nach unserer heutigen Meinung zu einem befriedigenden Ergebnisse nicht gelangt sind, so lag dies nicht daran, daß sie keinen Versuch der Verallgemeinerung von Gesetzen gemacht haben, sondern an der Unvollkommenheit oder Zweckwidrigkeit der Hilfsmittel und Methoden, deren sie sich bedienten, also an Bedingungen, die im Grunde jedes Unternehmen auf einem so schwierigen Gebiete zu einem mehr oder weniger transitorischen machen. Wenn jene Geschichtsphilosophen aber insbesondere nicht bestrebt waren, rein p s y c h o l o g i s c h e Gesetze der historischen Entwicklung

---

[3] a. a. O. S. 20, i.d.B. S. 146f.

aufzustellen, so waren sie dabei vielleicht nicht im Unrecht, da die psychischen Kräfte immerhin nur eines der Elemente abgeben, die für den Kausalzusammenhang der Geschichte in Betracht kommen. Denn hier spielen namentlich auch die schon von Hegel über Gebühr mißachteten Naturbedingungen sowie die mannigfachen äußeren Einflüsse, welche die Kultur mit sich führt, eine wichtige Rolle.

2. Das Programm einer historischen Prinzipienwissenschaft.

Sollen wir nun angesichts solcher Bedenken der Völkerpsychologie überhaupt ihre Berechtigung absprechen? Gehören, wie es nach diesen Erörterungen scheinen könnte, ihre Probleme durchgehends in andere Wissensgebiete, so daß eine selbständige Aufgabe für sie nicht mehr übrig bleibt? In der Tat ist diese Folgerung gezogen worden. Insbesondere hat derselben Hermann Paul in seinem verdienstvollen Buche "Prinzipien der Sprachgeschichte" Ausdruck gegeben. Die Gesichtspunkte, von denen aus er zu dieser Ansicht gelangt, sind aber zum Teil andere als die oben geltend gemachten. Paul geht in seinen Erörterungen von einer Zweiteilung aller Wissenschaften in G e s e t z e s w i s s e n s c h a f t e n und in G e s c h i c h t s w i s s e n s c h a f t e n aus.[4] Die ersteren zerfallen in N a t u r l e h r e und P s y c h o l o g i e , die letzteren in die h i s t o r i s c h e n N a t u r w i s s e n s c h a f t e n und die h i s t o r i s c h e n K u l t u r w i s s e n s c h a f t e n . Den Gesetzeswissenschaften sei der Begriff der E n t w i c k l u n g völlig fremd, ja mit ihrem Begriffe unvereinbar; in den Geschichtswissenschaften sei im Gegenteil der Begriff der Entwicklung der alles beherrschende. Dieser Gegensatz beider Gebiete fordere nun aber seine Ausgleichung in einer zwischen

---

[4] Hier ist zunächst die zweite Auflage des Paulschen Werkes, Halle 1886, Einleitung, zugrunde gelegt. In allem Wesentlichen stimmt übrigens die erste 1880 erschienene mit der zweiten überein. Das gleiche gilt von der vierten 1909 erschienenen Auflage.

ihnen stehenden Wissenschaft, der Geschichtsphilosophie oder P r i n z i p i e n w i s s e n s c h a f t. Was Lazarus und Steinthal als Aufgabe der Völkerpsychologie hinstellen, das ist daher nach Paul eben die Aufgabe der Prinzipienwissenschaft, die sich nach ihm in ebenso viele Zweige trennt, als es einigermaßen voneinander gesonderte Gebiete historischer Entwicklung gibt. Das Bestreben aller dieser Prinzipienwissenschaften müsse dahin gerichtet sein nachzuweisen, wie unter der Voraussetzung k o n s t a n t e r Kräfte und Verhältnisse dennoch eine Entwicklung möglich sei. Weil es nur individuelle Seelen gibt, so kann es nach Paul auch nur eine individuelle Psychologie geben. In der an die Verbindung der Individuen gebundenen Kulturentwicklung können keine Kräfte frei werden, die nicht in der einzelnen Seele schon vorhanden sind, und es können daher auch in dieser Entwicklung keine Gesetze zur Geltung kommen, die nicht in der einzelnen Seele schon wirksam sind.

Die Möglichkeit dieses letzten auf die Nichtexistenz einer mythologischen Volksseele gegründeten Einwandes ist nun freilich auch schon von Lazarus und Steinthal nicht übersehen worden. Eine „Psyche des Volkes" im eigentlichen Sinne des Wortes, meinen sie, sei undenkbar. Aber auch für die individuelle Psychologie - so wird dieser selbsterhobene Einwand sofort widerlegt - sei „die Erkenntnis der Seele, d. h. der Substanz und Qualität derselben, keineswegs das Ziel oder auch nur das Wesentliche ihrer Aufgabe". Diese bestehe vielmehr in der „Darstellung des psychischen Prozesses und Progresses, also in der Entdeckung der Gesetze, nach denen jede innere Tätigkeit des Menschen vor sich geht, und in der Auffindung der Ursachen und Bedingungen jedes Fortschrittes und jeder Erhebung in dieser Tätigkeit". Die Psychologie selbst wird daher von den Verfassern auch als „Geisteslehre" bezeichnet, während die „Seelenlehre" vielmehr ein Teil der Metaphysik oder Naturphilosophie sei, sofern man unter „Seele" das Wesen oder die Substanz der Seele an sich, unter „Geist" die Tätigkeit der Seele und deren Gesetze verstehe. In diesem Sinne könne zwar nicht von einer Volksseele, wohl aber von einem V o l k s - g e i s t e ganz ebenso wie vom individuellen Geiste geredet werden, und es stelle sich hiermit die Völkerpsychologie der Individualpsychologie vollkommen gleichberechtigt zur Seite.[5] Selten ist wohl von einem Anhänger des substantiellen Seelebegriffs dessen völlige Unbrauchbarkeit für die psychologische Erklärung unzweideutiger zugestanden worden, als es in diesen Worten der beiden Herbartianer geschieht. Bezeichnenderweise wird die Frage nach der Seelensubstanz aus der Psychologie in die Naturphilosophie verwiesen, die ja in Wahrheit die eigentliche Quelle dieses Begriffes ist, die ihn aber doch sicherlich nicht aus eigenem Bedürfnis gebildet hat, sondern nur weil sie meinte, damit der Psychologie einen Dienst zu leisten. Wird diese Hilfe, wie es hier geschieht, zurückgewiesen, so ist nicht abzusehen, welche Bedeutung jener Begriff überhaupt besitzen soll.[6] Immerhin sieht man, wie gewaltig hier noch der Einfluß metaphysischer Standpunkte bleibt. Lazarus und Steinthal haben tatsächlich die Herbartsche Grundvoraussetzung verlassen, und nur dadurch ist es ihnen möglich geworden zur Idee einer Völkerpsychologie zu kommen. Hermann Paul kehrt zur korrekten Auffassung Herbarts zurück, und da es für diesen nur eine Individualpsychologie geben kann, so spricht er folgerichtig der Völkerpsychologie ihr Recht auf Existenz ab. Aber Lazarus und Steinthal behalten merkwürdigerweise, obgleich sie den Standpunkt Herbarts im Prinzip verlassen, doch dessen einzelne Voraussetzungen bei: sie reden zwar von Entwicklungsprozessen auch in der individuellen Seele, gleichwohl legen sie allen ihren Erklärungen die Herbartsche Idee eines Vorstellungsmechanismus zugrunde, der eigentlich alle Entwicklung ausschließt. Wenn die sämtlichen psychischen Prozesse von den niedersten bis zu den höchsten auf der einförmigen Wiederholung der nämlichen Vorstellungsmechanik beruhen, so müssen die Bedingungen jeder Entwicklung konse-

---

[5] A. a. O. S. 28f., i.d.B. S. 156.
[6] Vgl. meine Logik III, S. 243ff.

quenterweise in äußere zufällige Wechselwirkungen mit der Naturumgebung verlegt werden. So hat denn auch Herbart ganz im Geiste seiner Grundvoraussetzung angenommen, der Unterschied zwischen Mensch und Tier beruhe schließlich nur auf den Unterschieden der körperlichen Organisation und auf den Rückwirkungen, die diese auf die Seele ausübe. Nirgends kommt deutlicher als in diesen Folgerungen der unbewußte Materialismus, der jener ganzen Seelenmetaphysik zugrunde liegt, zum Vorschein. Auch in diesem Punkte bleibt nun Paul der Herbartschen Lehre treu. Die Psychologie ist ihm „Gesetzeswissenschaft", und als solcher ist Entwicklung ein ihr fremder Begriff. Die abstrakten Gesetze, die sie findet, gehen aller geistigen Entwicklung voran: diese ist überall erst ein Produkt der K u l t u r , d. h. der Wechselwirkungen jener Gesetze mit äußeren materiellen Bedingungen und Einflüssen. Mit den Produkten dieser Wechselwirkungen hat es aber die g e - s c h i c h t l i c h e Betrachtung zu tun.
Dennoch wird auch Paul kaum dem Zugeständnis, das Lazarus und Steinthal bereits der psychologischen Untersuchung gemacht haben, entgehen können, daß jene Gesetze, in deren Feststellung ihre Aufgabe als Gesetzeswissenschaft bestehen soll, nicht irgend einem von außen herbeigeholten Seelenbegriff, sondern der inneren Erfahrung selber entnommen werden müssen. Dann wird aber, wie dies jene Forscher bereits eingeräumt, zum eigentlichen Objekt der Psychologie lediglich der T a t b e s t a n d   d e s   p s y c h i s c h e n   G e s c h e - h e n s . Die Seele im Sinne der psychologischen Untersuchung ist kein außerhalb dieses Tatbestandes gelegenes Wesen mehr, sondern sie ist dieser Tatbestand selber; mit andern Worten: jene Unterscheidung zwischen Seele und Geist, die ohnehin schon die erstere aus der Psychologie in die Metaphysik oder gar in die Naturphilosophie verwiesen hatte, wird für die Psychologie völlig gegenstandslos. Nennt sie das Objekt ihrer Untersuchung, dem alten Sprachgebrauch folgend, Seele, so ist diese Seele eben nichts anderes als die Gesamtheit aller inneren Erlebnisse. Nun gibt es unzweifelhaft unter diesen Erlebnissen

solche, die stets einer großen Zahl von Individuen gemeinsam sind, ja für viele psychische Erzeugnisse, wie die Sprache, die mythischen Vorstellungen, ist diese Gemeinschaft geradezu eine Lebensbedingung ihrer Existenz. Es bleibt daher nicht abzusehen, warum wir nicht vom Standpunkte des oben bezeichneten aktuellen Seelenbegriffs aus die gemeinsamen Vorstellungsbildungen, Gefühle und Strebungen mit demselben Rechte als Inhalt einer V o l k s s e e l e ansehen, wie wir unsere eigenen Vorstellungen und als den Inhalt unserer individuellen Seele betrachten, oder warum wir etwa jener Volksseele weniger Realität als unserer eigenen Seele beilegen sollen.

Nun wird man freilich entgegnen, die Volksseele bestehe doch immer nur aus den einzelnen Seelen, die an ihr teilnehmen; sie sei nichts außerhalb der letzteren, und alles, was sie erzeuge, führe darum mit Notwendigkeit auf die Eigenschaften und Kräfte der individuellen Seele zurück. Aber wenn auch selbstverständlich zuzugeben ist, daß die V o r b e d i n g u n g e n zu allem, was eine Gesamtheit hervorbringt, schon in den Mitgliedern derselben gelegen sein müssen, so ist damit doch keineswegs gesagt, daß diese Erzeugnisse auch aus jenen Vorbedingungen vollständig erklärbar sind. Vielmehr ist zu erwarten, daß die Koexistenz einer Vielheit gleichartiger Individuen und die Wechselwirkung, die sie mit sich führt, als eine neu hinzutretende Bedingung auch neue Erscheinungen mit eigentümlichen Gesetzen hervorbringen wird. Diese Gesetze werden zwar niemals mit den Gesetzen des individuellen Bewußtseins in Widerstreit treten können, aber sie werden darum doch in den letzteren ebensowenig schon enthalten sein, wie etwa die Gesetze des Stoffwechsels der Organismen in den allgemeinen Affinitätsgesetzen der Körper enthalten sind. Auf psychologischem Gebiete kommt hier sogar noch das besondere Moment hinzu, daß für alle unsere Beobachtung die Realität der Volksseele eine ebenso ursprüngliche ist, wie die Realität der Einzelseelen, und daß daher der Einzelne nicht nur an den Wirkungen des Ganzen teilnimmt, sondern fast in noch höherem Maße, von der Entwicklung des Ganzen, dem er angehört, abhängt. So fallen beispielsweise die logischen Verbindungen der Vorstellungen schon in das Gebiet individual-psychologischer Untersuchung. Aber es ist einleuchtend, diese Verbindungen sind von der Existenz der Sprache und der in ihr geschehenden Gedankenbildung so gewaltig beeinflußt, daß es vergeblich sein würde, von den Wirkungen solcher Einflüsse bei der Untersuchung des individuellen Bewußtseins zu abstrahieren. Darum bleibt, sofern man sich nur auf den Standpunkt der Tatsachen stellt und von allen für die Untersuchung doch völlig unnützen metaphysischen Hypothesen absieht, der Völkerpsychologie vollständig ihr Recht gewahrt. Im allgemeinen werden die in ihr zu behandelnden Probleme zwar die Individualpsychologie voraussetzen, dagegen wird sie in gar mancher Beziehung ihrerseits wieder, insbesondere bei den komplexen geistigen Vorgängen, auf die Erklärung der individuellen Bewußtseinserscheinungen einen Einfluß gewinnen müssen.

Doch es ist nicht bloß jenes metaphysische Vorurteil, welches der Anerkennung der neuen psychologischen Disziplin im Wege zu stehen scheint, sondern noch zwei andere mehr tatsächliche Gründe werden von Paul in ähnlichem Sinne geltend gemacht. Erstens ist alle Wechselwirkung der Individuen und darum alle Kultur von p h y s i s c h e n Einflüssen mitbedingt; deshalb können die kulturgeschichtlichen Gebiete nicht gleichzeitig Objekte einer rein psychologischen, d. h. nur den seelischen Vorgängen zugewandten Betrachtung sein. Zweitens ist alle Kulturgeschichte E n t w i c k l u n g , die Psychologie aber ist G e s e t z e s w i s s e n s c h a f t , sie hat nur die auf allen Entwicklungsstufen gleichförmig wirksamen geistigen Gesetze festzustellen, nicht die Entwicklung selbst zu verfolgen oder gar abzuleiten.

Gleichwohl kann ich auch diesen beiden Einwänden keine Berechtigung zugestehen, und zwar deshalb, weil der Begriff von Psychologie, der ihnen zugrunde liegt, wie ich meine, ein irriger ist. Zunächst soll diese Psychologie die Gesetze des geistigen Lebens, wie sie an sich selbst sind, also unabhängig von allen physischen Einflüssen feststellen. Aber wo gibt es denn

ein geistiges Geschehen, das von solchen Einflüssen unabhängig, oder das ohne alle Rücksicht auf diese in seinem kausalen Zusammenhang zu begreifen wäre? Von den einfachen Sinnesempfindungen und Sinneswahrnehmungen an bis zu den verwickeltsten Denkprozessen ist unser seelisches Leben an jene Beziehungen zur physischen Organisation gebunden, die wir, solange wir uns auf dem Boden empirisch-psychologischer Betrachtung bewegen, doch wahrlich in nicht anderem Sinne als physische Einwirkungen auffassen müssen, wie wir etwa die Kulturentwicklung in ihren verschiedenen Verzweigungen auf Wechselbeziehungen des geistigen Lebens mit äußeren Naturbedingungen zurückzuführen suchen. Eine Seelenmechanik, welche die Vorstellungen als imaginäre Wesen behandelt, die ihren von physischen Einflüssen völlig unberührten Gesetzen der Bewegung und Hemmung unterworfen sind, ist eine völlig transzendente Wissenschaft, die mit der wirklichen Psychologie, d. h. mit derjenigen, die den Tatbestand des psychischen Geschehens in seinen Bedingungen und Wechselbeziehungen zu begreifen strebt, nichts als den Namen gemein hat.
Nur aus der nämlichen Vorstellung einer imaginären Seelenmechanik heraus, die sich zur wirklichen Psychologie ebenso verhält wie das metaphysische Luftschloß einer Welt an sich zur wirklichen Naturlehre, begreift sich auch der zweite Einwand: die Psychologie sei „Gesetzeswissenschaft", und darum sei ihr der Begriff der Entwicklung fremd, ja er stehe mit ihr im Widerspruch. Es mag sein, daß er mit dem Seelenbegriff, der dieser psychologischen Anschauung als Folie dient, im Widerspruch steht. Aber steht er auch im Widerspruch mit dem wirklichen Seelenleben, wie es uns in seiner durch psychologische Hypothesen unverfälschten Gestalt in den Tatsachen des individuellen Bewußtseins entgegentritt? Ist hier nicht wiederum alles Entwicklung, von der Bildung der einfachsten Sinneswahrnehmungen an bis zu der Entstehung der verwickeltsten Gefühls- und Gedankenprozesse? Hat auch die Psychologie, soweit sie es vermag, diese Erscheinungen auf Gesetze zurückzuführen, so darf sie doch nimmermehr solche Gesetze von den

Tatsachen der geistigen Entwicklung selber loslösen. Einer Psychologie, die dies zustande brächte, wäre schließlich ihr eigentlicher Gegenstand abhanden gekommen. Wir dürfen nie vergessen, daß die „Gesetze", die wir für ein Gebiet von Tatsachen aufstellen, nur so lange eine Berechtigung besitzen, als sie diese Tatsachen wirklich in einen erklärenden Zusammenhang bringen. Gesetze, die dies nicht leisten, sind nicht mehr Förderungsmittel, sondern Hemmnisse der Erkenntnis. Welche der Tatsachen des individuellen wie des allgemeinen geistigen Lebens wäre aber bedeutsamer als eben die der Entwicklung? Auch hier hat, wie ich glaube, die sachgemäße Auffassung der Verhältnisse, wie so oft, unter der Anwendung unzutreffender Analogien notgelitten. Indem man die Mechanik und abstrakte Physik als die Urbilder betrachtet, denen jede erklärende Wissenschaft nacheifern müsse, läßt man die Verschiedenheit der Bedingungen, unter denen die Gebiete stehen, außer acht. Wenn die Psychologie in methodischer Beziehung überhaupt mit irgend einer Naturwissenschaft verglichen werden kann, so kommt ihr sicherlich die Physiologie, und zwar, insofern wir von menschlicher Psychologie reden, die Physiologie des Menschen, viel näher als jene aus der Untersuchung der allgemeinsten und völlig unveränderlichen Eigenschaften der Körperwelt hervorgegangenen Gebiete. Kein Physiologe wird aber zugeben, daß die Frage der Entwicklung des Lebens und seiner Funktionen nicht vor das Forum der Physiologie gehöre, und daß nicht schließlich nach „Gesetzen" gesucht werden müsse, die über diese Entwicklung Rechenschaft geben. Ich meine, was für die Physiologie unbestreitbar ist, das trifft für die Psychologie in noch höherem Maße zu. Bei den physiologischen Vorgängen läßt sich immerhin in manchen Fällen, wo es sich nur um das Verständnis eines gegebenen Mechanismus oder Chemismus innerhalb des lebenden Körpers handelt, von der genetischen Frage abstrahieren. Auf psychologischem Gebiete ist geradezu alles in den Fluß jenes nie rastenden geistigen Werdens gestellt, das im Gebiete des geschichtlichen Werdens in anderen Formen sich äußern mag, aber in seinen

Grundbedingungen schließlich doch übereinstimmt, weil alle geschichtliche Entwicklung in den Grundtatsachen geistiger Entwicklung, die im individuellen Leben hervortreten, ihre Quelle hat. Wenn es hier jemals gelingen soll, die Tatsachen unter Gesetze zu bringen, so werden diese daher nie als zureichende gelten können, wenn sie nicht zu einem großen Teile selbst den Charakter von E n t w i c k l u n g s g e s e t z e n besitzen.

Die Psychologie verhält sich hier nicht anders als jede andere Geisteswissenschaft. Auch die Sprachwissenschaft verzichtet ja, obgleich ihr Objekt fortwährend dem Fluß geschichtlicher Entwicklung unterworfen ist, keineswegs auf die Formulierung empirischer Gesetze. Ob solche Verallgemeinerungen ein engeres oder weiteres Umfangsgebiet besitzen, ist schließlich ein für das Wesen der Sache gleichgültiger Umstand. Die empirischen Gesetze, welche die Sprachwissenschaft findet, sind aber in letzter Instanz samt und sonders Entwicklungsgesetze. Die Gesetze des Lautwandels z. B. stellen fest, wie sich der Lautbestand einer Sprache oder Sprachengruppe im Laufe der Zeit verändert hat. Die Gesetze der Formbildung bestimmen, wie die sprachlichen Formen geworden sind und wie sie sich umgewandelt haben. Wenn die Psychologie gewisse Regelmäßigkeiten des inneren Geschehens als „Gesetze" bezeichnet, die dieses Moment des Werdens nicht unmittelbar erkennen lassen, so bilden diese in Wahrheit nur eine scheinbare Ausnahme. Sie verhalten sich ebenso wie jene grammatischen Gesetze, bei denen man von dem Werden der sprachlichen Laute und Formen abstrahiert, um den Organismus einer gegebenen Sprache in einem bestimmten, als ruhend gedachten Zustande darzustellen, oder wie jene Gesetze der Physiologie, denen man lediglich die im entwickelten menschlichen Organismus vorkommenden Verhältnisse zugrunde legt. So sind gewisse Assoziations- und Apperzeptionsgesetze für eine bestimmte Bewußtseinsstufe von relativ allgemeingültiger Art. Aber jene Stufe selbst steht inmitten einer langen Entwicklungsreihe, und ein psychologisches Verständnis der für sie geltenden Gesetze wird stets die Erkenntnis der niederen Formen des Geschehens voraussetzen, aus denen sie sich entwickelt haben. Das geistige Leben ist im Bewußtsein des Menschen ein anderes als im Bewußtsein der höheren Tiere, ja zum Teil im Bewußtsein des Kulturmenschen ein anderes als in dem des Wilden. Es ist völlig aussichtslos zu erwarten, daß es uns jemals gelingen werde, die Erscheinungen, welche die höhere Stufe bietet, den nämlichen „Gesetzen" vollständig unterzuordnen, denen das geistige Leben der niederen folgt. Dennoch besteht zwischen beiden ein innerer Zusammenhang, der uns, auch abgesehen von allen genealogischen Annahmen, die Aufgabe stellt, die Gesetze der höheren Stufe in gewissem Sinne als die Entwicklungsprodukte der niederen aufzufassen. Alle geistigen Erscheinungen sind eben jenem Fluß des geschichtlichen Werdens unterworfen, bei dem das Vorangegangene zwar immer die Anlagen in sich enthält, aus denen sich die für das Folgende gültigen Gesetze entwickeln werden, wo aber diese Gesetze selbst aus jenen Anlagen niemals erschöpfend vorausbestimmt werden können. Darum kann in einem gegebenen Moment höchstens die R i c h t u n g einer kommenden Entwicklung, nie diese selbst vorausgesagt werden. Ein wesentlicher Grund hierfür liegt aber darin, daß schon bei der Entwicklung der allgemeinen Bewußtseinsfunktionen neben der in den psychischen Tatsachen selbst gegebenen Vorbereitung stets auch noch die Abhängigkeit von äußeren Naturbedingungen eine wichtige Rolle spielt. Diese Abhängigkeit ist es eben, die jene Annahme psychologischer Gesetze, die allen Beziehungen zu der physischen Organisation vorausgehen und die letztere höchstens als Hilfsmittel zu ihren Zwecken verwenden sollen, zu einer unhaltbaren Fiktion macht. Die Psychologie hat es überall mit Entwicklungen zu tun, die genau ebenso wie alle geistigen Vorgänge an die mannigfachen äußeren Beziehungen der Wesen und an die Beziehung zu ihrer eigenen Körperlichkeit geknüpft sind. Ein Herausschälen von Gesetzen, bei denen man von allen diesen Beziehungen abstrahiert, ist daher für die Psychologie genau ebenso unmöglich wie auf irgend einem anderen Gebiete geschichtlichen Werdens. Nur wenn man den Begriff des „Gesetzes" nicht in dem in allen Erfahrungswissenschaften gültigen Sinne der abstrakten Verallgemeinerung gewisser Regelmäßigkeiten der Erfahrung versteht, sondern wenn man ihm die Bedeutung einer aus metaphysischen Voraussetzungen abgeleiteten Norm unterschiebt, der sich die Wirklichkeit aus irgendwelchen Gründen a priori fügen müsse, - nur dann mögen die „Gesetze" jene über allen Bedingungen der Zeit und äußerer Beziehungen stehende Gestalt gewinnen. Aber solche der Psychologie von außen entgegengebrachte, nicht aus ihrem Gegenstand selbst abgeleitete Gesetze haben sich bis jetzt noch immer als unbrauchbar für die Interpretation des psychischen Geschehens erwiesen, obgleich es selbstverständlich an Bemühungen nicht mangelte, sie künstlich mit den Tatsachen in Verbindung zu bringen. Auch dann konnte es freilich nicht ausbleiben, daß gerade das Hauptproblem der Psychologie, die Frage der geistigen Entwicklung, von diesen angeblichen Gesetzen unberührt blieb.

3. Die Hauptgebiete der Völkerpsychologie.

So scheint denn als das schließliche Resultat unserer Erwägungen eine völlige Unsicherheit darüber zurückzubleiben, was als die eigentliche Aufgabe der Völkerpsychologie zu betrachten sei. Auf der einen Seite war nicht zu verkennen, daß das von Lazarus und Steinthal aufgestellte Programm nicht haltbar ist. Jene Scheidung zwischen Beschreibung und Erklärung, die sie annehmen, besteht nirgends zu Recht, und die neue Disziplin, die sie fordern, findet daher überall schon die Plätze besetzt, die sie einzunehmen bestimmt ist. Anderseits aber konnten auch die aus dem Begriff der Psychologie und ihrer Aufgaben geschöpften Einwände gegen die Existenz einer Völkerpsychologie nicht als zutreffend anerkannt werden. Der Abhängigkeit von äußeren Einflüssen und dem Prozeß geschichtlicher Entwicklung ist das Individuum so gut unterworfen wie irgend eine Gesamtheit; eine der Hauptaufgaben der Psychologie wird es daher immer bleiben, jene Wechselwirkungen zu untersuchen und diese Entwicklung begreiflich zu machen. Lassen wir den für die Erfahrung unbrauchbaren metaphysischen Seelenbegriff und die mit ihm zusammenhängende Fiktion von „Gesetzen" beiseite, verstehen wir unter „Seele" lediglich den gesamten Inhalt seelischer Erfahrungen, unter psychischen Gesetzen die an diesen Erfahrungen wahrzunehmenden Regelmäßigkeiten, so ist die „Volksseele" an sich ein ebenso berechtigter, ja notwendiger Gegenstand psychologischer Untersuchung wie die individuelle Seele. Und da es Regelmäßigkeiten des geistigen Geschehens gibt, die an die wechselseitigen Beziehungen der Individuen gebunden sind, so würde die Völkerpsychologie sogar mit demselben Rechte den Anspruch erheben können „Gesetzeswissenschaft" zu heißen wie die Individualpsychologie.

Unter diesen Umständen liegt die Vermutung nahe, das Programm, das Lazarus und Steinthal für die Völkerpsychologie entwickelten, sei nicht deshalb unzutreffend, weil es eine solche Wissenschaft mit selbständigen Aufgaben überhaupt nicht gibt, sondern weil jenes Programm zu weit ist und die Scheidung der wissenschaftlichen Aufgaben in ungeeigneter Weise bestimmt.

In der Tat kann in dieser Beziehung schon die Aufstellung eines b e s o n d e r e n oder k o n k r e t e n Teils der Völkerpsychologie gerechte Bedenken erwecken. Sie soll „die wirklich existierenden Volksgeister und ihre besonderen Entwicklungsformen" behandeln und so eine psychologische Beschreibung und Charakteristik der einzelnen Völker liefern. Nun ist aber ein derartiges Unternehmen die wahre Aufgabe der E t h n o l o g i e , die mit gutem Recht gleichzeitig die physischen und die psychischen Eigenschaften der Völker in ihren wechselseitigen Beziehungen und in ihrer Abhängigkeit von Natur und Geschichte zur Darstellung zu bringen sucht. Die Ablösung des psychologischen Teils dieser Betrachtung kann im Interesse der Arbeitsteilung vorübergehend von Nutzen sein. Niemals kann aber hier eine prinzipielle Sonderung zugestanden werden, wie denn auch diejenigen Forscher, die vorzugsweise das Gebiet der psychologischen Ethnologie bearbeiteten, jene Trennung ausdrücklich ablehnten.[7] Obgleich übrigens die Ethnologie zu einer allgemeinen Schilderung der psychischen Eigenschaften des Menschen zunächst das Material zu liefern hat, und daher jedenfalls eine wichtige Hilfsdisziplin der Völkerpsychologie ist, so steht doch ihr selbst nicht diese, sondern die A n t h r o p o l o g i e als die ihr entsprechende allgemeine Disziplin gegenüber. Auch die Anthropologie hält aber zwischen der physiologischen und der psychologischen Betrachtung des Menschen die Mitte, da sie als Naturgeschichte des Menschen diesen gleichzeitig nach seinen körperlichen und geistigen Eigenschaften ins Auge faßt.

Scheiden wir demnach diese ethnologischen und anthropologischen Aufgaben aus, so umfaßt übrigens, was nach Lazarus und Steinthal als Inhalt des a l l g e m e i n e n Teils der Völkerpsychologie übrig bleibt, immer noch, wie ich glaube, Gebiete, die wenigstens von den grundlegenden Untersuchungen derselben auszuschließen sind. Vor allem ist hier die a l l g e m e i n e   G e s c h i c h t e zu nennen. Für sie ist die Psychologie ein wichtiges Hilfsmittel, da die psychologische Interpretation für jedes tiefere Verständnis geschichtlicher Zusammenhänge unentbehrlich ist. Dagegen kann die Geschichte selbst wegen der komplexen Natur des historischen Geschehens nicht den grundlegenden Gebieten der Völkerpsychologie zugezählt werden. In der Geschichte des einzelnen Volkes besitzen die Vorgänge einen derart singulären Charakter, daß zwar Analogien zwischen verschiedenen Epochen, nicht aber allgemeingültige psychologische Entwicklungsgesetze des Verlaufs im ganzen möglich sind. Innerhalb einer universalgeschichtlichen Betrachtung dagegen verbinden sich die seelischen Motive mit einer Fülle von naturgeschichtlichen und

---

[7] Ich nenne hier namentlich Theodor Waitz in seiner „Anthropologie der Naturvölker". Die Arbeiten von E. B. Tylor, J. G. Frazer u a., fallen, als wesentlich komparativer Natur, mehr der eigentlichen Völkerpsychologie zu.

soziologischen Bedingungen, die weit über das Gebiet der Aufgaben psychologischer Analyse hinausreichen, während alle diese Elemente in ihrer Gesamtheit einer p h i l o s o p h i s c h e n Betrachtung zustreben. Wo man jemals allgemeine Gesetze der historischen Entwicklung zu formulieren versucht hat, da besitzen daher diese, mögen sie nun zutreffend sein oder nicht, stets und mit innerer Notwendigkeit den Charakter p h i l o s o p h i s c h e r Prinzipien. Wo bei ihrer Aufstellung die Völkerpsychologie mitgewirkt hat, wie es notwendig geschehen muß, wenn eine solche Geschichtsphilosophie nicht auf die Irrwege konstruktiver Spekulation geraten soll, da handelt es sich daher um E i n z e l p r o b l e m e . So sind die Fragen nach den Entwicklungsgesetzen der Gesellschaft, der Sitte und des Rechts, der Kunst, der Religion usw. zunächst Probleme der Völkerpsychologie und dann in einem weiteren Zusammenhang erst solche der Geschichtsphilosophie. Unter völkerpsychologische Gesichtspunkte fallen aber diese einzelnen Entwicklungen nur insoweit, als sie bei allen Völkern vermöge der allgemeinen Anlagen der menschlichen Natur wesentlich übereinstimmende Züge bieten. Dies trifft vor allem für die A n f ä n g e des gemeinsamen Lebens zu, während auf den späteren Stufen mit der Zunahme äußerer und innerer singulärer Einflüsse die Mannigfaltigkeit der Entwicklungen die allgemeingültigen psychischen Motive mehr und mehr zurücktreten und in der Gesamtheit der historischen Bedingungen aufgehen läßt. Darum bildet die Völkerpsychologie neben der Individualpsychologie eine Grundlage der Geschichte, nicht umgekehrt; und insoweit gehören Universalgeschichte und Völkerpsychologie nur in dem Sinne zusammen, daß sich beide verbinden müssen, um zu einer philosophischen Betrachtung der historischen Menschheit zu gelangen.

Wesentlich abweichend von der Geschichte verhalten sich im allgemeinen dagegen die Entwicklungen der K u n s t und der W i s s e n s c h a f t .

Die Kunst bildet in ihren Anfängen kein selbständiges Gebiet gemeinsamen Lebens, sondern sie ist so innig verwachsen mit

Mythus und Sitte, daß sie nur in der Betrachtung der allgemeinen Formen, nicht der Grundmotive ihrer Entstehung und ersten Entwicklung von jenen sich sondern läßt. Sind es auch neben äußeren Naturbedingungen technische und frühe schon selbständige ästhetische Motive, die das künstlerische Schaffen bestimmen, so entspringen diese doch zum Teil selbst den mythologischen Trieben, die sich in mimischen und bildlichen Darstellungen oder in Lied und Erzählung objektivieren müssen, wenn sie zu eigenem Leben erwachen sollen. Nicht minder ist die Wissenschaft ursprünglich ganz im mythologischen Denken eingeschlossen, und lange noch wirkt dieses in ihr nach. Dauernder als diese beiden bleibt endlich ein drittes Gebiet gemeinsamen Lebens, die R e l i g i o n mit dem Mythus verwachsen, daher das Problem ihrer Entwicklung aus dem Mythus eines der wichtigsten Probleme der Völkerpsychologie überhaupt ist, das freilich wieder ganz mit dem des Mythus selber zusammenfällt. Diesen drei Gebieten ist aber gemeinsam, daß von dem Augenblick an, wo sie sich von Mythus und Sitte zu scheiden beginnen, um ihnen selbständig gegenüberzutreten, die Einzelpersönlichkeit entscheidender auf die Gesamtentwicklung einzuwirken beginnt, und daß gleichzeitig die singulären Merkmale der Einzelentwicklungen mehr und mehr überwiegen. Hier wird dann die völkerpsychologische von der historischen Betrachtung abgelöst. Insofern aber auch in der letzteren generelle Motive nicht fehlen, die sich zumeist als direkte Fortsetzungen der in den Anfängen menschlicher Geistesentwicklung wirksamen Kräfte betrachten lassen, bleibt der Völkerpsychologie nur noch die Aufgabe, die Richtlinien zu ziehen, die in diese geschichtlichen Differenzierungen der allgemeinen Geistesentwicklung hinüberführen. Hier berührt sie sich daher wieder auf der einen Seite mit der Ästhetik und Religionsphilosophie, auf der andern mit der Philosophie der Geschichte.

Demnach bleiben schließlich d r e i große Gebiete übrig, für die eine spezifisch psychologische Betrachtung gefordert scheint, - drei Gebiete, die, weil ihr Inhalt den Umfang des

individuellen Bewußtseins überschreitet, zugleich die drei Grundprobleme der Völkerpsychologie umfassen: die S p r a c h e , der M y t h u s und die S i t t e .
Auch sie bilden freilich zunächst Objekte einer rein historischen Betrachtung, bei der, wie bei jeder Geschichte, die psychologische Erklärung überall nur als Hilfsmittel der Interpretation in Betracht kommt. Aber von der eigentlichen Geschichte unterscheiden sich jene Gebiete durch den a l l g e m e i n g ü l t i g e n Charakter bestimmter geistiger Entwicklungsgesetze, die in ihnen zur Erscheinung gelangen. Keineswegs in allen Tatsachen tritt dieser Charakter hervor: jede Sprache, jede nationale Mythenbildung und Sittenentwicklung steht unter ihren besonderen, auf keine allgemeingültigen Regeln zurückführenden Bedingungen. Aber neben diesem singulären Charakter, der ihnen wie allem Geschichtlichem zukommt, folgen sie im Unterschiede von den im engeren Sinne historischen Bildungen u n i v e r s e l l e n g e i s t i g e n E n t w i c k l u n g s g e s e t z e n . Dies liegt eben darin begründet, daß die Entwicklung dieser allgemein menschlichen Schöpfungen auf übereinstimmenden geistigen Kräften beruht, deren Wirkungen demnach auch in gewissen allgemeinen Zügen übereinstimmen. Bei der Geschichte findet sich ein analoges Verhältnis nur bei gewissen individuellen Motiven des Handelns, die vermöge der übereinstimmenden menschlichen Natur ebenfalls überall wiederkehren. Aber diese individuellen Motive können es hier wegen der vielfältigen Kreuzungen der Interessen niemals zu einer allgemeingültigen Wirkung auf das Ganze bringen: sie bewahren auch in ihren völkerpsychologischen Resultaten ihren individuellen Charakter. So bleibt die i n d i v i d u e l l e Psychologie der äußeren Völkergeschichte gegenüber immer in der Stellung eines Hilfsmittels, nirgends finden sich hier Gegenstände einer selbständigen psychologischen Forschung.
Ein Wechselverhältnis dieser Art besteht dagegen in vollstem Umfange zwischen jenen drei oben bezeichneten Gebieten und der Psychologie. Auch hier dient natürlich die letztere der In-

terpretation der einzelnen Erscheinungen; anderseits aber sind Sprache, Mythus und Sitte selbst geistige Entwicklungsprodukte, in deren Erzeugung sich eigentümliche psychologische Gesetze betätigen. Zu ihnen enthalten zwar die Eigenschaften des individuellen Bewußtseins die letzten Motive, ohne daß jedoch in diesen jene Gesetze selbst schon vorgebildet sind. Denn indem sie eine **geistige Wechselwirkung der Individuen** voraussetzen, überschreiten sie den Umfang und die Fähigkeiten des Einzelbewußtseins. Sie sind Formen des Geschehens, die durchaus neue, von der individuellen Psychologie nicht vorauszusehende Bedingungen mit sich führen. Alle jene aus der Gemeinschaft des geistigen Lebens hervorgehenden Entwicklungen bilden so die Probleme einer selbständigen psychologischen Untersuchung, für die man den Namen der **Völkerpsychologie** zweckmäßig deshalb beibehalten wird, weil die Volksgemeinschaft der weitaus wichtigste der Lebenskreise ist, in denen sich ein geistiges Gesamtleben entwickeln kann. Die Völkerpsychologie ihrerseits ist aber ein Teil der allgemeinen Psychologie und ihre Resultate bieten vielfach auch für die individuelle Psychologie wertvolle Aufschlüsse, weil Sprache, Mythus und Sitte als Erzeugnisse des Gesamtgeistes zugleich ein Material abgeben, aus dem auf das geistige Leben der einzelnen zurückgeschlossen werden kann. So werfen z. B. die Erscheinungen der Sprache, die an sich nur als eine Schöpfung des Gesamtgeistes zu begreifen ist, doch ein helles Licht auf die psychologische Gesetzmäßigkeit des individuellen Denkens. Die Erscheinungen der Mythenentwicklung sind vorbildlich für die Schöpfungen der individuellen Phantasie, und die Geschichte der Sitte beleuchtet die Entwicklung der individuellen Motive des Willens. Wie also auf der einen Seite die Individualpsychologie zur Aufhellung völkerpsychologischer Probleme dient, so gewinnen anderseits die völkerpsychologischen Tatsachen den Wert eines zur Erklärung der individuellen Bewußtseinserscheinungen überaus wertvollen objektiven Materials.

Gegen die Stellung, die wir hiermit der Völkerpsychologie als einer selbständig neben der Individualpsychologie stehenden, mit deren Hilfe arbeitenden, aber ihr wiederum hilfreichen Disziplin anweisen, kann die Tatsache, daß Sprache, Mythus und Sitte auf diese Weise gleichzeitig zu Objekten verschiedener Wissenschaften werden, der Sprach-, Mythen- und Sittengeschichte sowohl wie der Völkerpsychologie, nicht als irgend berechtigter Einwand gelten. Ist doch solche Doppelheit der Betrachtung auch anderwärts nichts Ungewöhnliches. In Geologie und Paläontologie, Anatomie und Physiologie, Philologie und Geschichte, Kunstgeschichte und Ästhetik, im System einer Wissenschaft und in ihrer Methodik, - hier überall sind den einander koordinierten Formen wissenschaftlicher Bearbeitung die Objekte ganz oder teilweise gemeinsam, nur der Gesichtspunkt ist ein anderer, unter dem die Probleme behandelt werden. Selbst das individuelle Leben kann ja in ähnlichem Sinne Gegenstand einer doppelten Betrachtungsweise sein: es kann einmal in seiner singulären Natur und in seinem spezifischen, nur ihm eigentümlichen Entwicklungsgang aufgefaßt werden, dann ist es Gegenstand der B i o g r a p h i e , dieser beschränktesten, und doch, sofern nur das zu schildernde Leben einen bedeutsamen Inhalt hat, keineswegs unwichtigsten Form der Geschichte. Die individuellen Erlebnisse können aber auch in bezug auf ihren allgemeingültigen Wert, auf die geistigen Gesetze, die in ihnen zur Äußerung kommen, untersucht werden, - dann tritt das Einzelleben unter den Gesichtspunkt der Individualpsychologie, für die der spezifische Wert dieses Einzellebens ganz außer Betracht bleibt, da sie in dessen einzelnen Erlebnissen nur einen Stoff sieht, in dem sich ihr allgemeine geistige Entwicklungsgesetze enthüllen.
Vollkommen dem analog ist nun das Verhältnis der V ö l - k e r g e s c h i c h t e zur V ö l k e r p s y c h o l o g i e . Wie die psychologische Untersuchung des Einzellebens alle die Momente desselben, die nur eine singuläre Bedeutung besitzen, außer Betracht läßt, so auch die Völkerpsychologie. Nur hat sich hier innerhalb der geschichtlichen Bearbeitung selbst

schon eine vorbereitende Scheidung der Gebiete vollzogen, indem sich die Entwicklung jener allgemeinen Grundlagen des menschlichen Gesamtlebens, der gemeinsamen Sprache, des gemeinsamen Vorstellungskreises und der allgemeingültigen Willensnormen, von der Schilderung der äußeren Schicksale der Völker und ihrer Ableitung aus inneren Ursachen als dem Objekt der eigentlichen Geschichte gesondert hat. Aber auch nach dieser Scheidung bleibt die geschichtliche Darstellung der allgemeinen Elemente des Völkerlebens noch eine von ihrer psychologischen Erforschung wesentlich verschiedene Aufgabe: die erstere betrachtet sie in ihrer historischen Bedingtheit und darum im Zusammenhang mit der ganzen äußeren und inneren Geschichte der Völker; die zweite untersucht sie lediglich im Hinblick auf die allgemeinen geistigen Entwicklungsgesetze, die an ihnen zum Ausdruck gelangen. So hat für die geschichtliche Betrachtung die Vergleichung mythischer Vorstellungskreise, die außerhalb jedes nachweisbaren historischen Zusammenhangs stehen, höchstens insofern einen Wert, als daraus etwa trotzdem auf übereinstimmende geschichtliche Bedingungen zurückgeschlossen werden kann: für die völkerpsychologische Untersuchung ist umgekehrt die Übereinstimmung im Einzelnen vornehmlich dann von Bedeutung, wenn eine Entstehung unter ähnlichen, aber geschichtlich unabhängigen Bedingungen nachgewiesen werden kann. Darum ergänzen sich zugleich beide Gebiete. Alles Allgemeingültige ist ursprünglich der Beobachtung als ein Singuläres gegeben: es kann erst aus dem Fluß des Einzelgeschehens durch die Vergleichung zahlreicher Entwicklungen von übereinstimmendem Charakter gewonnen werden. Und ebenso erheben sich alle singulären Erlebnisse auf der Grundlage allgemeiner Eigenschaften des Volksgeistes, ganz wie das individuelle Leben die Eigenschaften des Einzelbewußtseins voraussetzt. Darum schöpft die Völkerpsychologie aus der Geschichte, um sich ihrerseits wieder der letzteren als eine ihrer wichtigsten Grundlagen zur Verfügung zu stellen.

Kaum bedarf es hiernach einer näheren Ausführung an Beispielen, wie verschieden sich die historische und die psychologische Betrachtung gegenüber jenen Gegenständen, die ihnen gemeinsam sind, gestalten. Für die Sprachgeschichte sind die Entwicklung und allmähliche Veränderung der Laute, der grammatischen Formen, die Scheidung der Redeteile, der Bedeutungswandel der Wörter und die in ihm sich ausprägende Differenzierung und Wandlung der Begriffe Bestandteile einer zusammengehörigen geschichtlichen Entwicklung, die ihren Wert auch dann behält, wenn sie in der beobachteten Form nur einmal vorgekommen sein sollte. Die Psychologie der Sprache erblickt in allen diesen Vorgängen Erscheinungsformen des geistigen Gesamtlebens, die für sie nur insoweit ein Interesse besitzen, als sie auf allgemeingültige psychologische Gesetze zurückgeführt werden können. Wenn das Wort „König" mit dem gotischen Wort „Kuni", Geschlecht, zusammenhängt und danach, die Endung patronymisch gefaßt, einen „Mann von Geschlecht" bedeutet, so mag dies für den Historiker insofern bedeutsam sein, als es auf eine Urzeit zurückweist, in welcher ein Geburtsadel die Herrschaft führte; für den Psychologen steht die Frage im Vordergrund, auf welcher auch in andern ähnlichen Beispielen zum Ausdruck kommenden Bewegung der Vorstellungen dieser Übergang beruhe, und er wird so den einzelnen Fall als die Exemplifikation eines allgemeinen Gesetzes des Wandels der Vorstellungen im Volksgeiste darzustellen suchen. Den Historiker werden die mannigfachen Sitten, die bei deutschen und slavischen Völkern auf einen dereinst weit verbreiteten Kultus von Baum-, Wald- und Feldgeistern hinweisen, als Zeugnisse früherer Religionsanschauungen und Kulturzustände interessieren; das Vorkommen ähnlicher Kulte bei den alten und bei manchen orientalischen Völkern wird er als wertvolle Spuren vorgeschichtlicher Beziehungen beachten. Für den Psychologen dagegen entsteht die ganz andere Frage, welche allgemeingültigen Bedingungen der Entstehung jenen eigentümlichen Kultvorstellungen zugrunde liegen, und welchen psychologischen Ursachen sie hinwiederum ihre lange

Fortdauer unter völlig geänderten Kulturzuständen sowie die damit Hand in Hand gehenden, in ihren wesentlichsten Zügen überall gleichartigen Umwandlungen verdanken. Und auch hier wird die psychologische Untersuchung schließlich bemüht sein, solche Vorgänge auf allgemeingültige Entwicklungsgesetze zurückzuführen.

Wieder kommen wir aber bei dem Versuch, die Gebiete auszumessen, für welche in dieser Weise der historischen eine psychologische Untersuchung parallel gehen kann, auf S p r a c h e , M y t h u s und S i t t e als auf diejenigen zurück, die den hier erforderlichen Charakter allgemeiner Gesetzmäßigkeit mit dem dem individuellen wie dem Völkerleben eingeprägten Charakter geschichtlicher Entwicklung verbinden. Die S p r a c h e enthält die allgemeine F o r m der in dem Volksgeiste lebenden Vorstellungen und die Gesetze ihrer Verknüpfung. Der M y t h u s birgt den ursprünglichen I n h a l t dieser Vorstellungen in seiner Bedingtheit durch Gefühle und Triebe. Die S i t t e endlich schließt die aus diesen Vorstellungen und Trieben entsprungenen a l l g e m e i n e n W i l l e n s r i c h t u n g e n in sich. Wir verstehen darum hier Mythus und Sitte in jenem weiteren Sinne, in welchem der erstere die ganze p r i m i t i v e W e l t a n s c h a u u n g enthält, wie sie unter dem Einflusse der allgemeinen Anlagen der menschlichen Natur vor dem Beginn des wissenschaftlichen Denkens entstanden ist, während die Sitte zugleich alle jene Anfänge der R e c h t s o r d n u n g umfaßt, die der planmäßigen Rechtsbildung als einem historischen Vorgang vorausgehen.

So wiederholen sich in Sprache, Mythus und Sitte gleichsam auf einer höheren Stufe die Elemente, aus denen sich der Tatbestand des individuellen Bewußtseins zusammensetzt. Dabei führt aber der Wechselverkehr der Einzelgeister, aus deren gemeinsamen Vorstellungen und Strebungen die Volksseele besteht, neue Bedingungen mit sich. Sie sind es, die Sprache und Mythus als zwei Erscheinungsweisen des Volksgeistes hervortreten lassen, die sich annähernd wie Form und Inhalt

zueinander verhalten. Die Sprache gibt dem geistigen Lebensinhalt jene nach außen tretende Form, durch die er erst zu einem gemeinsamen werden kann. In der Sitte endlich betätigt sich dieser gemeinsame Inhalt in übereinstimmenden Willensmotiven. Doch wie bei der Betrachtung des Einzelbewußtseins Vorstellen, Fühlen und Wollen nicht als getrennte Kräfte angesehen werden dürfen, sondern als die in sich untrennbaren Bestandteile eines und desselben inneren Geschehens: so bilden auch Sprache, Mythus und Sitte allgemeine geistige Erscheinungen, die auf das innigste miteinander verwachsen sind, so daß sich die eine ohne die andere nicht denken ließe. Die Sprache ist nicht bloß das Hilfsmittel, das die individuellen geistigen Kräfte zur Einheit sammelt, sondern sie nimmt an dem Inhalt, den sie zum Ausdruck bringt, lebendigen Anteil, und sie ist selbst ganz und gar von jenem mythologischen Denken erfüllt, das ursprünglich ihren Inhalt bildet. Nicht minder sind Mythus und Sitte überall miteinander verwachsen. Sie verhalten sich wie das Motiv und die Tat: die Sitte gibt den Lebensanschauungen, die der Mythus in sich birgt und die Sprache zu einem gemeinsamen Besitz macht, in Handlungen Ausdruck. Und diese Handlungen wirken ihrerseits erhaltend und weiterbildend auf die Vorstellungen zurück, aus denen sie entsprungen sind. Neben der Untersuchung der einzelnen Funktionen der Volksseele wird daher die Erforschung dieser Wechselwirkung eine wichtige Aufgabe der Völkerpsychologie sein.
Natürlich konnte nun der fundamentale Unterschied, den die Geschichte von Sprache, Mythus und Sitte andern geschichtlichen Entwicklungen gegenüber bietet, der Beachtung nicht völlig entgehen. Bei der Sprache hat man bisweilen diesen Unterschied darin zu finden geglaubt, daß ihre Entwicklung nicht sowohl ein geschichtlicher als ein n a t u r g e s c h i c h t l i c h e r Prozeß sei. Dieser Ausdruck ist zwar kein ganz glücklicher; immerhin liegt ihm das Bewußtsein zugrunde, Sprache, Mythus und Sitte seien in den Hauptmomenten ihrer Entwicklung dem bewußten Einflusse individueller Willensakte entzogen, so daß sie als unmittelbare Erzeugnisse des gesamten

Volksgeistes erscheinen, an denen der Wille einzelner immer nur unwesentliches ändern kann. Diese Eigentümlichkeit liegt aber freilich nicht sowohl in einer wirklichen Unabhängigkeit von den Einzelgeistern begründet als vielmehr in dem Umstande, daß deren Einflüsse hier unendlich viel zersplitterter und darum unsichtbarer wirksam sind als in der Geschichte des politischen und der höheren Entwicklungsformen des geistigen Lebens. Doch diese Unsichtbarkeit der individuellen Wirkungen bringt es zugleich mit sich, daß jede von ihnen nur da von dauerndem Erfolg sein kann, wo sie den in der Gemeinschaft selbst schon wirksamen Strebungen entgegenkommt. Hierdurch gewinnen nun diese in die Anfänge des menschlichen Daseins zurückreichenden geschichtlichen Entwicklungen allerdings eine gewisse Verwandtschaft mit Naturprozessen, insofern sie aus allverbreiteten Naturtrieben zu entspringen scheinen. Die Willensimpulse sind eben hier zu Totalkräften geworden, die auch in der Unwiderstehlichkeit ihrer Wirkungen eine gewisse Ähnlichkeit mit blinden Naturkräften annehmen. Da auf solche Weise diese primitiven Erzeugnisse des Gesamtwillens die Resultanten allverbreiteter geistiger Kräfte sind, so erklärt sich daraus aber auch der allgemeingültige Charakter, den die Erscheinungen in gewissen Grundformen des Geschehens an sich tragen, und der sie eben nicht bloß zu Objekten historischer Betrachtung macht, sondern ihnen zugleich den Wert allgemeiner Erzeugnisse des menschlichen Gesamtgeistes verleiht, die eine psychologische Untersuchung fordern.
Mag es daher auf den ersten Blick befremdend erscheinen, daß gerade Sprache, Mythus und Sitte als die Hauptprobleme der Völkerpsychologie herausgegriffen werden, so wird, glaube ich, dieses Befremden schwinden, wenn man erwägt, daß eben der Charakter der Allgemeingültigkeit der fundamentalen Erscheinungsformen vornehmlich auf jenen Gebieten anzutreffen ist, bei den übrigen nur insoweit, als sie noch in sie zurückreichen. Gegenstand einer psychologischen Betrachtung, die in ähnlichem Sinne das Völkerbewußtsein wie die individuelle Psychologie das Einzelbewußtsein zu ihrem Inhalt hat, kann ja

naturgemäß nur das sein, was für das erstere einen ebenso allgemeingültigen Wert besitzt, wie die von der Individualpsychologie untersuchten Tatsachen für das Einzelbewußtsein. In Wahrheit sind darum Sprache, Mythus und Sitte keineswegs bloße Bruchstücke aus dem Zusammenhang des Volksgeistes, sondern sie s i n d dieser Volksgeist selbst in seiner von den individuellen Einflüssen singulärer geschichtlicher Entwicklungen verhältnismäßig noch unberührten Gestalt.

4. Völkerpsychologische Streitfragen.

Es ist, wie oben bemerkt, das Schicksal neuer Forschungsgebiete und Arbeitsmethoden, daß sie sich ihre Stellung neben den altangesehenen Disziplinen, die sich eines von keiner Seite mehr angefochtenen Besitzstandes erfreuen, allmählich erkämpfen müssen. Und es ist ein Glück, daß dem so ist. Denn die Abwehr fremder Ansprüche und die Ausgleichung widerstreitender Interessen ist schließlich auch in der Wissenschaft das beste Mittel, um den bereits erworbenen Besitz zu sichern oder neue Rechtsansprüche zu begründen.

Der Völkerpsychologie ist dieser Kampf von Anfang an in doppelter Weise beschieden gewesen. Ihr ist nicht nur ihr Existenzrecht überhaupt bestritten worden, sondern jede der Hauptfragen ihres Gebietes ist, als sie ins Leben trat, bereits als strittige Frage von ihr übernommen worden, so daß man fast von ihr sagen könnte, sie sei aus dem Streben hervorgegangen, einen neuen, womöglich erfolgreicheren Weg zur Lösung uralter Probleme zu finden. Darum hängt jene ablehnende Haltung gegen die neue Wissenschaft zum Teil mit der Zurückweisung der von ihr aufgenommenen Probleme eng zusammen. Wer die Fragen nach den ursprünglichen Motiven der Entstehung von Sprache, Mythus und Sitte für unlösbar erklärt, weil sie allen geschichtlichen Dokumenten, die zu ihnen zurückreichen könnten, unzugänglich sind, der ist natürlich geneigt, die Völkerpsychologie überhaupt abzulehnen und alles, was sie für sich in Anspruch nimmt, teils der Geschichte, teils, soweit diese nicht ausreicht, wohl auch der Individualpsychologie zuzuweisen. Im folgenden sollen sich daher dem obigen Versuch, die allgemeine Berechtigung völkerpsychologischer Betrachtung nachzuweisen und ihre Hauptaufgaben abzugrenzen, einige kritische Erörterungen anschließen, die solche umstrittene Probleme berühren.

Drei Fragen sind es, die zu dem Ende hier herausgegriffen werden. Die erste* berührt sich nahe mit dem alten Problem des Ursprungs der Sprache. Ob Schallnachahmungen und Lautmetaphern eine allgemeine, das Leben der Sprache in allen seinen Stadien begleitende und in den natürlichen Bedingungen ihrer Entwicklung begründete, oder ob sie eine erst spät hervortretende, ihrem Wesen nach sekundäre Erscheinung sind, hinter dieser Streitfrage verbirgt sich in der Tat mehr, als es auf den ersten Blick scheinen mag, die allgemeinere nach dem Ursprung nicht bloß der Sprache, sondern der geistigen Gemeinschaftserzeugnisse überhaupt. Ob φύσει oder θέσει, das ist im Grunde die Alternative, um die sich hier ein Kampf der Meinungen bewegt, in welchem sich, meist ohne es sich selbst recht einzugestehen, die Vertreter einer rein historischen Forschung der Seite des θέσει zuneigen. Die Tendenz, die Geschichte zur einzigen Richterin über das zu machen, was der Mensch geworden ist und was er geschaffen hat, erzeugt hier die Neigung, den Anfang der Geschichte für den Anfang der Dinge zu halten. Indem aber in den Lauf der Geschichte von frühe an handelnde Personen eingreifen, nähert diese Tendenz ihre Vertreter immer wieder der alten, offiziell verpönten, jedoch in den Maximen, denen man folgt, und in den Folgerungen, zu denen diese führen, Konsequenzen, festgehaltenen Erfindungstheorie. Das ist ein Standpunkt, den die psychologische Betrachtung als einen unmöglichen zurückweisen muß, und mit dessen Annahme sie ihre eigene Berechtigung verneinen würde. In anderer Weise reflektiert sich der nämliche Gegensatz in einer nicht minder über alle Gebiete des gemeinsamen Lebens sich erstreckenden Form in einer zweiten Frage.

Ist die geistige Kultur von ihren primitiven Anfängen an, und sind die Wandlungen ihrer Erzeugnisse jeweils nur von einem einzigen Zentrum, schließlich vielleicht sogar nur von einem einzigen Individuum ausgegangen? Oder ist dies nur ein Grenzfall, dem als die reguläre Erscheinung ein in der Gemeinschaft als solcher begründeter Ursprung gegenübersteht? Der zweite** der folgenden Beiträge versucht es, diese Frage an konkreten, hauptsächlich wieder der Sprache entnommenen Beispielen zu beleuchten. Der dritte*** dieser Aufsätze wagt sich auf das wichtigste der Gebiete gemeinsamen Lebens, auf das der Religion. Müssen wir uns, um Wesen und Ursprung der Religion zu begreifen, ausschließlich an die subjektiven Erlebnisse des religiösen Einzelbewußtseins wenden? Oder hat nicht vielmehr die Untersuchung der allgemeinen religiösen Entwicklungen das Verständnis jener Sondererscheinungen zu vermitteln? Hier reichen sich die pragmatische Philosophie Amerikas und Englands, deren Losung auch im Gebiet der Wissenschaft das utilitarische Prinzip der möglichst einfachen Bedürfnisbefriedigung ist, und eine ihr verwandte Richtung der modernen deutschen Theologie die Hand zum Bunde. Auf der andern Seite steht die Völkerpsychologie, die sich bemüht, gestützt auf die Ethnologie und die vergleichende Religionswissenschaft, den allgemeinen Bedingungen der Glaubens- und Kultusformen nachzugehen.

Auf diese Weise ist es das individualistische Prinzip, in dem schließlich alle diese der völkerpsychologischen Betrachtung gegenüberstehenden Richtungen übereinstimmen: die des Sprach- oder Mythenforschers, der alle an den Ursprung geistiger Schöpfungen irgendwie von ferne rührenden Fragen ablehnt, des Historikers, der diese Schöpfungen auf ein einziges Individuum oder wenigstens auf eine beschränkte Zahl von Individuen zurückführt, und endlich des Religionsphilosophen, dem die Religion eine einmalige, aber in religiös erweckten Einzelpersönlichkeiten sich wiederholende Schöpfung ist. Indem die Völkerpsychologie gegen diesen einseitig individualistischen Standpunkt streitet, kämpft sie zugleich um ihre eigene

Berechtigung, die von jeder dieser Seiten grundsätzlich verneint wird.

* Zum Ursprung der Sprache. In: Probleme der Völkerpsychologie. Leipzig, Wiegandt, 1911, S. 36-50.
** Der Einzelne und die Volksgemeinschaft. In: Probleme der Völkerpsychologie. Leipzig, Wiegandt, 1911, S. 51-83.
*** Pragmatische und genetische Religionspsychologie. In: Probleme der Völkerpsychologie. Leipzig, Wiegandt, 1911, S. 84-120.

Völkerpsychologie.
Eine Untersuchung der Entwicklungsgesetze von Sprache, Mythus und Sitte

Einleitung

Wilhelm Wundt (1900)

I. Begriff und Aufgabe der Völkerpsychologie.

Die Psychologie in der gewöhnlichen und allgemeinen Bedeutung dieses Wortes sucht die Thatsachen der unmittelbaren Erfahrung, wie sie das subjective Bewusstsein uns darbietet, in ihrer Entstehung und in ihrem wechselseitigen Zusammenhange zu erforschen. In diesem Sinne ist sie **Individualpsychologie**. Sie verzichtet durchgängig auf eine Analyse jener Erscheinungen, die aus der geistigen Wechselwirkung einer Vielheit von Einzelnen hervorgehen. Eben deshalb bedarf sie aber einer ergänzenden Untersuchung der an das Zusammenleben der Menschen gebundenen psychischen Vorgänge. Diese Untersuchung ist es, die wir der **Völkerpsychologie** als ihre Aufgabe zuweisen.
Nun kann schon die allgemeine Psychologie nicht ganz an der Thatsache vorübergehen, dass das Bewusstsein des Einzelnen unter dem Einflusse seiner geistigen Umgebung steht. Ueberlieferte Vorstellungen, die Sprache und die in ihr enthaltenen Formen des Denkens, endlich die tief greifenden Wirkungen der Erziehung und Bildung, sie sind Vorbedingungen jeder subjectiven Erfahrung. Diese Verhältnisse bedingen es, dass zahlreiche Thatsachen der Individualpsychologie erst von der Völkerpsychologie aus unserem vollen Verständnisse zugänglich werden. Gleichwohl bleibt diese das speciellere, in wesentlichen Beziehungen von jener abhängige Gebiet. Denn die Erscheinungen, mit denen sie sich beschäftigt, können schließlich nur aus den allgemeinen Gesetzen des geistigen Lebens erklärt werden, wie sie schon in dem Einzelbewusstsein auf jeder Stufe seiner Entwicklung wirksam sind. Unmöglich aber kann durch eine Vereinigung von Menschen ein geistiges Erzeugniss entstehen, zu dem nicht in den Einzelnen die Anlagen vorhanden wären.

Kann hiernach die Völkerpsychologie mit einem gewissen Rechte eine a n g e w a n d t e Psychologie genannt werden, so ist jedoch der Ausdruck "angewandt" hier in einem wesentlich andern Sinne zu verstehen, als in dem man etwa von einer angewandten Physik und Chemie oder auch von der Pädagogik als einer angewandten Psychologie redet. Dies liegt schon darin ausgesprochen, dass die Völkerpsychologie von den allgemeinen psychologischen Erfahrungen zu keinerlei praktischen Zwecken Gebrauch macht, sondern dass sie, ebenso gut wie die Individualpsychologie, selbst eine rein theoretische Wissenschaft ist. Der Ursprung und die Entwicklung der Sprache, die Bildung mythologischer und religiöser Vorstellungen, die Entstehung von Sitten und sittlichen Gefühlen - die Behandlung dieser Probleme dient unmittelbar nur den Interessen der Psychologie selbst und der mit ihr zusammenhängenden theoretischen Geisteswissenschaften. Von diesem Gesichtspunkte aus besteht daher die Völkerpsychologie nicht sowohl in einer Anwendung als vielmehr in einer A u s d e h n u n g der von der Individualpsychologie ausgeführten Untersuchungen auf die sociale Gemeinschaft. Diese Ausdehnung auf Erscheinungen, bei deren Entstehung neben den subjectiven Eigenschaften des menschlichen Bewusstseins noch die besonderen Bedingungen des gemeinsamen Lebens in Betracht kommen, bringt es zugleich mit sich, dass die Völkerpsychologie bestimmte, ihr ausschließlich angehörende Gebiete psychischer Thatsachen zu erforschen hat, Gebiete, die von der allgemeinen Psychologie bei ihrer gewöhnlichen Begrenzung in der Regel ausgeschlossen bleiben.

Indem auf diese Weise die Völkerpsychologie den Menschen in allen den Beziehungen, die über Grenzen des Einzeldaseins hinausführen, und die auf die geistige Wechselwirkung als ihre allgemeine Bedingung zurückweisen, zum Gegenstande ihrer Untersuchungen nimmt, bezeichnet nun freilich jener Name nur unvollständig und einseitig den Inhalt dieser Wissenschaft. Der Einzelne ist nicht bloß Mitglied einer Volksgemeinschaft. Als nächster Kreis umschließt ihn die Familie; und durch den Ort, den Geburt und Lebensschicksale ihm anweisen, durch Beruf und Beschäftigung, durch Neigung und Interessen befindet er sich in noch andern, mannigfach sich durchkreuzenden Verbänden, deren jeder wieder von der erreichten besonderen Culturstufe mit ihren Jahrtausende alten Errungenschaften und Erbschaften abhängt. Alles das wird durch den Ausdruck "Völkerpsychologie" natürlich nur unvollkommen angedeutet, und es könnte darum sinngemäßer scheinen, der individuellen eine "sociale" Psychologie gegenüberzustellen. Doch würde dieser Name wegen der besonderen Bedeutung, den man dem Begriff der "Gesellschaft" im Unterschiede von der staatlichen Gemeinschaft und zum Theil sogar im Gegensatze zu dieser angewiesen hat, leicht Missverständnissen begegnen. Auch ist das V o l k jedenfalls der wichtigste der Lebenskreise, aus denen die Erzeugnisse gemeinsamen geistigen Lebens hervorgehen. Wir werden daher die Bezeichnung "Völkerpsychologie" hier um so mehr beibehalten können, als sie in einem dem hier angewandten annähernd entsprechenden Sinne nun einmal eingeführt ist. Allerdings pflegt man dabei, von der unmittelbaren Bedeutung des Wortes ausgehend, mit jenem Namen noch einen specielleren Begriff zu verbinden, indem man darunter oft sogar vorzugsweise eine Analyse der geistigen Eigenthümlichkeiten der e i n z e l n e n V ö l k e r u n d R a s s e n versteht. Diese soll die physische Völkerkunde nach der psychischen Seite hin derart ergänzen, dass durch beide ein Bild der gesammten psychophysischen Eigenthümlichkeiten der einzelnen Volksstämme gewonnen werde. Eine specielle Völkerpsychologie in diesem Sinne will also für die Volkstypen das nämliche leisten, was eine allgemeine Charakterologie für die individuellen Variationen der geistigen Anlagen des Menschen versucht. Demnach sind es vorwiegend Gesichtspunkte der Individualpsychologie, die hier maßgebend werden. Wie man bei statistischen Untersuchungen für eine größere Anzahl von Gegenständen Durchschnittswerthe aufstellt, auf die sich unter gewissen Bedingungen der Begriff eines mittleren Gegenstandes gründen lässt, so soll auch hier

aus den in der Regel zu beobachtenden Geisteseigenschaften gewissermaßen ein mittleres Individuum construirt werden, auf das man dann zunächst die Betrachtungen der Individualpsychologie anwendet, um diese etwa nachträglich durch besonders bedeutsame völkerpsychologische Züge zu ergänzen. Eine nach diesem Plane ausgeführte psychische Ethnologie ist nun zweifellos, neben Sprachwissenschaft, Mythen- und Sittengeschichte, ein wichtiges Hülfsgebiet der eigentlichen Völkerpsychologie; ihre Aufgaben sind aber so wesentlich von denen der letzteren verschieden, dass sich das sonst zwischen allgemeinen und besonderen Gebieten stattfindende Verhältniss auf diesen Fall nicht übertragen lässt. Auch ist eine solche psychologische Charakteristik der Völker so eng verwachsen mit den sonstigen Aufgaben der Völkerkunde, dass sie längst in dieser ihre angemessene Stelle gefunden hat.
Nicht bloß dieser psychologische Theil der Ethnologie ist aber von der Völkerpsychologie im Sinne der oben angedeuteten Umgrenzung ihrer Aufgabe auszuscheiden, sondern auch andere Gebiete menschlicher Geistesthätigkeit, die mit dem Zusammenleben der Menschen in Beziehung stehen, gestatten zwar im allgemeinen eine Betrachtung unter den Gesichtspunkten der Völkerpsychologie, ohne jedoch zu deren eigentlichem Inhalt zu gehören. Vor allem fallen hier alle diejenigen Erscheinungen hinweg, die zwar das gesellschaftliche Dasein des Menschen zu ihrer Grundlage haben, selbst aber durch das p e r s ö n l i c h e   E i n g r e i f e n   E i n z e l n e r zu Stande kommen. Darum gehört die G e s c h i c h t e   d e r   g e i s t i g e n   E r z e u g n i s s e in Litteratur, Kunst und Wissenschaft nicht zur Völkerpsychologie. Denn gerade dies ist die Hauptaufgabe der Geschichte auf allen diesen Gebieten, dass sie das Zusammenwirken der Natur- und Culturbedingungen sowie der psychischen Anlagen der Völker mit der persönlichen Begabung und Bethätigung Einzelner in ihrem inneren Zusammenhange verständlich zu machen sucht. Insoweit bei der Lösung dieser Aufgabe psychologische Momente von allgemeinerer Natur zur Sprache kommen, sind es mehr solche, die der psy-

chischen Ethnologie als der eigentlichen Völkerpsychologie angehören. Diese selbst spielt hier lediglich die Rolle einer bei der Interpretation der Erscheinungen verwendbaren Hülfsdisciplin. Von den Gebieten der allgemeinen Culturgeschichte ist es vornehmlich die U r g e s c h i c h t e , mit der sich die Völkerpsychologie berührt. Auch von ihr wird sie aber durch die völlig abweichende Richtung und Tendenz ihrer Untersuchungen geschieden. Jene hat, wie ihr Name andeutet, ihren Blick der Geschichte zugewandt: die Zeugnisse, die Sprache, Mythen und sonstige Volksüberlieferungen an die Hand geben, sucht sie, nicht weniger wie physische und geographische Merkmale, zu verwerthen, um die Geschichte so viel als möglich über die ihr durch die historischen Zeugnisse gesteckten Grenzen hinaus zu ergänzen. Diese Ergänzung bleibt demnach, ebenso wie die eigentliche Geschichte, eine versuchte Reconstruction der geschichtlichen Erlebnisse der Völker und ihrer in Kampf und Verkehr sich bethätigenden Wechselbeziehungen. Die Völkerpsychologie dagegen hat ihr Augenmerk ausschließlich auf die psychologische Gesetzmäßigkeit des Zusammenlebens selber gerichtet. Die localen und nationalen Unterschiede seiner Gestaltung sind ihr gleichgültig, insoweit sie nicht in irgend einer Weise auf jene Gesetzmäßigkeit Licht werfen. So kann für sie eine concrete Sprachform von Interesse sein, weil sich in ihr gewisse allgemein menschliche Gesetze der Sprachentwicklung in charakteristischer Weise äußern. Doch dieses Interesse hört auf, sobald etwa eine solche Form als Merkmal einstigen Zusammenhangs verschiedener Völker benützt wird, ein Punkt, wo nun umgekehrt die Erscheinung für den Geschichtsforscher ihren Hauptwerth gewinnt. Dieses Verhältniss ergibt sich eben mit Nothwendigkeit daraus, dass die Völkerpsychologie nichts anderes sein will, als eine Erweiterung und Fortsetzung der Psychologie auf die Phänomene gemeinsamen Lebens. Eine solche Fortsetzung kann sie nur sein, wenn auch sie sich auf das Allgemeingültige beschränkt, und wenn sie außerdem von allem dem abstrahirt, was innerhalb der Gemeinschaft unmittelbar auf individuelle Einflüsse zurückführt.

In der zuletzt erwähnten Abstraction liegt nun freilich zugleich ein Grund dafür, dass die Abgrenzung zwischen Völkerpsychologie und Geschichte Schwierigkeiten bereiten kann, weil der Punkt, wo die Einflüsse persönlicher Willensbethätigung beginnen oder aufhören, nicht selten unbestimmbar bleibt. Dies ergibt sich schon daraus, dass das geistige Leben einer Gemeinschaft aus dem Leben der Einzelnen, die ihr angehören, hervorgeht, und dass daher auch jene geistigen Erzeugnisse, die wir auf die Gemeinschaft als solche zurückführen, schließlich von den Einzelnen hervorgebracht worden sind. Dennoch gibt es z w e i bestimmte Merkmale, an denen das, was wir im geistigen Leben eines Volkes ein "gemeinsames" Erzeugniss nennen, von einer individuellen Schöpfung principiell stets zu unterscheiden ist. Das e r s t e besteht darin, dass an jenem unbestimmt viele Glieder einer Gemeinschaft in einer Weise mitgewirkt haben, welche die Zurückführung der Bestandtheile auf bestimmte Individuen ausschließt. So ist die Sprache im objectiven wie im subjectiven Sinne ein gemeinsames Erzeugniss. Objectiv, weil eine unbestimmt große Zahl von Menschen an ihr thätig waren; subjectiv, weil die Einzelnen selber sie als eine Schöpfung betrachten, die ihnen allen zugleich angehört. Das z w e i t e Merkmal ist dies, dass gemeinsame Erzeugnisse in ihrer Entwicklung zwar mannigfaltige Unterschiede zeigen, die vornehmlich auf abweichende geschichtliche Bedingungen zurückweisen, dass sie aber trotz dieser Mannigfaltigkeit gewisse a l l g e m e i n g ü l t i g e E n t w i c k l u n g s g e s e t z e erkennen lassen. In diesen Verhältnissen liegt es begründet, dass jedes gemeinsame Erzeugniss fortwährenden Einwirkungen von Seiten Einzelner ausgesetzt bleibt, Einwirkungen, die, sobald eine historische Ueberlieferung entstanden ist, durch diese verstärkt werden. So haben vom Beginn geschichtlicher Zeugnisse an Dichter, Redner, Gesetzgeber an der Sprache gearbeitet, und manches, was zum allgemeinen Sprachgut geworden ist, kann daher unmittelbar auf einen einzelnen Urheber zurückgeführt werden. Bei Mythus und Sitte ist diese Mitarbeit Einzelner jedenfalls nicht minder bedeutend, wenn sie auch im allgemeinen schwerer nachzuweisen ist, weil hier die Ueberlieferung der litterarischen Zeugnisse länger entbehrt. Nach dieser Ausscheidung der Arbeitsgebiete, die an sie angrenzen und in sie übergreifen, können wir demnach die Aufgabe der Völkerpsychologie schließlich dahin zusammenfassen, dass sie d i e j e n i g e n p s y c h i s c h e n V o r g ä n g e zu ihrem Gegenstande hat, d i e d e r a l l g e m e i n e n E n t w i c k l u n g m e n s c h l i c h e r G e m e i n s c h a f t e n u n d d e r E n t s t e h u n g g e m e i n s a m e r g e i s t i g e r E r z e u g n i s s e v o n a l l g e m e i n g ü l t i g e m W e r t h e z u G r u n d e l i e g e n.

II. Volksgeist und Volksseele.

Geist und Seele sind Wechselbegriffe, deren Bedeutungsentwicklung, wenn sie auch erst einer späteren Zeit angehört, dennoch bis in das mythologische Denken zurückreicht. Geister, nicht Seelen, nennt der Aberglaube noch heute die körperlosen, aber gleichwohl materiell gedachten Schatten der Verstorbenen oder jene höheren Wesen, von denen er annimmt, sie seien nie an einen körperlichen Leib gebunden gewesen. Die Seele gilt ihm zwar auch als ein besonderes Wesen, das beim Tode den Körper verlasse; doch sobald dies geschehe, entschwinde sie zugleich der sinnlichen Anschauung. Wo sie in dieser bleibt, da wird sie eben zum Geiste. Darum ist die Seele für den Volksglauben nur in ihrer Gebundenheit an den Leib der Erfahrung zugänglich. Getrennt von ihm existirt sie nur in einer überirdischen Welt. Die Geister dagegen sind Wesen, die ebensowohl in der Umgebung der Lebenden, wie jenseits derselben ein selbständiges Dasein führen.

Diese Unterscheidungen des mythologischen Denkens wirken deutlich noch in dem uns geläufigen wissenschaftlichen

Gebrauch der Begriffe nach. Vom Geiste und von geistigen Vorgängen reden wir überall da, wo an irgend welche Beziehungen zur körperlichen Natur nicht gedacht, oder wo geflissentlich von ihnen abgesehen wird. Bei der Seele und den seelischen Vorgängen sind uns dagegen stets zugleich die Beziehungen zum körperlichen Leben gegenwärtig. Darum übersetzen wir mit gutem Recht das Wort Psychologie durch "Seelenlehre", während wir den Naturwissenschaften die "Geisteswissenschaften" gegenüberstellen. Die Psychologie kann unmöglich an den Beziehungen des Seelenlebens zum körperlichen Sein vorübergehen. Denn empirisch ist uns die Seele überhaupt nur in einem Zusammenhang von Erfahrungen gegeben, die zu ihrem Zustandekommen einen physischen Körper von gewissen Eigenschaften fordern. Diese Beziehung zur Naturseite der Erscheinungen gilt nun zwar auch für die sämmtlichen so genannten Geisteswissenschaften. Aber da bei ihnen doch bald mehr bald weniger diese Naturseite außer Betracht bleibt, so scheint es berechtigt, eine solche Rücksichtnahme auf physische Bedingungen und Wirkungen hier bloß stillschweigend hinzuzudenken, um die Beziehungen zu dem geistigen Leben als das allen diesen Gebieten gemeinsame und sie von der Naturforschung scheidende Merkmal zu betonen. Wie die Psychologie überhaupt, so hat es nun auch die Völkerpsychologie, insofern die für jene maßgebenden Bedingungen nothwendig für sie gleichfalls gelten, mit der S e e l e zu thun, nicht mit dem Geiste in der diesen unterscheidenden Bedeutung des Wortes. Nur greift sie die besonderen Erscheinungen heraus, die an die Bedingungen des menschlichen Zusammenlebens gebunden sind. Sie wird daher sinngemäß eine "Lehre von der Volksseele", nicht eine solche vom Volksgeiste zu nennen sein. Vom Volksgeiste werden wir dagegen, wie es auch der Sprachgebrauch bestätigt, dann reden können, wenn es sich um eine Charakteristik der geistigen Eigenthümlichkeiten eines bestimmten Volkes oder verschiedener Völker handelt. Eine solche Untersuchung der Volksgeister würde daher nicht der eigentlichen Völkerpsychologie, sondern einer Charakterologie der Völker oder dem psychologischen Theil der Ethnologie zufallen. Nicht selten hat man nun gegen die Berechtigung einer Völkerpsychologie Bedenken erhoben, die sichtlich an jene Vorstellungen anknüpfen, von denen die Unterscheidung der Begriffe Seele und Geist ursprünglich ausgegangen ist. "Wenn wir eine Seele als Substrat der geistigen Lebensäußerungen eines Individuums voraussetzen", sagt man, "so entspricht das einerseits dem Gebundensein jener Lebensäußerungen an einen bestimmten physischen Körper, anderseits der Unmöglichkeit, aus den Eigenschaften des letzteren die seelischen Vorgänge abzuleiten. Wo aber soll eine Volksseele ihren Sitz haben? So wenig es einen einzigen einheitlichen Volkskörper gibt, ebenso undenkbar erscheint ein einheitliches Substrat des gemeinsamen geistigen Lebens. Wie vielmehr der Volkskörper aus nichts anderem als aus den Körpern aller einzelnen Volksgenossen besteht, gerade so löst sich die sogenannte Volksseele ohne Rest in die Summe der Einzelseelen auf, die diesen Volksgenossen angehören. Sie ist ein Geschöpf der mythologischen Phantasie, keine Wirklichkeit".

Es ist jedoch augenfällig, dass diejenigen, die diese Einwände erheben, selbst in jener mythologischen Vorstellungsweise befangen sind, die sie hinter dem Ausdruck Volksseele verborgen wähnen. Der Begriff "Seele" ist für sie so untrennbar an die Vorstellung eines substantiellen, mit einem eigenen Körper ausgestatteten Wesens geknüpft, dass ihnen jeder Wortgebrauch, der ihm diese Bedeutung raubt, für unerlaubt gilt. Da die Völkerpsychologie nicht der geeignete Ort ist, um an metaphysischen Hypothesen Kritik zu üben, so können wir uns hier mit dem Hinweis begnügen, dass, wie wichtig auch im metaphysischen Interesse die Frage nach der Bedeutung des Begriffs einer substantiellen Seele sein möge, die empirische Psychologie als solche an dieser Frage gänzlich unbetheiligt bleibt. Denn was man auch über die Nothwendigkeit denken möge, zu dem Gesammtinhalt dessen, was wir das seelische Leben nennen, eine transcendente Substanz als Trägerin hinzuzudenken, gewiss ist, dass wir es in der Erfahrung niemals mit einer solchen zu thun haben, und dass, wo man etwa über diesen Punkt anders dachte, die Voraussetzungen über die Seelensubstanz entweder sich als unnütze metaphysische Ornamente erwiesen oder zu zweifelhaften, wenn nicht direct der Erfahrung widerstreitenden Folgerungen führten. Für die empirische Psychologie kann die Seele nie etwas anderes sein als der thatsächlich gegebene Zusammenhang der psychischen Erlebnisse, nichts was zu diesen von außen oder von innen hinzukommt.

Aus allem dem folgt, dass der Begriff "Seele" keine andere empirische Bedeutung haben kann als die, den Zusammenhang der unmittelbaren Thatsachen unseres Bewusstseins oder, wie wir diese der Kürze wegen nennen wollen, der "psychischen Vorgänge" selbst zu bezeichnen. Natürlich kann auch die Völkerpsychologie den Seelenbegriff nur in diesem empirischen Sinne gebrauchen; und es ist einleuchtend, dass in ihm die "Volksseele" genau mit demselben Rechte eine reale Bedeutung besitzt, wie die individuelle Seele eine solche für sich in Anspruch nimmt. Die geistigen Erzeugnisse, die durch das Zusammenleben der Glieder einer Volksgemeinschaft entstehen, sind nicht minder thatsächliche Bestandtheile der Wirklichkeit, wie die psychischen Vorgänge innerhalb des Einzelbewusstseins. Sie sind allerdings nichts, was jemals außerhalb individueller Seelen vor sich gehen könnte. Aber wie nicht psychische Elemente in isolirtem Zustande, sondern ihre Verbindungen und die aus diesen entspringenden Producte das bilden, was wir eine Einzelseele nennen, so besteht die Volksseele im empirischen Sinne nicht aus einer bloßen Summe individueller Bewusstseinseinheiten, deren Kreise sich mit einem Theil ihres Umfangs decken; sondern auch bei ihr resultiren aus dieser Verbindung eigenthümliche psychische und psychophysische Vorgänge, die in dem Einzelbewusstsein allein entweder gar nicht oder mindestens nicht in der Ausbildung entstehen könnten, in der sie sich in Folge der Wechselwirkung der Einzelnen entwickeln. So ist die Volksseele ein Erzeugniss der Einzelseelen, aus denen sie sich zusammensetzt;

aber diese sind nicht minder Erzeugnisse der Volksseele, an der sie theilnehmen. Es wiederholt sich hier, was bei solchen Begriffsbildungen, die nicht bestimmte Objecte, sondern verwikkelte Verbindungen und Beziehungen von Thatsachen ausdrükken, zumeist geschieht: die Begriffe erfahren je nach den Gebieten ihrer Anwendung nothwendige Modificationen. Aehnlich wie wir kein Bedenken tragen, den Staat einen "Organismus" zu nennen, ohne zu übersehen, dass dem Begriff in dieser neuen Bedeutung nicht alle Merkmale zukommen, die er in seiner ursprünglichen Anwendung auf lebende organische Einzelwesen besitzt, und dass er dagegen dort Eigenschaften annimmt, die ihm hier fehlen, - ähnlich verhält es sich mit der "Volksseele". Der individuellen Seele gegenüber bezeichnet sie ebensowohl eine Erweiterung wie eine Verengerung des Begriffs: eine Erweiterung, da bei dieser Uebertragung gewisse Merkmale, wie namentlich die der Einzelseele anhaftende Beziehung auf einen physischen Einzelorganismus, verloren gehen; eine Verengerung, weil sich aus der den völkerpsychologischen Erscheinungen eigenthümlichen Bedingung, dass sie aus dem Zusammenleben vieler Individuen entspringen, besondere Eigenschaften ergeben. Hierher gehört namentlich die Beschränkung der völkerpsychologisch bedeutsamen psychischen Leistungen auf bestimmte, mit dem Zusammenleben in unmittelbarer Beziehung stehende Seiten des geistigen Lebens, sowie die Thatsache, dass die völkerpsychologischen Entwicklungen das individuelle Leben überdauern, dabei aber doch, da sie durchaus von den psychischen Eigenschaften der Einzelnen getragen sind, mit dem Wechsel der Generationen eigenartige Veränderungen erfahren, die principiell jeder Vergleichbarkeit mit dem individuellen Seelenleben entrückt sind. Besonders diese Continuität psychischer Entwicklungsreihen bei fortwährendem Untergang ihrer individuellen Träger ist es, die als ein der Volksseele specifisch zugehörendes Merkmal angesehen werden kann.

Das Verhältniss der Einzelseele zur Volksseele, wie es in allen diesen Eigenschaften zum Ausdruck kommt, bedingt nun aber nothwendig auch eine gewisse Beschränkung des in dem zweiten dieser Begriffe zusammengefassten empirischen Thatbestandes und damit eine Begrenzung der völkerpsychologischen Aufgaben selber. Wenn es innerhalb des Bereichs unmittelbarer Erlebnisse des Einzelbewusstseins schlechterdings nichts gibt, was nicht als Inhalt subjectiver Erfahrung zugleich Inhalt der Individualpsychologie wäre, so kann von den psychischen Erlebnissen einer Volksgemeinschaft nicht dasselbe gesagt werden. Der Gesammtinhalt dieser Erlebnisse umfasst ja auch alles das, was Einzelnen als ihr ausschließliches Eigenthum angehört, oder was, obzwar es in weitere Kreise gedrungen ist, unzweideutig auf einen individuellen Ursprung zurückweist. Zugleich ist es eben wegen dieser fortwährenden Wechselwirkungen des Einzelnen und der Gesammtheit unvermeidlich, dass die Grenze zwischen dem, was dem Ganzen angehört, und dem, was Eigenthum des Einzelnen ist, keineswegs scharf gezogen werden kann. Ja man kann sagen: das Ineinanderfließen beider Gebiete liegt so sehr in der Natur des Gegenstandes, dass es fehlerhaft wäre, wollte man durch künstliche Begriffsunterscheidungen jenes Uebergangsgebiet beseitigen. Dennoch lassen sich z w e i allgemeine Kennzeichen festhalten, ein äußeres und ein inneres, die innerhalb des eine Fülle individueller und gemeinsamer geistiger Bewegungen umfassenden Gesammtlebens bestimmte Thatsachen als solche g e n e r e l l e r, und andere als solche i n d i v i d u e l l e r Natur ausscheiden. Erstens ist es das direct nachweisbare Eingreifen E i n z e l n e r mit den durch ihre individuelle Eigenart bestimmten Willensrichtungen, das eine Reihe von Erscheinungen als solche erkennen lässt, die zwar auf das gemeinsame Leben Wirkungen ausüben können, aber in ihrem Ursprung nicht der Volksseele angehören. Zweitens ist es durchgängig das Gebiet des w i l l k ü r l i c h e n, eine bewusste Abwägung der Motive voraussetzenden Handelns, das außerhalb der völkerpsychologischen Vorgänge liegt. Für diese bleiben demnach umgekehrt die Gebiete der t r i e b a r t i g e n Willenshandlungen und der mit diesen zusammenhängenden Vorgänge übrig. Dass bei beiden Merkmalen die Grenzen der Gebiete vielfach unsichere sind, versteht sich übrigens von selbst, da ja das individuelle Handeln stets und oft unmerklich in allgemeine Wirkungen übergehen kann, und da Trieb- und Willkürhandlungen nicht Vorgänge verschiedener Art, sondern nur Stufen einer und derselben Willensentwicklung sind. Ebenso ist es einleuchtend, dass beide Merkmale im Grunde nur eine einzige Thatsache ausdrücken, die jedesmal unter einem verschiedenen Gesichtspunkte betrachtet wird: im ersten Fall, wo der individuelle Einfluss auf das allgemeine Leben zum Maße genommen wird, unter dem h i s t o r i s c h e n ; im zweiten Fall, wo die Natur der Vorgänge dieses Maß bestimmt, unter dem p s y c h o l o g i s c h e n . Diesen beiden kann endlich noch als ein d r i t t e r , freilich in noch höherem Grade bloß relativer Gesichtspunkt der e t h n o l o g i s c h e angereiht werden. Nichts bezeichnet nämlich die Grenze, wo der Begriff des N a t u r v o l k e s dem des C u l t u r v o l k e s Platz macht, schärfer als eben jenes Eingreifen der Individuen mit ihrem willkürlichen Handeln. Denn dieses ist es, durch das sich das gemeinsame Leben zu einem geschichtlichen in der engeren Bedeutung des Wortes erhebt, indem es eine dauernde Ueberlieferung von Generation zu Generation ermöglicht. Dagegen herrscht bei dem Naturvolke das triebartige und instinctive Leben vor, das aus der inneren Naturbestimmtheit und den äußeren Naturbedingungen mit einer Art naturgesetzlicher Nothwendigkeit hervorgeht, und das eben deshalb dem Wechsel geschichtlicher Schicksale gegenüber relativ gleichförmig abfließt. Auch die Aufeinanderfolge verschiedener Zustände hat darum hier etwas von jener Regelmäßigkeit, die die einfacheren seelischen Associations- und Triebvorgänge im Einzelbewusstsein beherrscht.[1] Wenn hiernach die geistigen Zustände der Naturvölker für die Völkerpsychologie im allgemeinen von größerem Interesse sind als die der Culturvölker, so kann dies übrigens nicht bedeuten, dass jene etwa nur als eine

---

[1] A. Vierkandt, Naturvölker und Culturvölker, 1896, S. 7 ff.

"Psychologie der Naturvölker" aufzufassen wäre. Ist doch schon die Grenze zwischen Natur und Cultur beim Menschen nirgends scharf zu ziehen, so dass der "Naturzustand" eigentlich immer nur einen primitiven Culturzustand bedeutet. Es ist aber einleuchtend, dass die Frage, wo eine Cultur noch als primitiv anzusehen sei, und wo nicht mehr, unmöglich ein für allemal unzweideutig beantwortet werden kann. Auch ist nicht zu vergessen, dass sich dereinst alle, auch die höchsten Culturvölker, in einem Zustande befunden haben, der dem der heutigen Naturvölker entsprach. Da nun Sprache, Mythus, Sitte überall in diese Urzeit zurückreichen oder wenigstens Ueberlieferungen aus ihr enthalten, so bilden wiederum die Culturvölker deshalb wichtige Objecte der Völkerpsychologie, weil bei ihnen am deutlichsten die Wirkungen einer langen Entwicklung ursprünglicher geistiger Anlagen erforscht werden können.

III. Zur Entwicklungsgeschichte der Völkerpsychologie.

Von zwei verschiedenen Richtungen her hat der Gedanke der Völkerpsychologie in der neueren Wissenschaft Wurzel gefasst. Zuerst wurde innerhalb einzelner Geisteswissenschaften das Bedürfniss nach einer psychologischen Grundlage, die den eigenthümlichen Erscheinungen geistiger Wechselwirkung in Gesellschaft und Geschichte gerecht werde, immer mehr fühlbar. Dazu gesellte sich dann in der Psychologie selbst das Streben, objective Hülfsmittel zu schaffen, mittelst deren man der Unsicherheit und Vieldeutigkeit der reinen Selbstbeobachtung zu entgehen suchte.
Unter den Geisteswissenschaften, in denen sich jenes psychologische Bedürfniss zuerst regte, standen Sprachwissenschaft und Mythologie in erster Linie. Beide hatten sich aus dem allgemeineren Umkreis philologischer Studien als selbständige Gebiete abgesondert. Indem sie dabei aber den Charakter allgemeiner oder "vergleichender" Wissenschaften annahmen, musste sich ihnen von selbst die Erkenntniss aufdrängen, dass

in Sprachen- und Mythenentwicklung neben den besonderen geschichtlichen Bedingungen, die überall die concrete Gestaltung der Erscheinungen bestimmen, allgemeine psychische Kräfte wirksam seien. Hat unter diesen Gebieten wohl am meisten die Sprachwissenschaft eine Anlehnung an die Psychologie gesucht, so fand freilich gerade die Psychologie der Sprache ein gewisses Hinderniss darin, dass ihre Aufgaben vielfach mit den Zielen verwechselt wurden, die sich seit langer Zeit die S p r a c h p h i l o s o p h i e gestellt hatte.

Mögen sich nun aber auch in dieser Sprachphilosophie vom platonischen Kratylos an bis auf Wilhelm von Humboldts berühmte Einleitung "über die Verschiedenheit des menschlichen Sprachbaues" und andere neuere Werke ähnlicher Richtung gelegentlich psychologische Ueberlegungen und einzelne tiefe oder treffende Bemerkungen finden, so liegt doch die vorherrschende Tendenz solcher Arbeiten den psychologischen Aufgaben fern. Sie ist eine metaphysische, und demgemäß steht das e i n e Problem des Ursprungs der Sprache überall im Vordergrund. Das Verhältniss zur Sprachpsychologie wird hier genugsam dadurch gekennzeichnet, dass die psychologische Untersuchung eine Menge von Aufgaben auch dann noch vorfände, wenn sie auf die Behandlung jenes Ursprungsproblems gänzlich verzichtete; dass aber diese vom Standpunkte psychologischer Betrachtung aus jedenfalls erst n a c h der Lösung jener concreten Aufgaben Aussicht auf Erfolg hat.

Da nun die Sprachwissenschaft an der metaphysischen Sprachphilosophie ebenso wenig wie an den herrschenden Richtungen der Psychologie eine nennenswerthe Hülfe fand, so war es begreiflich, dass sie zumeist sich auf jene Kunst psychologischer Interpretation verließ, die man nirgends zu lernen braucht, weil sie von jedermann bei der Beurtheilung praktischer Lebensverhältnisse fortwährend geübt wird: auf die Kunst der V u l - g ä r p s y c h o l o g i e . Mit diesem Namen darf man wohl jene Mischung wirklicher Beobachtungen, überlieferter Theorien und vermeintlicher Thatsachen bezeichnen, mit denen sich die Vertreter einzelner Wissenschaften zu behelfen wissen, wo sie einer psychologischen Interpretation nicht entgehen können. Wenn diese Aushülfe vornehmlich in den so genannten "Geisteswissenschaften" tiefe Wurzeln gefasst hat, so liegt dies wohl vor allem in dem eigenthümlichen Charakter der Vulgärpsychologie begründet. Dieser besteht nämlich im wesentlichen darin, dass man irgend welche Erscheinungen des individuellen, gesellschaftlichen oder geschichtlichen Lebens auf solche intellectuelle Ueberlegungen und Zweckmäßigkeitserwägungen zurückführt, die den Beobachter, wenn er die Erscheinungen mit Plan und Absicht bewirkt hätte, muthmaßlich bestimmt haben würden. Alle Vulgärpsychologie besteht also kurz gesagt in der **Hinübertragung einer subjectiven Reflexion über die Dinge in die Dinge selbst**. Hat sich z. B. in einer Sprache ein Wort in zwei verschiedene Wörter gespalten, so deutet man dies als ein Streben nach Erzeugung bedeutsamer Unterschiede. Sind dagegen wichtige Unterschiede durch Lautverluste geschwunden, so erklärt man das umgekehrt aus der Tendenz, sich das Sprechen so bequem wie möglich zu machen. Nach den meisten Ausführungen über Bedeutungswechsel müsste man annehmen, eine redende Gemeinschaft sei fortwährend bemüht, die logischen Kategorien der Ueber-, Unter-, Nebenordnung u. s. w. auf die Worte der Sprache anzuwenden; denn man scheint der Meinung zu sein, mit der Zurückführung auf derartige Begriffsverhältnisse seien die psychologischen Vorgänge als solche erklärt, oder es bedürfe doch, wenn ein Begriffsverhältniss gefunden sei, einer Erklärung nicht mehr. Nicht anders steht es in der Mythologie. Bald soll die ursprüngliche Mythenbildung eine aus dem Streben nach Interpretation der Natur hervorgegangene phantastische Naturphilosophie oder eine Art primitiver Naturwissenschaft sein; bald soll sie auf zufälligen Missverständnissen und Begriffsverwechslungen beruhen. Für die Deutung gewisser frühester Formen der Eheschließung zieht man gelegentlich Motive herbei, die dem primitiven Menschen einen Grad der Fürsorge für die Zukunft seines Geschlechtes zutrauen, von dem sich die ungeheuere Mehrzahl der Mitlebenden nichts träumen lässt. Im Princip ist diese psychologische Interpretation mit der teleologischen Naturerklärung des vorigen Jahrhunderts vollkommen identisch. Nur pflegte die letztere die Motive des Geschehens einem vernünftigen Urheber der Dinge zuzuschreiben, während die Vulgärpsychologie dieselben den jeweils handelnden Menschen selbst aufbürdet. Ob solche Motive aber wirklich nachweisbar, ja ob sie unter den gegebenen Bedingungen möglich sind, danach wird nicht gefragt. Wenn also das Bestreben aller wahren Psychologie darauf gerichtet ist, die Thatsachen so zu erfassen, wie sie unabhängig von unserer subjectiven Beurtheilung beschaffen sind, so geht umgekehrt die Vulgärpsychologie unbewusst darauf aus, über die Wirklichkeit ein Netz subjectiver und willkürlicher logischer Reflexionen auszubreiten. In dieser allgemeinen Tendenz befindet sie sich aber zugleich in Uebereinstimmung mit einer aus der Scholastik überkommenen und bis auf unsere Tage herabreichenden intellectualistischen Strömung der Philosophie und einer aus dieser hervorgegangenen Reflexionspsychologie, die nicht dies als die psychologische Aufgabe ansieht, festzustellen, was die psychischen Vorgänge wirklich sind, und wie sie thatsächlich zusammenhängen, sondern auseinanderzusetzen, was nach Maßgabe irgend welcher logischer und philosophischer Leitmotive der reflectirende Psycholog von ihnen denkt.

Dies führt uns auf das zweite Motiv, das oben als entscheidend für die Aufstellung des Programms einer Völkerpsychologie erwähnt wurde. Die Psychologie selbst bedarf nicht minder dringend des völkerpsychologischen Materials, das gewisse Geisteswissenschaften ihr entgegenbringen, wie diese der psychologischen Grundlagen. In dem Augenblick aber, wo die Psychologie den Quellen nachgeht, die ihr aus den einzelnen Gebieten des geistigen Lebens zufließen, wird auch das, was sie aus der allgemeinen Betrachtung dieses Lebens hinwiederum der Würdigung des Einzelnen entgegenbringt, nicht mehr unbeachtet bleiben. Denn in Einem kann es doch der feinste praktische Takt und die reichste psychologische Lebenserfahrung mit der wissenschaftlichen Psychologie nicht aufnehmen: in der Fähigkeit, die bei der Analyse der einfacheren Bewusstseinsvorgänge gewonnenen Gesichtspunkte für das Verständniss der verwickelten Erscheinungen des gemeinsamen Lebens zu verwerthen. Der Historiker, der Sprachforscher, der Mythologe, sie operiren, so lange sie jener Analyse fremd gegenüberstehen, besten Falls mit complexen Begriffen. Erst wenn es gelungen ist, die Brücke zu schlagen, die von dem Einzelbewusstsein zu den Erzeugnissen der Gemeinschaft hinüberführt, besteht aber auch die Aussicht, den Weg wieder rückwärts zu finden, und die völkerpsychologischen Ergebnisse fruchtbar zu machen für die Untersuchung jener Gebilde des Einzelbewusstseins, die aus diesem allein nicht begriffen werden können; sei es, weil sie in zureichend vollständigen Entwicklungsformen überhaupt nur als Producte völkerpsychologischer Entstehung vorkommen, wie die Gebilde der so genannten Phantasiethätigkeit, oder weil das Einzelbewusstsein nur mit fertig überlieferten, aus der geistigen Wechselwirkung hervorgegangenen Formen arbeitet, wie bei den in ihrer specifischen Gestaltung an die Sprache gebundenen Bildungen des logischen Denkens.

Von den verdienten Forschern, die der Völkerpsychologie ihren Namen gegeben und zum ersten Male ein bestimmtes Programm für sie entworfen haben, von Steinthal und Lazarus, ist, so umfassend, ja vielleicht allzu umfassend auch dieses Programm war, dennoch gerade jener Gesichtspunkt kaum zureichend gewürdigt worden, dass gewisse Geisteswissenschaften nicht bloß selbst der psychologischen Analyse und Interpretation bedürfen, sondern umgekehrt ihrerseits unentbehrliche, bisher vernachlässigte Hülfsgebiete der Psychologie sind[2]. Dieser bei einem ersten schwierigen Versuch gewiss entschuldbare Mangel ist aber sichtlich durch die psychologischen Grundanschauungen bedingt, von denen jene Forscher ausgingen; und

---

[2] Lazarus und Steinthal, Zeitschrift für Völkerpsychologie und Sprachwissenschaft, I, 1860: Einleitende Gedanken über Völkerpsychologie, S. 1-73 (i.d.B. S. 125-202) Vgl. dazu meinen Aufsatz über Ziele und Wege der Völkerpsychologie, Phil. Stud. IV, S. 1ff., sowie Steinthals Gegenbemerkungen, Zeitschr. f. Völkerpsych. XVII, S. 233 ff.

deshalb ist er zugleich bezeichnend für die eigenthümlichen Hemnisse, die sich dem neuen Gebiete von Seiten der herrschenden Richtungen der Psychologie entgegenstellten. Jene Grundanschauungen waren die der Psychologie Herbarts mit ihrem an den metaphysischen Begriff der einfachen Seele und an die Hypothese der Vorstellungsmechanik gebundenen einseitigen Individualismus und Intellectualismus. Dass eine so geartete Psychologie von Hause aus den Fragen der Völkerpsychologie hülflos gegenübersteht, ja zu ihnen eigentlich gar kein Verhältniss hat, dafür liefern Herbarts eigene gelegentliche Aussprüche über diese Fragen die deutlichsten Belege.[3] Mochten nun auch die Völkerpsychologen der Herbart'schen Schule in dieser Beziehung den von dem Meister vertretenen Anschauungen im Einzelnen nicht überall beipflichten, im Princip blieb doch das Verhältniss der Individual- zur Völkerpsychologie das der begründenden Wissenschaft zu ihren Anwendungen. Die subjective Beobachtung und als Ergänzung allenfalls noch die Psychologie des Kindes sollten das Erfahrungsmaterial liefern, aus dem durch Abstraction die Grundgesetze einer allgemeinen "psychischen Mechanik" zu gewinnen seien, und diese sollten dann von der Völkerpsychologie zur Interpretation der verschiedenen Erscheinungen geschichtlichen Lebens verwendet werden.[4] Gegen eine solche Auffassung mochte der von hervorragenden Sprachforschern erhobene Einwand vielleicht nicht ganz unzutreffend erscheinen, das neue Gebiet sei überhaupt nicht Psychologie, sondern eben nur Anwendung der Psychologie auf die verschiedenen Bestandtheile der Geistes-

---

[3] Belehrend ist hier F. Mistelis Zusammenstellung der Aussprüche Herbarts über die Sprache, unter denen als der merkwürdigste der hervorgehoben werden mag, dass die Befähigung des Menschen zur Sprache nur in den besonderen Eigenschaften seines Kehlkopfes begründet sei, wie denn überhaupt der Unterschied zwischen Mensch und Thier nach Herbart nicht aus der an sich überall gleich beschaffenen absolut einfachen Seele, sondern aus den Unterschieden der physischen Organisation zu erklären ist! (Misteli, Zeitschr. f. Völkerpsychologie, XII, S. 407 ff.) Mit Recht hebt übrigens schon Misteli hervor, dass sich Steinthals Ansichten überall, wo es sich um concrete völkerpsychologische Probleme handelt, weit von denen Herbarts entfernen.
[4] Steinthal, Einleitung in die Psychologie und Sprachwissenschaft, I, 1871, bes. S. 91 ff., 290 ff.

geschichte, also allenfalls eine historische "Principienlehre" auf psychologischer Grundlage[5]. Je mehr man die Psychologie als eine fertig gegebene, ganz und gar auf die subjective Selbstbeobachtung gegründete "Normwissenschaft" betrachtete, deren Gesetze in irgend welchen allgemeingültigen Formeln einer Vorstellungsmechanik enthalten seien, um so weniger blieb außerhalb dieser Individualpsychologie noch Raum für eine auch nur relativ selbständige psychologische Forschung. Mochten die Völkerpsychologen immerhin die eigenartige Natur der "Volksgeister" betonen und gewiss mit Recht darauf hinweisen, dass die in den geschichtlichen Entwicklungen hervortretenden Volkscharaktere keineswegs bloß als Summen individueller Eigenschaften betrachtet werden könnten, so wurden dadurch doch die principiellen Einwände nicht beseitigt. Denn jener Begriff des Volksgeistes, auf den man sich hier berief, verblieb ganz innerhalb der allgemeinen Sphäre historischer Betrachtungen, in der er längst zu einem Bestand geschichtsphilosophischer Speculationen geworden war.[6] Auch dies lag aber im Grunde schon in der individualistischen Richtung der Herbart'schen Psychologie. Denn blieb gleich für diese der Begriff einer Volksseele seiner eigentlichen oder substantiellen Bedeutung nach unvollziehbar, so legte doch die "Mechanik der Vorstellungen", die für die wirkliche Interpretation der seelischen Erfahrung an die Stelle jenes transcendenten Begriffs trat, den Gedanken einer Uebertragung auf die Wechselbeziehungen der Individuen innerhalb einer Gemeinschaft nahe genug. Hier hatte die Analogie um so mehr freies Feld, da die Herbart'sche Vorstellungsmechanik selbst eigentlich als eine abstracte Theorie der Wirkungen und Gegenwirkungen irgend welcher einander anziehender oder abstoßender intensiver Größen überhaupt betrachtet werden konnte. Ob man unter diesen Größen Vorstellungen des individuellen Bewusstseins oder auf einer höheren Stufe die mit solchem Bewusstsein

---

[5] Herm. Paul, Pricipien der Sprachgeschichte, 1, 1883, 3, 1898, S. 6 ff.
[6] Vgl. Lazarus, Leben der Seele, 2 I, S. 335 ff.

ausgestatteten Individuen verstand, blieb für die Theorie an sich gleichgültig. In diesem Sinne hatte Herbart selbst schon in seinen "Bruchstücken zur Statik und Mechanik des Staats" das Spiel der gesellschaftlichen Kräfte erörtert.[7] Demnach wurden hier die "Volksgeister" vollständig zu Ebenbildern der Einzelgeister, mit dem einzigen Unterschiede, dass die Einheiten, aus deren Verbindungen und Hemmungen sich jene zusammensetzten, von complexerer Beschaffenheit waren. Auf diese Weise musste aber gerade der eigenartige Charakter der Erscheinungen des gemeinsamen Lebens, der aus einer bloßen Analogie mit dem individuellen Seelenleben niemals begriffen werden kann, völlig verschwinden. Um so mehr forderte dieser durch die Projection des individuellen Geistes ins Große entstandene Volksgeist dazu heraus, vor allem den Wandel der p o l i t i s c h e n Geschichte, wie es in der That bei Herbart geschah, als die dem individuellen Leben analogen Schicksale des Volksgeistes zu betrachten. Damit bewegte man sich aber wieder ganz in den Bahnen der alten Geschichtsphilosophie, nur dass die Speculationen dieser nun in das Gewand psychologischer Hypothesen gekleidet waren.

Sichtlich ist das allgemeine Programm der Völkerpsychologie, das Steinthal und Lazarus entwarfen, zunächst unter dem Eindruck dieser Herbart'schen Analogien entstanden. Gleichzeitig machte sich doch aber auch das Bedürfniss nach psychologischem Verständniss des Einzelnen, besonders bei den von der Sprachwissenschaft herüberkommenden Vertretern jenes Programms, geltend. Das neue Gebiet selbst zerfiel dadurch eigentlich wieder in z w e i G e b i e t e : in eine Anwendung individualpsychologischer Gesetze auf die Erzeugnisse des gesellschaftlichen Lebens; und in eine geschichtsphilosophische Beleuchtung der verschiedenen Volksgeister und ihrer Bethätigungen in der Geschichte. Nach beiden Richtungen blieb jedoch die Stellung der Völkerpsychologie eine fragwür-

---

[7] Herbart, Psychologie als Wissenschaft, 2. Theil, Einleitung. Werke herausgegeben von Hartenstein, VI, S. 31 ff.

dige. War es dort zweifelhaft, ob die Anwendung der Psychologie auf bestimmte Probleme der geschichtlichen Entwicklung nicht den historischen Einzelwissenschaften selbst zuzuweisen sei, so war hier die Geltendmachung des psychologischen Gesichtspunktes zwar berechtigt, aber man hielt dabei gleichwohl an der nämlichen allgemeinen Aufgabe fest, die sich auch bisher die Geschichtsphilosophie gestellt hatte. Um so mehr muss anerkannt werden, dass der Versuch der Durchführung dieses allgemeinen Programms, wie er durch die einzelnen Arbeiten Steinthals und der sich ihm anschließenden Forscher über sprachliche und mythologische Probleme gemacht wurde, ganz von selbst den Gesichtskreis veränderte, den jenes unter dem Einflusse Herbart'scher Begriffe entstandene Programm eröffnet hatte. Erwiesen sich auf der einen Seite fast überall da, wo die Erbschaft der bisherigen Geschichtsphilosophie übernommen wurde, die Probleme für eine völkerpsychologische Betrachtung wegen der ungeheuren Bedeutung individueller und äußerer Einflüsse wenig ergibig, so schieden sich auf der andern Seite aus dem Umfang der Geisteswissenschaften solche, die durch die Allgemeingültigkeit ihrer Entwicklung der Gewinnung gesetzmäßiger psychologischer Beziehungen günstiger sind, von selbst als diejenigen aus, auf die sich die völkerpsychologische Betrachtung concentrirte. Dadurch musste aber auch mehr und mehr offenbar werden, dass die allgemeine Psychologie hier mit der Anwendung von Gesichtspunkten, die der Analyse des individuellen Bewusstseins entnommen sind, nicht auskommt, sondern dass sie in noch höherem Grade aus der Fülle völkerpsychologischer Erscheinungen für sich selbst neue Aufschlüsse gewinnt. So hat hier, wie so oft, der Versuch einer Lösung der Aufgabe zu einem großen Theile selbst erst die angemessene Feststellung ihres Inhaltes herbeigeführt.

In diesem Sinne ist nun aber die neuere psychologische Forschung noch von einer andern Seite her auf völkerpsychologische Hülfsquellen hingewiesen worden. Denn wie weit auch noch Richtungen und Meinungen in der heutigen Psychologie aus einander gehen mögen, in methodologischer Hinsicht ist es ihr vorherrschender Charakterzug, dass sie Hülfsmittel zu gewinnen strebt, welche die planlose, von zufälligen Einflüssen und philosophischen Vorurtheilen abhängige Selbstbeobachtung durch Anwendung exacter Methoden und objectiver Kriterien der Beobachtung verbessern oder beseitigen sollen. Das erste dieser Hülfsmittel besteht in der Ersetzung der sogenannten "reinen" Selbstbeobachtung durch die e x p e r i m e n - t e l l e Selbstbeobachtung. So wenig wir die Vorgänge in der äußeren Natur in ihrem Verlaufe sicher beobachten, in ihrer Zusammensetzung und ihren wechselseitigen Beziehungen exact analysiren können, ohne sie im Experiment genau bestimmbaren Bedingungen und Veränderungen zu unterwerfen, oder ohne mindestens Beobachtungshülfsmittel anzuwenden, die der experimentellen Technik entnommen sind, - gerade so wenig, ja im Grunde wegen der viel geringeren Stabilität der Bewusstseinsvorgänge noch viel weniger ist es möglich, auf dem Wege der bloßen, durch keinerlei experimentelle Hülfsmittel und planmäßige Einwirkungen unterstützten Beobachtung des eigenen Bewusstseins andere als ganz oberflächliche und trügerische Aufschlüsse über Verlauf und Zusammenhang der psychischen Vorgänge zu gewinnen.

Die experimentelle oder, wie sie wegen der nothwendigen Anwendung physiologischer Hülfsmittel zuweilen auch genannt wird, die physiologische Psychologie ist aber der Natur der Sache nach I n d i v i d u a l p s y c h o l o g i e . Das einzige dem Experiment zugängliche psychologische Object bleibt das Einzelbewusstsein. Zugleich ist die experimentelle Methode durch die Nothwendigkeit, die typischen Verlaufsformen des psychischen Geschehens unter verhältnissmäßig einfachen Bedingungen zu beobachten, im wesentlichen auf die Analyse e i n f a c h e r B e w u s s t s e i n s v o r g ä n g e angewiesen. Da die geistigen Gemeinschaften der Individuen, und da die zusammengesetzten psychischen Vorgänge die einfachen als ihre Bedingungen voraussetzen, so hat demnach die experimentelle Psychologie einen allgemeineren und grundlegenden Charakter. Sie ist dabei zugleich an die Bedingungen gebunden, die ihr jenes hoch entwickelte Einzelbewusstsein entgegenbringt, auf das die psychologischen Experimentalmethoden schon wegen der Schwierigkeiten der bei ihnen geforderten Selbstbeobachtung angewiesen sind. Darum ist das Object der Experimentalpsychologie einfach und verwickelt zugleich: einfach gemäß dem nicht zu beseitigenden Charakter der Methoden; verwickelt wegen der ungeheuer zusammengesetzten Eigenschaften des Gegenstandes der Beobachtung. In beiden Beziehungen bedarf die experimentelle Methode der Ergänzung. Die zusammengesetzten psychischen Bildungen, die nicht oder nur in gewissen äußeren und nebensächlichen Eigenschaften dem Experiment zugänglich sind, fordern analytische Hülfsmittel von ähnlicher objectiver Sicherheit; und das unter den verwickeltsten Culturbedingungen stehende individuelle Bewusstsein verlangt nach Objecten, die als die einfacheren Vorstufen jenes letzten Entwicklungszustandes betrachtet werden können. In beiden Fällen bestehen aber die uns verfügbaren Hülfsmittel in den Geisteserzeugnissen von allgemeingültigem Charakter, die durch die naturgesetzliche Art ihrer Entstehung dem wechselvollen, unberechenbaren Spiel individueller persönlicher Eingriffe, wie sie das eigentliche geschichtliche Leben beeinflussen, entzogen sind. Es ist das Verdienst der englischen Psychologie unseres Jahrhunderts, dass sie, nachdem die englische Erfahrungspsychologie des vorigen die Forderung einer streng empirischen, von allen philosophischen Voraussetzungen unabhängigen Analyse des Einzelbewusstseins siegreich zur Geltung gebracht hatte, zum ersten Male das weite Feld ethnologischer Thatsachen im psychologischen Interesse verwerthete. Dabei ergänzte sie die in Deutschland von der Sprachwissenschaft ausgehende Bewegung in dem Sinne, dass sie sich vorwiegend den Gebieten des Mythus und der Sitte und der mit beiden zusammenhängenden Anfänge der Cultur zuwandte. Es sei hier vor allem an die werthvollen Forschungen

E. B. Tylors[8] und an Herbert Spencers[9] "Sociologie" erinnert, Arbeiten, denen eine große Reihe anderer, mehr im prähistorischen Interesse ausgeführter Untersuchungen über die Anfänge der Gesellschaft, der Familie, des Rechts u. s. w. sich anreihen, Probleme der Urgeschichte, an deren Lösung sich gegenwärtig Forscher aller Nationen betheiligen.

Experimentelle Psychologie und Völkerpsychologie stehen demnach gleichzeitig in dem Verhältniss zweier einander ergänzender T h e i l e und zweier neben einander wie nach einander zur Anwendung kommender H ü l f s m i t t e l der Psychologie. Als Theile dieser sind sie zugleich ihre e i n z i g e n Theile. Denn außer dem individuellen Bewusstsein, dessen Analyse den experimentellen Methoden zufällt, und den Erscheinungen des geistigen Zusammenlebens, mit denen sich die Völkerpsychologie beschäftigt, gibt es nichts, was Inhalt der Psychologie als selbständiger Wissenschaft sein könnte. Als Hülfsmittel betrachtet theilen sich experimentelle und Völkerpsychologie derart in die psychologischen Probleme, dass jene die einfacheren und eben darum zureichend schon innerhalb der Grenzen des ausgebildeten Einzelbewusstseins zu analysirenden Vorgänge behandelt, diese dagegen jene verwickelteren Functionen, die nur auf Grundlage des Zusammenlebens möglich und darum auch in ihren in das Einzelbewusstsein fallenden Formen nur mittelst der Erkenntniss ihrer allgemeinen Entwicklung zureichend zu verstehen sind. Wie experimentelle und Völkerpsychologie die einzigen Theile, so sind sie aber auch die einzigen Hülfsmittel der Psychologie. Die

---

[8] E. B. Tylor, Researches into the Early History of Mankind, 1865. (Deutsch von H. Müller, o.J.) - Primitive Culture, 1871. (Deutsch u. d. T. Die Anfänge der Cultur, übers. Von Sprengel und Poske, 2 Bde., 1873.)

[9] Herbert Spencer, Priciples of Sociology, System of Synthetic Philosophy. Vol. VI-VIII, 1876-96. (Deutsch von B. Vetter, 4 Bde., 1877-97.) Obgleich Herbert Spencers Sociologie in dem Systeme an seine Psychologie sich anschließt, so verfolgt sie doch, wie schon diese Einordnung in ein philosophisches System es andeutet, wesentlich philosophische Zwecke. Sie ist, trotz der Fülle empirischen Materials, mehr eine Geschichtsphilosophie als eine Völkerpsychologie im empirischen Sinne. Vgl. die eingehende und treffende Kritik der Sociologie Herbert Spencers in P. Barths Philosophie der Geschichte als Sociologie I, 1897, S. 93 ff.

sogenannte Psychologie der "reinen Selbstbeobachtung" ist weder das eine noch das andere, sondern eine rückständig gebliebene Behandlungsweise mit unzulänglichen Methoden. Geschichte, Litteratur, Kunst, Biographien, Selbstbekenntnisse, die immer noch zuweilen als Quellen psychologischen Wissens gerühmt werden, sind weder Theile noch Hülfsmittel, sondern A n w e n d u n g s g e b i e t e , die zwar, in Folge der überall bestehenden Wechselbeziehung zwischen Theorie und Anwendung, gelegentlich der allgemeinen psychologischen Erkenntniss förderlich sein mögen, die sich aber dem, was zum Charakter eines Hülfsmittels gefordert werden muss, einer methodisch geübten planmäßigen Benützung, durchaus entziehen.

IV. Hauptgebiete der Völkerpsychologie.

Durch die obigen Erörterungen sind im wesentlichen die Aufgaben bestimmt, die der Völkerpsychologie zufallen, sowie nicht minder diejenigen, die sich mit ihr mehr oder minder nahe berühren, aber aus bestimmten Gründen von ihr auszuschließen sind. Es bleiben ihr hiernach d r e i selbständige Aufgaben, die, sofern sie als rein p s y c h o l o g i s c h e Probleme behandelt werden, in keiner andern Wissenschaft ihre Stelle finden, während sie doch ihrem ganzen Wesen nach eine psychologische Untersuchung erheischen. Diese drei Aufgaben bestehen in den psychologischen Problemen der S p r a c h e , des M y t h u s und der S i t t e . Dem Mythus schließen sich die Anfänge der R e l i g i o n , der Sitte die Ursprünge und allgemeinen Entwicklungsformen der C u l t u r als nicht zu sondernde Bestandtheile an.

Die drei Gebiete stimmen darin überein, dass sie durchaus an das gesellschaftliche Leben gebunden sind. Nicht nur geht ihre Entstehung jedem nachweisbaren Eingreifen Einzelner und jeder geschichtlichen Ueberlieferung voraus, sondern auch nach dem Beginn des geschichtlichen Lebens erfahren jene Erscheinungen fortan, neben den allmählich einen immer breiteren Raum einnehmenden individuellen Einflüssen, gesetzmäßige Veränderungen, die nur in den Veränderungen der geistigen Verbände selbst ihren Ursprung nehmen können. So bleiben, auch nachdem Sprache, Mythus und Sitte Objecte historischer Betrachtung geworden sind, dennoch innerhalb jeder dieser Formen psychologische Probleme zurück, deren Lösung zwar nur auf Grund der Thatsachen des individuellen Bewusstseins möglich ist, die aber ihrerseits wiederum das Verständniss vieler dieser Thatsachen vermitteln helfen. Jedes jener Gebiete gemeinsamen Vorstellens, Fühlens und Wollens, auf denen die völkerpsychologische Untersuchung ihre Aufgaben vorfindet, steht zugleich, und mit wachsender Cultur in zunehmendem Maße, unter dem Einfluss hervorragender Individuen, welche die überlieferten Formen willkürlich gestalten. Auf solche Weise kann die völkerpsychologische Entwicklung überall in eine Reihe geschichtlicher Entwicklungen übergehen, in denen jene nur noch als allgemeine Grundströmung fortwirkt. In Folge dessen berührt sich die Völkerpsychologie mit einer Anzahl h i s t o r i s c h e r Gebiete, die als Fortsetzungen und bis zu einem gewissen Grade zugleich als Anwendungen jener ihrer Haupttheile betrachtet werden können. So ruht auf der Psychologie der Sprache die Litteraturgeschichte; so auf der Psychologie des Mythus die Geschichte der Culturreligionen sowie der Wissenschaft und der Kunst; so auf der Psychologie der Sitte die Culturgeschichte der Sitte nebst der Geschichte der Rechtsordnungen und der in den philosophischen Moralsystemen niedergelegten sittlichen Weltanschauungen. Jedes dieser historischen Gebiete setzt aber mit seiner Arbeit da ein, wo die völkerpsychologische Betrachtung endet, bei dem Punkte nämlich, wo der übermächtige Einfluss Einzelner die allgemeinen geistigen Entwicklungen zwar nicht aufhebt, aber doch zurückdrängt. Die Litteraturgeschichte untersucht demnach die innerhalb bestimmter Sprachgemeinschaften entstandenen individuellen Schöpfungen, mit Rücksicht zugleich auf ihre Bedingtheit durch allgemeine Cultureinflüsse und auf die Wirkungen, die sie selbst wieder auf das Leben der Sprache und der in ihr niedergelegten geistigen Werthe ausüben. Für den Mythus liegt dieser entscheidende Wendepunkt da, wo er sich in Religion und Philosophie spaltet. Für die Sitte endlich liegt der ähnliche Wendepunkt dort, wo sich die bis dahin in ihrer natürlichen Entwicklung ungetheilte Sitte in die drei Gebiete des Rechts, der Sittlichkeit und der Sitte im engeren Sinne zu sondern anfängt. Auch diese Scheidung ist wieder eine persönliche That einzelner Gesetzgeber oder sittlicher Reformatoren.

Bieten in allen diesen Beziehungen Sprache, Mythus und Sitte ein übereinstimmendes Verhältniss zu den geschichtlichen Entwicklungen, deren natürliche und allgemeine Grundlage sie bilden, so zeigen sie sich nun dem entsprechend auch selbst so eng an einander gebunden, dass eigentlich keines ohne das andere zu denken ist; wie sehr auch immerhin der Sprache als dem nothwendigen Hülfsmittel des gemeinsamen Denkens der Vorrang gebührt, indess wiederum der Mythus als die innere Form des Denkens der äusseren Bethätigung desselben in der Sitte vorangehen muss. Darum trägt aber auch schon die Sprache von Anfang an die Spuren des mythologischen Denkens an sich. Ebenso ist die Sitte als eine Norm des Handelns so sehr blosse Ausdrucksform der die Gemeinschaft beseelenden Vorstellungen und Gefühle, dass sie im Verhältniss zu den anderen Gebieten zwar die Bedeutung eines Symptoms, aber eines nothwendigen Symptoms gewinnt, ohne das jene so wenig sich denken lassen, wie etwa im individuellen Seelenleben Gefühle und Triebe ohne äussere Willenshandlung.

In der That entspricht dieser engen Verknüpfung der drei Theile der Völkerpsychologie unter einander durchaus ihre nahe Beziehung zu bestimmten Grundthatsachen des Einzelbewusstseins. In der S p r a c h e spiegelt sich zunächst die V o r s t e l l u n g s w e l t des Menschen. Ihr Reichthum an Wörtern entspricht im allgemeinen dem Vorstellungsreichthum des Bewusstseins; in dem Wandel der Wortbedeutungen äussern sich die Gesetze der Veränderungen der Vorstellungen, wie sie unter dem Einflusse wechselnder Associations- und Apperceptionsbedingungen stattfinden; und in dem organischen Aufbau der Sprache, wie er uns in der Bildung der Wortformen und in der syntaktischen Fügung der Redetheile entgegentritt, gibt sich die concrete Gesetzmäßigkeit zu erkennen, von der die Verbindung der Vorstellungen unter den besonderen Natur- und Culturbedingungen der einzelnen Sprachgemeinschaften beherrscht ist. Der Mythus gibt sodann den in der Sprache niedergelegten Vorstellungen vornehmlich ihren Inhalt, da er in dem ursprünglichen Völkerbewusstsein die gesammte Weltanschauung noch in ungesonderter Einheit umschließt. In den Entstehungsbedingungen seiner Bestandtheile zeigt er sich jedoch so sehr von G e f ü h l s r i c h t u n g e n bestimmt, dass die Erfahrungseinflüsse nur als die äußeren Gelegenheitsursachen erscheinen, die, indem sie Furcht und Hoffen, Bewunderung und Staunen, Demuth und Verehrung erwecken, ebenso die Richtung der mythologischen Vorstellungen wie die Auffassung der Objecte überhaupt bedingen. Die Sitte endlich umfasst alle die gemeinsamen W i l l e n s r i c h t u n g e n , die über die Abweichungen individueller Gewohnheiten die Herrschaft erringen, und die sich zu Normen verdichtet haben, denen von der Gemeinschaft Allgemeingültigkeit beigelegt wird. In diesem Sinne entspricht daher unter jenen drei Hauptgebieten der Völkerpsychologie die Sprache der Sphäre des V o r s t e l l e n s , der Mythus der des G e f ü h l s , die Sitte der des W o l l e n s im individuellen Seelenleben. Aber wie in diesem letzteren Vorstellen, Fühlen und Wollen keine getrennt vorkommenden seelischen Vorgänge, sondern nur verschiedene, an sich unlösbar verbundene Factoren eines und desselben Geschehens sind, so kommt auch jenen Beziehungen der drei völkerpsychologischen Gebiete zu diesen seelischen Richtungen nur die Bedeutung zu, dass sie diejenigen Elemente des Seelenlebens andeuten, die vorzugsweise für die einzelnen Erscheinungen maßgebend sind. Auch die Sprache ist, wie schon ihre Beziehung zum Mythus lehrt, überall von Gefühlsmotiven abhängig, und nach ihrem eigensten Charakter ist sie eine Willensfunction. Nicht minder greifen in den Mythus Vorstellungen und Willensmotive, und in die Sitte, eben weil sie in allgemeinen Willensnormen besteht, jene Vorstellungs- und Gefühlsprocesse ein, die einen Willensvorgang zusammensetzen. Davon also, dass sich diese psychischen Factoren in den drei völkerpsychologischen Hauptgebieten auch nur durch Abstraction trennen ließen, kann nicht die Rede sein. Vielmehr gilt hier wo möglich noch in höherem Grade als von dem individuellen Bewusstsein, dass die unmittelbare seelische Erfahrung alle Elemente zumal in sich schließt. Nur d i e Bedeutung hat jene Beziehung, dass die psychologische Betrachtung der Sprache hauptsächlich dem Studium der Entwicklung und der Verbindung der Vorstellungen unter den complexen Bedingungen dient, welche die Grenzen der individuellen Erfahrung überschreiten, und dass dann ebenso der Mythus die Analyse der zusammengesetzten Gefühle, die Sitte diejenige der concreten Willensmotive, die bei der Entwicklung des menschlichen Bewusstseins wirksam werden, vermitteln hilft. Jener Gesichtspunkt hat demnach vorzugsweise insofern eine Bedeutung, als die Thatsachen der Völkerpsychologie zugleich Hülfsquellen der allgemeinen Psychologie sind.

In diesen Beziehungen der drei Gebiete der Völkerpsychologie zu den drei Grundrichtungen des individuellen Seelenlebens darf aber schließlich wohl noch eine Bestätigung dafür gesehen werden, dass jene Gebiete, wie ihnen thatsächlich kein anderes an die Seite gestellt werden kann, das eine ähnliche ursprüngliche Bedeutung besäße, so auch pricipiell die Grundrichtungen erschöpfen, in denen sich das Leben der „Volksseele" bewegt.

Elemente der Völkerpsychologie. Grundlinien einer psychologischen Entwicklungsgeschichte der Menschheit

Einleitung

Wilhelm Wundt (1912)

Das Wort „Völkerpsychologie" ist eine Neubildung unserer Sprache. Schwerlich reicht es weiter zurück als etwa bis in die Mitte des 19. Jahrhunderts. Aber es trat in der Literatur dieser Zeit zugleich in zwei wesentlich verschiedenen Bedeutungen auf. Einerseits sprach man von völkerpsychologischen Betrachtungen, wenn es sich darum handelte, die intellektuellen, moralischen und sonstigen Geisteseigenschaften der Völker im Verhältnis zueinander zu untersuchen und den Geist der Politik, der Kunst und Literatur mit diesen Eigenschaften in Verbindung zu bringen. Es war also eine Charakterologie der Völker, die man hier im Auge hatte, und bei der die Kulturvölker, die in dieser Beziehung für uns von besonderem Interesse sind, die Franzosen, Engländer, Deutschen, Amerikaner usw. im Vordergrund standen. Es war hauptsächlich die aus der Literaturgeschichte als „Junges Deutschland" bekannte Periode, in der solche völkerpsychologische Betrachtungen eine Rolle spielten. Die geistvollen Essays von Karl Hillebrand über „Zeiten, Völker und Menschen" (gesammelt in 8 Bänden, 1885 ff.) sind ein gutes Beispiel solcher Art völkerpsychologischer Untersuchungen aus neuerer Zeit. Es sei hier von vornherein bemerkt, daß diese erste Richtung einer „Völkerpsychologie" den folgenden Betrachtungen fern liegt.

Doch beinahe um dieselbe Zeit trat dieser Name noch in einer wesentlich anderen Bedeutung in die Erscheinung. Die Geisteswissenschaften begannen das Bedürfnis einer Anlehnung an die Psychologie oder - wo eine brauchbare Psychologie nicht vorhanden war - das einer selbständigen psychologischen Fundierung ihrer Gebiete zu empfinden. Besonders an sprachwissenschaftliche und mythologische Arbeiten anschließend regte sich daher um die Mitte des Jahrhunderts allmählich der Gedanke, die Strahlen, die von verschiedenen Seiten her Sprache, Religion, Sitte auf die geistige Entwicklung des Menschen werfen, zu einem Gesamtbilde zu vereinigen. Ein Philosoph und ein Sprachforscher, Lazarus und Steinthal, dürfen das Verdienst für sich in Anspruch nehmen, in diesem Sinne in dem Namen der Völkerpsychologie ein Wort für das neue Gebiet eingeführt zu haben. Alle Erscheinungen, mit denen sich die Geisteswissenschaften beschäftigen, sind ja in der Tat Erzeugnisse der Volksgemeinschaft. So ist die Sprache nicht das zufällige Werk eines Einzelnen, sondern das Volk hat sie geschaffen, und es gibt im allgemeinen ebensoviele besondere Sprachen, als es ursprünglich gesonderte Völker gibt. Ähnlich verhält es sich mit den Anfängen der Kunst, der Mythologie und Sitte. Die früher sogenannten Naturreligionen, wie die griechische, römische, germanische, sind in Wahrheit Volksreligionen; jede von ihnen ist nicht in allem Einzelnen, aber in ihrem ganzen Zusammenhang Eigentum einer Volksgemeinschaft. Uns ist diese Auffassung einigermaßen fremd geworden, weil wir einem Zeitalter angehören, das bei jenen allgemeinen geistigen Schöpfungen die Grenzen des einzelnen Volkstums längst überschritten hat. Doch schließt das nicht aus, daß die Volksgemeinschaft der Ursprungsherd dieser Geistesschöpfungen überhaupt ist. Nun war freilich in den Arbeiten von Lazarus und Steinthal und in der von ihnen herausgegebenen „Zeitschrift für Völkerpsychologie und Sprachwissenschaft", die von 1860 an in zwanzig Bänden erschien, der Begriff noch nicht so fixiert, wie wir ihn heute fixieren müssen; aber es war doch ein Anfang gemacht und nach verschiedenen Seiten der neue Weg erfolgreich betreten. Einigermaßen unsicher war namentlich noch die Stellung zur Philosophie sowie die Methode, der die Psychologie bei dieser Übertragung auf das neue Gebiet zu folgen habe. Das änderte sich erst, als die psychologische Betrachtungsweise im Laufe der Zeit auf den Einzelgebieten an Boden gewann. So dürfen wir denn heute wohl die Völkerpsychologie als einen Teil der Psychologie betrachten, über dessen Berechtigung und Aufgabe kein Zweifel mehr bestehen kann. Diese Aufgabe ist uns in allen den geistigen Erzeugnissen gegeben, die aus der Gemeinschaft des menschlichen Lebens hervorgehen, und die nicht aus den Eigenschaften des einzelnen Bewußtseins allein zu erklären sind, weil sie die Wechselwirkung vieler voraussetzen. In der Tat wird uns dieses Merkmal im folgenden überall als das Kriterium des Völkerpsychologischen begegnen. Nie kann eine Sprache von einem Individuum geschaffen werden. Das Esperanto und andere künstliche Sprachen sind allerdings von Individuen erfunden. Wäre aber nicht schon Sprache vorhanden gewesen, so würden diese Erfindungen, deren ohnehin noch keine sich behaupten konnte, und die zumeist nur von Entlehnungen aus natürlichen Sprachen leben, unmöglich gewesen sein. Oder wie könnte von einem Einzelnen eine Religion geschaffen werden! Wohl kennen wir Begründer von Religionen: so des Christentums, des Buddhismus, des Islam. Aber diese Religionen stehen überall auf der Grundlage vorangegangener und sie sind Weiterbildungen religiöser Motive, die innerhalb bestimmter Volksgemeinschaften entstanden waren. So ist denn auch die Völkerpsychologie bei der Analyse der höheren geistigen Vorgänge eine unentbehrliche Ergänzung der Psychologie des Einzelbewußtseins, und bei manchen Fragen sieht sich schon diese genötigt, völkerpsychologische Motive zu Rate zu ziehen. Gleichwohl dürfen wir nicht vergessen, daß, wie die Volksgemeinschaft nur aus den Einzelnen besteht, die in ihr in Wechselwirkung treten, so die Völkerpsychologie ihrerseits wieder die individuelle oder, wie man sie gewöhnlich nennt, die allgemeine Psychologie voraussetzt. Dabei ist aber jene auch insofern eine wichtige Ergänzung der letzteren, als sie uns für die verwickelteren Vorgänge des individuellen Bewußtseins die Hilfsmittel an die Hand gibt. Zwar ist oft der Versuch gemacht worden, die zusammengesetzten Funktionen des Denkens auf der Grundlage der bloßen Selbstbeobachtung zu ergründen. Doch diese Versuche sind zu jeder Zeit erfolglos geblieben. Eine Entwicklungsgeschichte des menschlichen Denkens kann uns das individuelle Bewußtsein überhaupt nicht liefern, steht doch dieses unter den Einflüssen einer Vorgeschichte, über die es selbst uns keine Aufschlüsse geben kann. Darum ist es auch irrig, wenn man meint, die Psychologie des Kindes könne diese letzten Probleme der Psychogenese lösen. Das Kind des Kulturvolkes ist von Einflüssen umgeben, die sich niemals von dem sondern lassen, was spontan im Bewußtsein des Kindes selbst entsteht. Dagegen führt uns die Völkerpsychologie in der Betrachtung der verschiedenen Stufen geistiger Entwicklung, die die Menschheit noch heute bietet, den Weg einer wahren Psychogenese. Sie zeigt uns hier in sich abgeschlossene primitive Zustände, von denen aus sich durch eine nahezu kontinuierliche Reihe von Zwischenstufen die Brücke schlagen läßt zu den verwikkelteren und höheren Kulturen. So ist die Völkerpsychologie im eminenten Sinne des Wortes E n t w i c k l u n g s p s y c h o l o g i e .

Nun hat man freilich im Hinblick auf diese allgemeine Aufgabe das Wort Völkerpsychologie gelegentlich beanstandet, da man es in ihr doch nicht bloß mit den Völkern, sondern auch mit engeren wie mit weiteren Gemeinschaften zu tun habe. So sind Familie, Gruppe, Stamm, Ortsgemeinde beschränktere Verbände, während andererseits die höchsten geistigen Werte und Leistungen aus der Verbindung und der Wechselwirkung einer Mehrheit von Völkern hervorgehen, so daß sich hier die Völkerpsychologie zu einer Menschheitspsychologie erweitert. Aber es versteht sich von selbst, daß ein Name wie dieser nur nach dem wichtigsten Begriff gebildet werden kann, wenn er nicht ins Unbestimmte zerfließen soll. So ist denn auch kaum eine der vorgeschlagenen Verbesserungen brauchbar. „Gemeinschaftspsychologie" kann leicht das Mißverständnis erwecken, als sei dabei vornehmlich an solche Gemeinschaften zu denken, die von der Volksgemeinschaft verschieden sind. Oder bei der „Sozialpsychologie" wird man zunächst an die moderne Soziologie erinnert, die sich auch in ihren psychologischen Betrachtungen im allgemeinen nur auf dem Boden modernen Kulturlebens bewegt. In der Gesamtentwicklung des geistigen Lebens aber - das ist das Entscheidende - ist das Volk der Haupteinheitsbegriff, an den sich alle andern angliedern. Innerhalb des Volkes stehen Familien, Klassen, Sippen und Gruppen. Aus dem Begriff „Volk" sind diese einzelnen Gemeinschaften nicht ausgeschlossen, sondern sie sind in ihm eingeschlossen, indem das Wort eben das Volkstum als den für die grundlegenden Schöpfungen der Gemeinschaft entscheidenden Hauptbegriff herausgreift.

Nun entsteht allerdings von diesem Gesichtspunkte aus die Frage, ob nicht das, was hier der Völkerpsychologie als Aufgabe zugewiesen wird, schon von der Völkerk u n d e , der Ethnologie, gelöst wird, oder gelöst werden sollte. Doch ist zu bedenken, daß gerade die große Erweiterung des Gesichtskreises der modernen Ethnologie, verbunden mit der Zunahme und der Vertiefung ihrer Aufgaben, eine psychologische Betrachtung, wie sie der Völkerpsychologie zufällt, notwendig ausschließt. Ich darf hier eines Mannes gedenken, der wohl mehr als irgendein anderer der neueren Geographen auf diese Erweiterung der ethnologischen Aufgaben hingewiesen hat: Friedrich Ratzels. In seiner Anthropogeographie und in mehreren einzelnen Aufsätzen über Kulturerzeugnisse der Völker hat er gezeigt, daß die Ethnologie nicht bloß über die Eigenschaften und die Wohnsitze der Völker Rechenschaft zu geben, sondern daß sie zugleich zu untersuchen hat, wie die Völker entstanden sind und wie sie ihren heutigen physischen und geistigen Habitus gewonnen haben. Die Ethnologie ist eine Wissenschaft von der Entstehung der Völker, ihren Eigenschaften und ihrer Verbreitung über die Erde. Psychologische Merkmale spielen in dem Zusammenhang dieser Aufgaben eine verhältnismäßig untergeordnete Rolle. Hier können scheinbar kleine Kunsterzeugnisse und ihre Abänderungen in hohem Grade bedeutsam sein für die Feststellung einstiger Wanderungen, Mischungen oder Übertragungen. Darum ist die Ethnologie ein wesentliches Hilfsgebiet der Geschichte, besonders der Vorgeschichte der Menschheit geworden. Nicht nur wie die Völker heute sind, sondern wie sie geworden sind, wie sie sich verändert haben, das ist das Hauptproblem der Völkerkunde. Auf ihre Ergebnisse muß sich daher die Völkerpsychologie stützen, ihr eigenes psychologisches Interesse liegt dagegen auf der

Seite der geistigen Entwicklung. Hier aber können Völker, die verschiedener Herkunft sind, vermöge der geistigen Stufe, auf der sie stehen, zueinander gehören. Und ebenso können Völker, die in ethnologischer Hinsicht verwandt sind, nach ihren psychologischen Charakteren ganz verschiedene Stufen geistiger Bildung repräsentieren. Dem Ethnologen sind z. B. die Magyaren und die Ostjaken vom Obi Völker gleicher Abstammung. Psychologisch gehören sie in verschiedene Gebiete: die einen sind ein Kulturvolk, die andern stehen noch auf einer relativ primitiven Stufe. Das Primitive bedeutet aber für den Völkerpsychologen überall das psychologisch Primitive, nicht das, was für den Ethnologen vermöge der Genealogie der Völker das Ursprüngliche ist. So schöpft die Völkerpsychologie aus der Ethnologie, und diese wird wiederum jene bei der Betrachtung der geistigen Eigenschaften zu Rate ziehen müssen; gleichwohl haben beide grundsätzlich verschiedene Aufgaben. Im Sinne dieser ihrer Aufgabe kann nun die Völkerpsychologie wieder verschiedene Wege einschlagen. Sie kann - und das ist der nächstliegende Weg - die einzelnen wichtigen Erscheinungen des gemeinsamen Lebens nacheinander herausgreifen und in ihrer Entwicklung verfolgen, ähnlich wie dies die allgemeine Psychologie bei ihrer Analyse des individuellen Bewußtseins zu tun pflegt. Man sucht etwa zuerst die psychologische Entwicklung der Sprache an der Hand der Tatsachen der Sprachgeschichte darzustellen. Auf diese Sprachpsychologie läßt man dann die Entwicklung der Kunst folgen von ihren Anfängen bei den Primitiven an bis zur beginnenden Kunst der Kulturvölker, deren weitere Betrachtung der Kunstgeschichte zufällt. Ebenso werden Mythus und Religion in der Ausbildung ihrer Motive und in ihrem wechselseitigen Zusammenhang untersucht usw. Es ist dies eine Methode, bei der man durch den ganzen Verlauf völkerpsychologischer Entwicklung gleichsam Längsschnitte legt. Für eine tiefer eindringliche Analyse ist dieser Weg der zunächst gebotene. Doch er hat den Nachteil, die geistige Entwicklung in eine Anzahl von Sonderentwicklungen zu zerlegen, deren Glieder doch überall aufeinander hinweisen. Vor allem auf den früheren Stufen sind in der Tat die Beziehungen der einzelnen Gebiete des geistigen Lebens so eng, daß sie sich kaum voneinander scheiden lassen. Die Sprache ist von dem Mythus beeinflußt, die Kunst ein Bestandteil der Mythenentwicklung, Sitten und Gebräuche sind überall vom mythologischen Denken getragen.

Aber noch ein zweiter Weg ist möglich, und ihn wird die folgende Darstellung wählen. Er besteht darin, daß man, um bei dem vorhin gebrauchten Bilde zu bleiben, Querschnitte, nicht Längsschnitte legt, indem man die Hauptstufen völkerpsychologischer Entwicklung nacheinander und jede in dem gesamten Zusammenhange ihrer Erscheinungen betrachtet. Dann erhebt sich als erste Aufgabe die Untersuchung des p r i - m i t i v e n   M e n s c h e n . Das Denken, Glauben und Handeln des Primitiven ist hier auf Grund der Tatsachen der Völkerkunde von psychologischen Gesichtspunkten aus zu beleuchten. Bei den weiteren Stufen können sich nun freilich Schwierigkeiten hinsichtlich der Abgrenzung der einzelnen Perioden erheben, und angesichts der Stetigkeit der Vorgänge ist dabei eine gewisse Willkür kaum zu vermeiden. Zerfällt doch auch das Leben des einzelnen Menschen nicht in abgeschlossene Perioden. Wie die Kindheit, das Jugend-, das Mannesalter stetig ineinander übergehen, so verhält es sich aber nicht anders bei den Stufen der Völkerentwicklung. Immerhin, gewisse Vorstellungen, Gefühle und Motive des Handelns gibt es, um die sich die Erscheinungen gruppieren. Man wird daher diese zentralen geistigen Motive herausgreifen müssen, um eine einigermaßen zutreffende Periodeneinteilung der völkerpsychologischen Erscheinungen zu gewinnen. Dabei muß übrigens vor allem bemerkt werden, daß, wenn der primitive Mensch naturgemäß den Ausgangspunkt einer solchen Betrachtung bildet, der Begriff des Primitiven selbst nur eine relative Bedeutung besitzt, insofern er den niedrigsten Grad der Kultur, besonders der geistigen Kultur repräsentiert. Es gibt kein bestimmtes ethnologisches Merkmal, das dieses primitive Stadium von der weiteren Entwicklung scheiden kann, sondern es ist nur eine Summe psychologischer Eigenschaften, die eben weil sie den Charakter des Ursprünglichen an sich tragen, zugleich den Begriff des Primitiven ausmachen. In diesem Sinne werden wir zunächst die äußeren Merkmale der primitiven Kultur und dann die psychologischen Motive des primitiven Lebens zu schildern haben.

An dieses Stadium schließt sich eine zweite Periode, von der man wohl sagen kann, daß sie in vieler Beziehung für uns eine neuentdeckte Welt ist. Aus den Darstellungen der Geschichte erfährt man nichts über sie. Erst die neuere Völkerkunde hat aus den verschiedensten Teilen der Erde die Erscheinungen, die dieser Periode angehören, an das Licht gefördert. Wir wollen sie das totemistische Zeitalter nennen. Schon dieser Name zeigt, daß es sich hier um die Entdeckung einer versunkenen Welt handelt. Denn das einer entlegenen amerikanischen Sprache entlehnte Wort „Totem" beweist durch seinen Ursprung bereits, daß in unseren europäischen Kultursprachen keines zu finden war, das die Eigenart dieser Periode auch nur annähernd bezeichnen könnte. Will man den Begriff des Totemismus möglichst kurz definieren, so läßt er sich wohl als eine Vorstellungswelt bezeichnen, innerhalb deren das Tier zum Menschen die entgegengesetzte Stellung einnimmt wie in der heutigen Kultur. Im totemistischen Zeitalter herrscht nicht der Mensch über das Tier, sondern das Tier über den Menschen. Es erregt durch sein Tun und Treiben Erstaunen, Furcht und Verehrung. Die Seelen Verstorbener wohnen in ihm: so wird es zum Ahnen des Menschen. Sein Fleisch ist den Angehörigen der Sippe, die sich nach ihm nennt, verboten, oder es wandelt sich wohl auch umgekehrt bei feierlichen Anlässen der Genuß des Totemtiers in eine heiligende Kulthandlung um. Nicht minder greift der totemistische Gedanke in die Organisation der Gesellschaft, in die Stammesgliederung, die Formen der Ehe und Familie ein. Nur spärliche Reste reichen aber aus dem Gedankenkreis dieser Periode in die spätere Zeit: so in den heiligen Tieren der Babylonier, Ägypter und der andern alten Kulturvölker, in den Vorbedeutungen, die den Eigenschaften oder

Handlungen der Tiere beigemessen werden und in andern an einzelne Tiere geknüpften magischen Vorstellungen.

An die totemistische Kultur schließt sich in allmählichem Übergang eine d r i t t e Periode: wir wollen sie das Z e i t a l t e r d e r H e l d e n u n d G ö t t e r nennen. Es ist schon innerhalb der vorangegangenen Stufe, anschließend an die Stammesgliederung, in der Ausbildung einer Herrschaft Einzelner vorbereitet. Diese, zunächst von nur vorübergehendem Bestand, wird allmählich zu einer dauernden. Die Stellung des Häuptlings, in der totemistischen Zeit noch zurücktretend, gewinnt an Macht, indem die Stammesgemeinschaft unter dem Einfluß der Kämpfe mit feindlichen Stämmen eine kriegerische Organisation annimmt: die Gesellschaft entwickelt sich so zum S t a a t e . Im Krieg, dann aber auch in der Leitung des Staates im Frieden treten Männer auf, die weit über das Maß der alten Häuptlinge emporragen und zugleich durch ihre Eigenschaften als Persönlichkeiten von typischem Charakter einander gegenübertreten. So ersteht an Stelle des Sippenältesten und des Stammeshäuptlings der totemistischen Periode der H e l d dieser neuen Zeit. Das totemistische Zeitalter kennt nur märchenähnliche Erzählungen, die den Charakter geglaubter Mythen besitzen und nicht selten von Tierahnen handeln, die das Feuer gebracht, die Bereitung der Nahrung gelehrt haben usw. Der Held, der als Führer im Kampf gepriesen wird, gehört einer anderen Welt an, die in dem Heldenlied, dem Epos, ihr treues Abbild findet. Die Helden Homers sind nach ihrer äußeren Stellung im wesentlichen immer noch Stammeshäuptlinge; aber der erweiterte Schauplatz des Kampfes erhebt mit den größeren Eigenschaften, die er ausbildet, den Führer zum Helden. Mit der Entwicklung der Dichtung wandeln und bereichern sich nun auch die Formen der Sprache. Dem Epos folgt die bildende und die dramatische Kunst. Alles dies ist zugleich eng gebunden an die Entstehung des Staates, der jetzt die primitiveren Stammesverfassungen der Vorzeit zurückdrängt. Damit ändern sich Sitte und Kultus. Mit den nationalen Helden und Staaten entstehen nationale Religionen; und indem sich der Blick innerhalb dieser

Religionen nicht mehr bloß auf die nähere Umgebung, die Tierwelt, die Pflanzenwelt, sondern vor allem zum Himmel richtet, entwickelt sich das Bild einer höheren vollkommeneren Welt. Wie der Held der ideale Mensch ist, so wird der Gott zum idealen Helden, die himmlische zur idealen Steigerung der irdischen Welt.

Doch hieran schließt sich endlich eine v i e r t e Periode. Der nationale Staat und die nationale Religion bilden keine dauernden Schranken für das Streben des menschlichen Geistes. Die nationalen erweitern sich zu humanen Verbänden. So beginnt eine Entwicklung, in der wir heute noch stehen. Sie läßt sich darum auch nur als eine werdende bezeichnen. Nur von einer Entwickelung z u r Humanität, nicht d e r Humanität, können wir reden. Sie beginnt aber in dem Augenblick, wo die Schranken fallen, die vor allem die religiösen Anschauungen der Völker trennen. Darum ist es eines der bedeutsamsten Symptome der Geistesgeschichte, daß sich vornehmlich in der Religion jene Erweiterung über den engeren Volkskreis vollzieht. Die nationalen Religionen oder, wie sie gewöhnlich irreführend genannt werden, die Naturreligionen der großen Völker des Altertums beginnen über sich selbst hinauszustreben, um zu Menschheitsreligionen zu werden. Wir kennen drei solche Weltreligionen: das Christentum, den Islam und den Buddhismus, jede von ihnen einem bestimmten Teile der Menschheit, seiner Eigenart und Vergangenheit angepaßt. Am meisten prägt sich dies aus in dem Gegensatz zwischen Christentum und Buddhismus, so sehr beide in ihrem Streben Weltreligionen zu sein übereinstimmen. Dieses Streben zur Weltreligion ist aber ein inneres Symptom zugleich, dem als äußeres die Erweiterung der nationalen Staaten über ihre ursprünglichen, durch die Stammeseinheit gezogenen Grenzen parallel geht. Ihr entsprechen jene Wechselwirkungen der Kulturvölker im wirtschaftlichen Leben wie in Sitte, Kunst und Wissenschaft, die der menschlichen Gesellschaft ihren aus nationalen und allgemein humanen Motiven gemischten Charakter verleihen. Der Hellenismus und das römische Kaiserreich sind die ersten, für die abendländische Geistesentwickelung bedeutsamsten Äußerungen dieser Erscheinungen. Wie gewaltig ist die Kluft zwischen dem heimlichen Tauschhandel des Primitiven, der nächtlich aus dem Urwald herausschleicht und das gejagte Wild niederlegt, um es ungesehen von seinen Nachbarn gegen Werkzeuge und Schmuck zu vertauschen, und dem Handelsverkehr einer Zeit, in der Flotten die Meere und demnächst Schiffe die Lüfte durchschneiden, um Völker aller Weltteile zu einer großen Verkehrsgemeinschaft zu verbinden. Es kann nicht unsere Aufgabe sein, diese Entwicklung, die die Geschichte der Menschheit in sich schließt, in ihrem ganzen Umfang zu schildern. Für uns handelt es sich nur darum, die wesentlichen psychologischen Motive aufzuweisen, durch die sich hier aus dem Ursprünglichen das Spätere, aus dem Primitiven das Vollkommenere teils unter dem Zwang der äußeren Lebensbedingungen teils durch die eigene Schaffenskraft des Menschen gestaltet hat.